吳墉祥在台日記

（1960）

The Diaries of Wu Yung-hsiang at Taiwan, 1960

民國日記｜總序

呂芳上
民國歷史文化學社社長

人是歷史的主體，人性是歷史的內涵。「人事有代謝，往來成古今」（孟浩然），瞭解活生生的「人」，才較能掌握歷史的真相；愈是貼近「人性」的思考，才愈能體會歷史的本質。近代歷史的特色之一是資料閎富而駁雜，由當事人主導、製作而形成的資料，以自傳、回憶錄、口述訪問、函札及日記最為重要，其中日記的完成最即時，描述較能顯現內在的幽微，最受史家重視。

日記本是個人記述每天所見聞、所感思、所作為有選擇的紀錄，雖不必能反映史事整體或各個部分的所有細節，但可以掌握史實發展的一定脈絡。尤其個人日記一方面透露個人單獨親歷之事，補足歷史原貌的闕漏；一方面個人隨時勢變化呈現出不同的心路歷程，對同一史事發為不同的看法和感受，往往會豐富了歷史內容。

中國從宋代以後，開始有更多的讀書人有寫日記的習慣，到近代更是蔚然成風，於是利用日記史料作歷史研究成了近代史學的一大特色。本來不同的史料，各有不同的性質，日記記述形式不一，有的像流水帳，有的生動引人。日記的共同主要特質是自我（self）與私密（privacy），史家是史事的「局外人」，不只注意史實的追尋，更有興趣瞭解歷史如何被體驗和講述，這時對「局內人」所思、所行的掌握和體會，日記便成了十分關鍵的材料。傾聽歷史的聲音，重要的是能聽到「原音」，而非「變音」，日記應屬原音，故價值高。1970年代，在後現代理論影響下，檢驗史料的潛在偏見，成為時尚。論者以為即使親筆日記、函札，亦不必全屬真實。實者，日記記錄可能有偏差，一來自時代政治與社會的制約和氛圍，有清一代文網太密，使讀書人有口難言，或心中自我約束太過。顏李學派李塨死前日記每月後書寫「小心翼翼，俱以終始」八字，心所謂為危，這樣的日記記錄，難暢所欲言，可以想見。二來自人性的弱點，除了「記主」可能自我「美化拔高」之外，主觀、偏私、急功好利、現實等，有意無心的記述或失實、或迴避，例如「胡適日記」於關鍵時刻，不無避實就虛，語焉不詳之處；「閻錫山日記」滿口禮義道德，使用價值略幾近於零，難免令人失望。三來自旁人過度用心的整理、剪裁、甚至「消音」，如「陳誠日記」、「胡宗南日記」，均不免有斧鑿痕跡，不論立意多麼良善，都會是史學研究上難以彌補的損失。史料之於歷史研究，一如「盡信書不如無書」的話語，對證、勘比是個基本功。或謂使用材料多方查證，有如老吏斷獄、法官斷案，取證求其多，追根究柢求其細，庶幾還原案貌，以證據下法理註腳，盡力讓歷史真相水落可石出。是故不同史料對同一史事，記述會有異同，同者互證，異者互勘，於是能逼近史實。而勘比、互證之中，以日記比證日記，或以他人日記，證人物所思所行，亦不失為一良法。

從日記的內容、特質看，研究日記的學者鄒振環，曾將日記概分為記事備忘、工作、學術考據、宗教人生、游歷探險、使行、志感抒情、文藝、戰難、科學、家庭婦女、學生、囚亡、外人在華日記等十四種。事實上，多半的日記是複合型的，柳貽徵說：「國史有日歷，私家有日記，一也。日歷詳一國之事，舉其大而略其細；日記則洪纖必包，無定格，而一身、一家、一地、一國之真史具焉，讀之視日歷有味，且有補於史學。」近代人物如胡適、吳宓、顧頡剛的大部頭日記，大約可被歸為「學人日記」，余英時翻讀《顧頡剛日記》後說，藉日記以窺測顧的內心世界，發現其事業心竟在求知慾上，1930 年代後，顧更接近的是流轉於學、政、商三界的「社會活動家」，在謹厚恂恂君子後邊，還擁有激盪以至浪漫的情感世界。於是活生生多面向的人，因此呈現出來，日記的作用可見。

晚清民國，相對於昔時，是日記留存、出版較多的時期，這可能與識字率提升、媒體、出版事業發達相關。過去日記的面世，撰著人多半是時代舞台上的要角，他們的言行、舉動，動見觀瞻，當然不容小覷。但，相對的芸芸眾生，識字或不識字的「小人物」們，在正史中往往是無名英雄，甚至於是「失蹤者」，他們如何參與近代國家的構建，如何共同締造新社會，不應該被埋沒、被忽略。近代中國中西交會、內外戰事頻仍，傳統走向現代，社會矛盾叢生，如何豐富歷史內涵，需要傾聽社會各階層的「原聲」來補足，更寬闊的歷史視野，需要眾人的紀錄來拓展。開放檔案，公布公家、私人資料，這是近代史學界的迫切期待，也是「民國歷史文化學社」大力倡議出版日記叢書的緣由。

導言

侯嘉星

國立中興大學歷史學系助理教授

《吳墉祥在台日記》的傳主吳墉祥（1909-2000），字茂如，山東棲霞縣人。幼年時在棲霞就讀私塾、新式小學，後負笈煙台，畢業於煙台模範高等小學、私立先志中學。中學期間受中學校長、教師影響，於1924年加入中國國民黨；1927年5月中央黨務學校在南京創設時報考錄取，翌年奉派於山東省黨部服務。1929年黨務學校改為中央政治學設大學部，故1930年申請返校就讀，進入財政系就讀，1933年以第一名成績畢業。自政校畢業後留校擔任助教3年，1936年由財政系及黨部推薦前往安徽地方銀行服務，陸續擔任安慶分行副理、經理，總行稽核、副總經理，時值抗戰軍興，隨同皖省政府輾轉於山區維持經濟、調劑金融。1945年因抗戰勝利在望，山東省主席何思源遊說之下回到故鄉任職，協助重建山東省銀行。

1945年底山東省銀行正式開業後，傳主擔任總經理主持行務；1947年又受國民黨中央黨部委派擔任黨營事業齊魯公司常務董事，可說深深參與戰後經濟接收與重建工作。這段期間傳主也通過高考會計師合格，並當選棲霞區國民大會代表。直到1949年7月因戰局逆轉，傳主隨政府遷台，定居於台北。1945至1950這

6 年間的日記深具歷史意義，詳細記載這一段經歷戰時淪陷區生活、戰後華北接收的諸般細節，乃至於國共內戰急轉直下的糾結與倉皇，可說是瞭解戰後初期復員工作、經濟活動以及政黨活動的極佳史料，已正式出版為《吳墉祥戰後日記》，為戰後經濟史研究一大福音。

1949 年來台後，除了初期短暫清算齊魯公司業務外，傳主以會計師執照維生。當時美援已進入台灣，1956 年起受聘為美國國際合作總署駐華安全分署之高級稽核，主要任務是負責美援項目的帳務查核，足跡遍及全台各地。1960 年代台灣經濟好轉，美援項目逐漸減少，至 1965 年美援結束，傳主改任職於中美合營之台達化學工業公司，擔任會計主任、財務長，直到 1976 年退休；國大代表的職務則保留至 1991 年退職。傳主長期服務於金融界，對銀行、會計及財務工作歷練豐富，這一點在《吳墉祥戰後日記》的價值中已充分顯露無遺。來台以後的《吳墉祥在台日記》，更是傳主親歷中華民國從美援中站穩腳步、再到出口擴張達成經濟奇蹟的各個階段，尤其遺留之詳實精采的日記，成為回顧戰台灣後經濟社會發展的寶貴文獻，其價值與意義，以下分別闡述之。

一

史料是瞭解歷史、探討過去的依據，故云「史料為史之組織細胞，史料不具或不確，則無復史之可言」（梁啟超，《中國歷史研究法》）。在晚近不斷推陳出新的史料類型中，日記無疑是備受歷史學家乃至社會各界重視的材料。相較於政府機關、公司團體所留下之日常文件檔案，日記恰好為個人在私領域中，日常生活留下的紀錄。固然有些日記內容側重公事、有些則抒發情懷，但就材料本身而言，仍然是一種私人立場的記述，不可貿然將之視為客觀史實。受到後現代主義的影響，日記成為研究者與傳主之間的鬥智遊戲。傳主寫下對事件的那一刻，必然帶有個人的想法立場，也帶有某些特別的目的，研究者必須能分辨這些立場與目的，從而探索傳主內心想法。也因此，日記史料之使用有良窳之別，需細細辯證。

那麼進一步說，該如何用使日記這類文獻呢？大致來說，良好的日記需要有三個條件，以發揮內在考證的作用：（1）日記之傳主應該有一定的社會代表性，且包含生平經歷，乃至行止足跡等應具體可供複驗。（2）日記須具備相當之時間跨度，足以呈現長時段的時空變化，且年月日之間的紀錄不宜經常跳躍脫漏。（3）日記本身的文字自然越詳細充實越理想，如此可以提供豐富素材，供來者進一步考辨比對。從上述三個條件來看，《吳墉祥在台日記》無疑是一部上佳的日記史料。

就代表社會性而言，傳主曾擔任省級銀行副總經理、總經理，又當選為國大代表；來台後先為執業會計師，復受聘在美援重要機構中服務，接著擔任大型企業財務長，無論學經歷、專業素養都具有相當代表性。藉由這部日記，我們可以在過去國家宏觀政策之外，以社會中層技術人員的視角，看到中美合作具體的執行情況，也能體會到這段時期的政治、經濟和社會變遷。

而在時間跨度方面，傳主自 1927 年投考中央黨務學校起，即有固定寫作日記的習慣，但因抗戰的緣故，早年日記已亡佚，現存日記自1945 年起，迄於 2000 年，時間跨度長達 55 年，僅 1954 年因蟲蛀損毀，其餘均無日間斷，其難能可貴不言可喻。即便 1945 年至 1976 年供職期間的日記，也長達 32 年，借助長時段的分析比對，我們可以對傳主的思想、心境、性格，乃至習慣等有所掌握，進而對日記中所紀錄的內容有更深層的掌握。

最重要的，是傳主每日的日記寫作極有條理，每則均加上「職務」、「師友」、「體質」「娛樂」、「家事」、「交際」、「游覽」等標題，每天日記或兩則或三則不等，顯示紀錄內容的多元。這些內容所反映的，不僅是公務上的專業會計師，更是時代變遷中的黨員、父親、國民。因此從日記的史料價值來看，《吳墉祥在台日記》能帶領我們，用豐富的角度重新體驗一遍戰後台灣的發展之路，也提供專業財經專家觀點以及可靠的事件觀察記錄，讓歷史研究者能細細品味 1951 年至 1976 年這 26 年間，種種宏觀與微觀的時代變遷。

二

戰後中華民國的各項成就中，最被世界所關注的，首推是 1980 年代前後台灣經濟奇蹟（Taiwan Economic Miracle）了。台灣經濟奇蹟的出現，有其政策與產業的背景，1950 年開始在美援協助下政府進行基礎建設與教育投資，配合進口替代政策發展國內產業。接著在1960年代起，推動投資獎勵與出口擴張、設立加工出口區，開啟經濟起飛的年代。由於經濟好轉，1963年起台灣已經累積出口外匯，開始逐步償還美援，在國際間被視為美援國家中的模範生，為少數能快速恢復經濟自主的案例。在這樣的時代背景中，美援與產業經營，成為分析台灣經濟奇蹟的關鍵。

《吳墉祥在台日記》中，傳主除了來台初期還擔任齊魯公司常務董事，負責清算業務外，直到1956年底多憑會計師執照維持生計，但業務並不多收入有限，反映此時台灣經濟仍未步上軌道，也顯示遷台初期社會物質匱乏的處境。1956年下半，負責監督美援計畫執行的駐華安全分署招聘稽核人員，傳主獲得錄用，成為美方在台雇用的職員。從日記中可以看到，美援與中美合作並非圓滑順暢，1956年11月6日有「中午王慕堂兄來訪，謂已聞悉安全分署對余之任用業已確定，以前在該署工作之中國人往往有不歡而散者，故須有最大之忍耐以與洋員相處云」，透露著該工作也不輕鬆，中美合作之間更有許多幽微之處值得再思考。

戰後初期美援在台灣的重大建設頗多，傳主任職期間往往要遠赴各地查帳，日記中記錄公務中所見美援支出項目的種種細節，這是過去探討此一課題時很少提到的。例如1958年4月前往中橫公路工程處查帳，30日的日記中發現「出於意外者則另有輔導會轉來三萬餘元之新開支，係輔導會組織一農業資源複勘團，在撥款時以單據抵現由公路局列帳者，可謂驢頭不對馬嘴矣。除已經設法查詢此事有無公事之根據外，當先將其單據內容加以審核，發現內容凌亂，次序亦多顛倒，費時良久，始獲悉單據缺少一萬餘元，當交會計人員與該會再行核對」。中橫公路的經費由美援會提供公路局執行，並受美方監督。傳主任職的安全分署即為監督機構，從這次的查帳可以發現，對於執行單位來說，往往有經費互相挪用的便宜行事，甚至單據不清等問題，傳主查帳時一一指出這些問題乃為職責所在，亦能看到其一絲不苟的態度。1962 年 6 月 14 日傳主前往中華開發公司查帳時也注意到：「中華開發信託公司為一極特殊之構成，只有放款，並無存款，業務實為銀行，而又無銀行之名，以余見此情形，甚懷疑何以不能即由 AID（國際開發總署）及美援會等機構委託各銀行辦理，豈不省費省時？現開發公司待遇奇高，為全省之冠，開支浩大，何以必設此機構辦理放款，實難捉摸云」，顯然他也看到許多不合理之處，這些紀錄可提供未來探討美援運用、中美合作關係的更深一層面思考。

事實上，最值得討論的部分，是傳主在執行這些任務所表現出來的操守與堅持，以及這種道德精神。瞿宛文在《台灣戰後經濟發展的源起：後進發展的為何與如何》一書中強調，台灣經濟發展除了經濟層面的因素外，不能忽略經濟官僚的道德力量，特別是這些人經歷過大陸地區的失敗，故存在著迫切的內在動力，希望努力建設台灣以洗刷失敗的恥辱。這種精神不僅在高層官僚中存在，以傳主為代表的中層知識分子與專業人員，同樣存在著愛國思想、建設熱忱。這種愛國情懷不能單純以黨國視之，而是做為知識分子對近代以來國家認同發自內心的追求，這一點從日記中的許多事件細節的描述可以觀察到。

三

1951 年至 1965 年間，除了是台灣經濟由百廢待興轉向起飛的階段，也是政治社會上的重大轉折年代。政治上儘管處於戒嚴與動員戡亂時期，並未有太多自由，但許多知識分子仍然有自己的立場批評時政，特別是屬於私領域的日記，更是觀察這種態度的極佳媒介，從以下兩個小故事可以略窺一二。

1960 年頭一等的政治大事，是討論總統蔣中正是否能續任，還是應該交棒給時任副總統的陳誠？依照憲法規定，總統連選得連任一次，在蔣已於 1954 年連任一次的情況下，不少社會領袖呼籲應該放棄再度連任以建立憲政典範。然而國民大會先於 3 月 11 日通過臨時條款，無視憲法條文規定，同意在特殊情況下蔣得以第二度連任。因此到了 3 月 21 日正式投票當天，傳主在日記中寫下：

> 上午，到中山堂參加國民大會第三次會議第一次選舉大會，本日議程為選舉總統⋯⋯蓋只圈選蔣總統一人，並無競選乃至陪選者，亦徒具純粹之形式而已。又昨晚接黨團幹事會通知，囑一致投票支持，此亦為不可思議之事⋯⋯開出圈選蔣總統者 1481 票，另 28 票未圈，等於空白票，此皆為預料中之

> 結果，於是街頭鞭炮齊鳴，學生遊行於途，電台廣播特別節目，一切皆為預定之安排，雖甚隆重，而實則平淡也。

這段記述以當事人身分，重現了三連任的爭議。對於選舉總統一事也表現出許多知識分子的批評，認為徒具形式，特別是「雖甚隆重，而實則平淡也」可以品味出當時滑稽、無奈的複雜心情。

1959 年 8 月初，因颱風過境造成中南部豪雨成災，為二十世紀台灣最大規模的天災之一，日記中對此提到：「本月七日台中台南一帶暴雨成災，政府及人民已展開救災運動，因災情慘重，財產損失逾十億，死傷在二十五萬人左右（連殃及數在內），政府正做長期計畫，今日起禁屠八天，分署會計處同人發起募捐賑災，余照最高數捐二百元」。時隔一週後，傳主長女即將赴美國留學，需要繳交的保證金為 300 元，由此可知八七水災中認捐數額絕非小數。

日記的特點在於，多數時候它是傳主個人抒發內心情緒的平台，並非提供他人瀏覽的公開版，因此在日記中往往能寫下當事人心中真正想法。上述兩個小例子，顯示在政治上傳主充滿愛國情操，樂於發揮人溺己溺的精神援助他人；但他也對徒具形式的政治大戲興趣缺缺，甚至個人紀錄字裡行間均頗具批判意識。基於這樣的理解，我們對於《吳墉祥在台日記》，可以進行更豐富細緻的考察，一方面同情與理解傳主的心情；另方面在藉由他的眼光，觀察過去所發生的大小事件。

四

然而必須承認的是，願意與傳主鬥智鬥力，投入時間心力的歷史研究者，並非日記最大的讀者群體。對日記感興趣者，更多是作家、編劇、文人乃至一般社會大眾，透過日記的閱讀，體驗另一個人的生命經歷，不僅開拓視野，也豐富我們的情感。確實，《吳墉祥在台日記》不單單是一位會計師、財金專家的工作紀錄簿而已，更是一位丈夫、六名子女的父親、奉公守法的好公民，以及一個「且認他鄉作故鄉」（陳寅恪詩〈憶故居〉）的旅人。藉由閱讀這份日記，令人感受到的是內斂情感、自我紀律，以及愛國熱情，這是屬於那個時代的回憶。

歷史的意義在於，唯有藉由認識過去，我們才得以了解現在；了解現在，才能預測未來。在諸多認識過去的方法中，能承載傳主一生精神、豐富閱歷與跌宕人生旅程的日記，是進入門檻較低而閱讀趣味極高的絕佳媒介。《吳墉祥在台日記》可以是歷史學者重新思考戰後台灣經濟發展、政治社會變遷不同面向的史料，也是能啟發小說家、劇作家們編寫創作的素材。總而言之，對閱讀歷史的熱情，並不局限於象牙塔、更非專屬於少數人，近年來大量出版的各類日記，只要願意嘗試接觸，它們將提供讀者無數關於過去的細節與經驗，足供做為將我們推向未來的原動力。

編輯凡例

一、吳墉祥日記現存自1945年至2000年，本次出版為1951年以後。

二、古字、罕用字、簡字、通同字，在不影響文意下，改以現行字標示。

三、難以辨識字體或遭蟲註，以■表示。

四、部分內容涉及家屬隱私，略予刪節，恕不一一標注。

日記原稿選錄

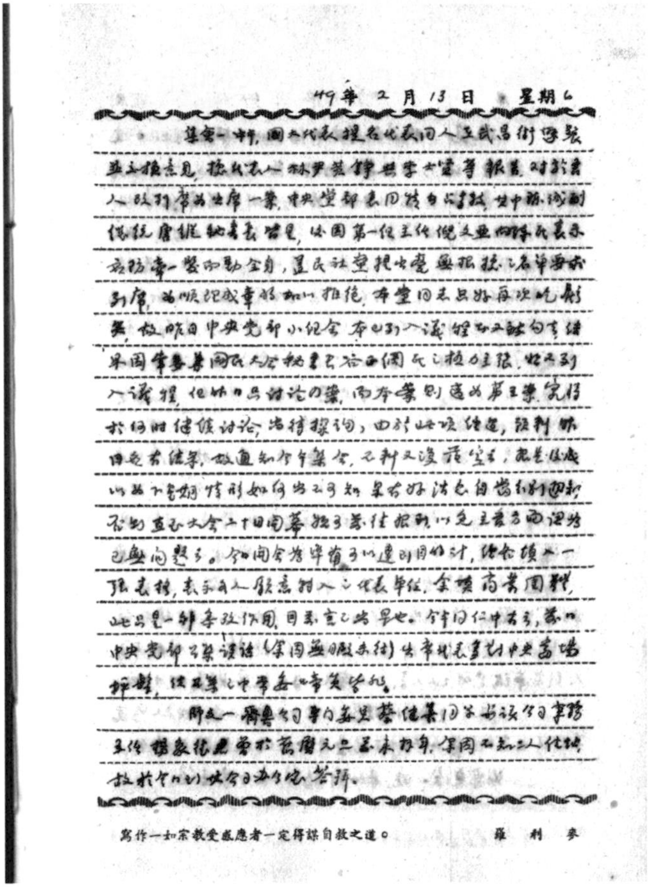
49年 2月13日 星期6

寫作一如宗教受感應者一定得謀自救之道。 羅 利 麥

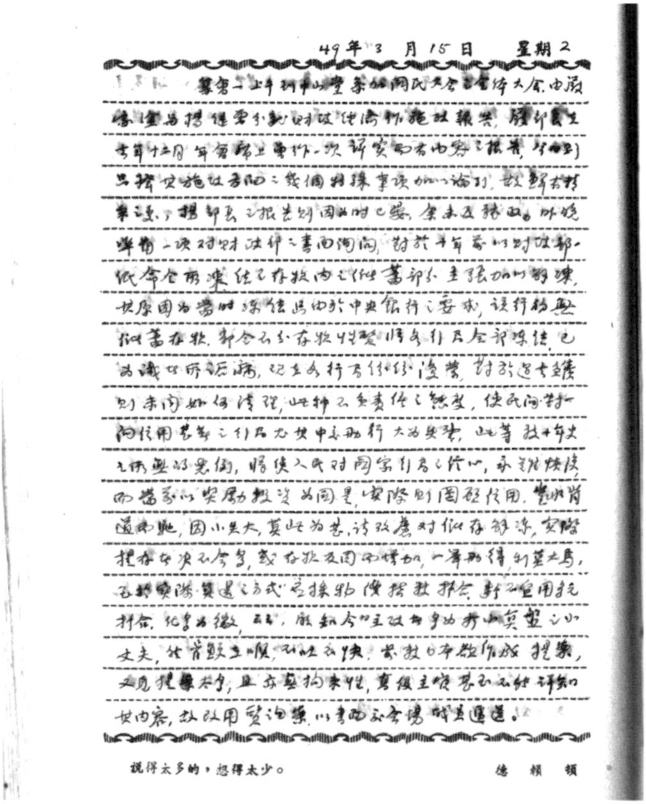

49年3月15日 星期2

晴。今日上午到中山堂參加國民大會第三次全體大會，由嚴
院長家淦作補充財政經濟施政報告，嚴部長
去年十二月間曾在立委作一次詳實而有內容之報告，今日則
只擇其施政方面之幾個特殊事項加以論列，故鮮有精
彩之處，楊部長之報告則因其時已晚，余未及聽取。昨晚
準備一項對財政部之書面詢問，對於十年前以財政部
紙令令將原住之存款內之儲蓄部分主張加以發還，
其原因為當時該存款由於中央銀行之要求，該行將無
儲蓄存款，部令不分存款性質，將各行存全部移轉，已
為識者所詬病，現在各行有行復業，對於過去之存
款未聞如何清理，此種不負責任之態度，使民間對
銀行信用甚多之打擊，尤其中央銀行大為失望，此等數十年
之依無所累例，將使人民對國家銀行之信心，永難恢復，
而當局以其屬於機密為詞，實際則因輕信用，豈非背
道而馳，因小失大，莫此為甚，請政府對儲存舊款，實際
提存者決不會多，數存款及因而增加，一舉兩得，利莫大焉，
至於實際兌還之方式，可採物價指數折合，新台幣用指數
折合，紀事為徵，云云，散會後今日主政者多如鼠目寸光之小
丈夫，從首鼠兩端，不足以快，其數日本擬作成提案，
又見提案太多，且亦無拘束性，再經主席者不知詳細
其內容，故改用質詢案，以書面在會場提出通過。

說得太多的，想得太少。　德賴頓

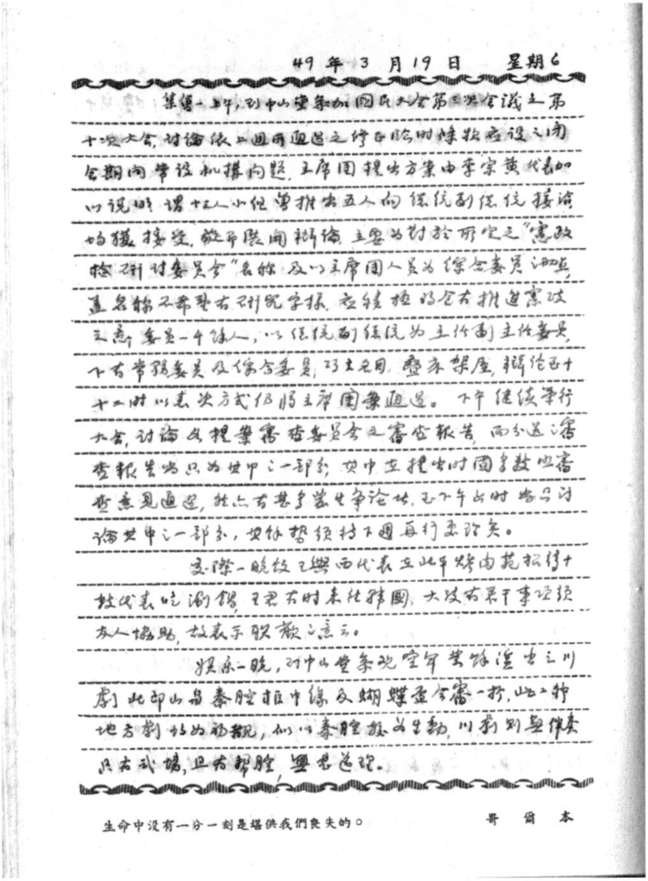

49 年 3 月 19 日 星期 6

集會—上午，到中山堂參加國民大會第三次會議之第十次大會，討論依上週所通過之修正臨時條款應設之閉會期間常設機構問題，主席團提出方案由李宗黃代表加以說明，謂十五人小組曾推出五人向總統副總統接洽均獲接受，旋即展開辯論，主要為對於所定之"憲政檢討委員會"名稱，及以主席團人員為綜合委員兩點，蓋名稱不希望有研究字樣，應繼續將會有推進憲政之意，委員一千餘人，以總統副總統為主任副主任委員，下有常務委員及綜合委員，均未定[?]，疊床架屋，辯論至十二時以表決方式仍將主席團案通過。下午繼續舉行大會，討論各提案審查委員會之審查報告，兩分送之審查報告尚只為其中之一部分，其中並提出對國家數四審查意見通過，然亦有甚多發生爭論者，至下午六時始只討論其中之一部分，其餘暫須於下週再行審議矣。

交際—晚赴王與西代表在此年烤肉苑招待十數代表吃涮鍋，王君前時來往韓國，大陸有某事經獲友人協助，故表示酬敬之意云。

娛樂—晚，到中山堂參觀空軍業餘演出之川劇，此節目為秦腔拾玉鐲及蝴蝶杯會審一折，此二種地方劇均為初觀，似以秦腔較為生動，川劇則無伴奏只有武場，且有幫腔，無甚道理。

生命中沒有一分一刻是堪供我們喪失的。 哥倫本

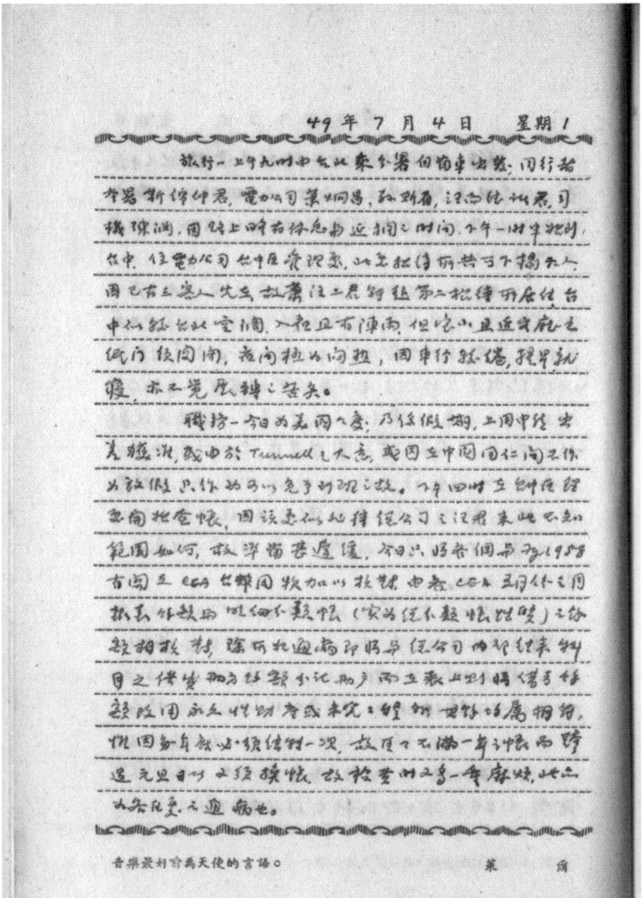
49年7月4日 星期1
音樂最好稱為天使的言語。 萊爾

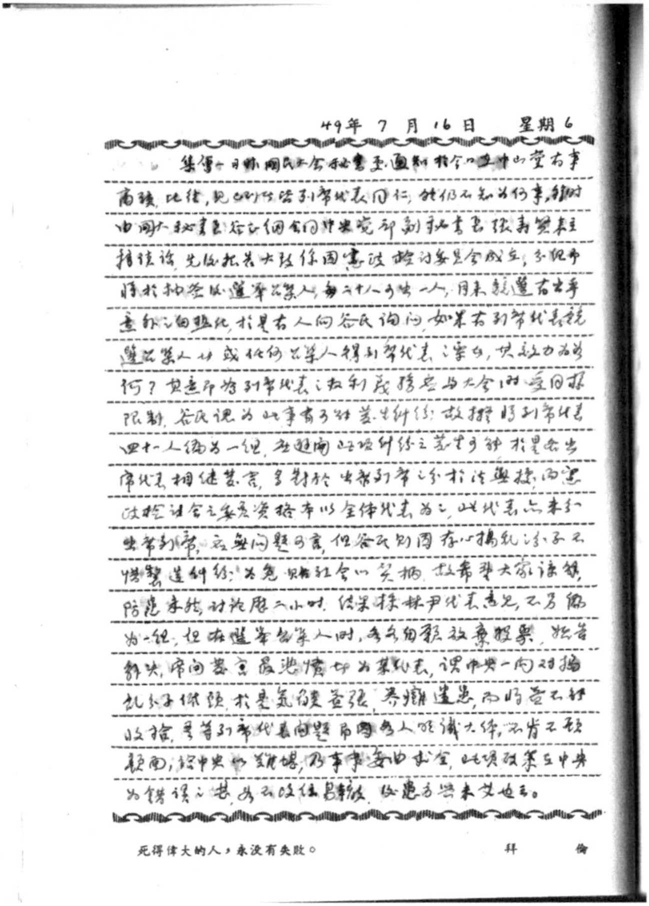
49年 7 月 16 日 星期 6
死得偉大的人，永沒有失敗。
拜倫

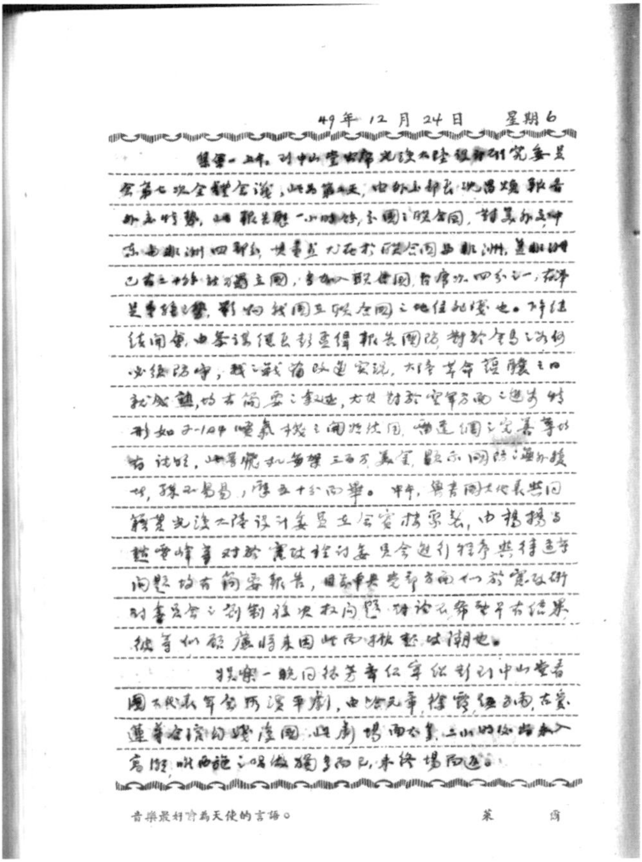
49年 12月 24日 星期6
音樂最好許為天使的言語。 萊 爾

目　錄

1960 年（52 歲）

1960 年小引

半百之年忽忽已過，又是兩易寒暑矣。回憶僻處海隅翹首大陸者則十年於茲矣。余在此十年中度過人生之一重要階段，蓋四十以前，初未嘗一日為一己衣食謀，雖於國家社會不敢言些微之貢獻，然已盡我之力與心，而無所愧怍矣。此十年來，僅為餬口之計，歲月悠忽，亦復無成，而子女逐漸成人，頓覺不能不為兒輩之將來有所打算也。新春以來，終無意興寫此一試筆，而暮春又盡，身體健康情形，漸覺今不如昔，余固絲毫無老之感覺，於此亦不能不致意於拳拳矣。最幼之兒今年十歲，再十年可以見其入大學之門，而知其可否造就，其他諸兒女亦在此期間求其充分之作育與發展，則此十年中之責任實方興未艾，而又無可旁貸者也。年來德芳恆作此想，余終覺其過遠，及今思之，所見固最中肯綮也。嗟乎，余固不願對國家社會卸其仔肩，乃造物所賦我之心力，已盡瘁於斯矣，時不我與，以我無限好之夕陽為我之繼起者謀，由其一方面之意義言之，似為化大我為小我，由其另一方面言之，則造就健全之子女，亦為國家社會造福之另一努力方向也。

五月二十三日補作

1月1日　星期五

元旦

今日中華民國開國紀念，事先總統府通知參加慶典，乃於今晨十時前往中山堂參加，至時稍延十分鐘，團拜已過，正由蔣總統宣讀元旦文告，至十時半典禮完成。今日照例休假，各報皆出特刊一張，新生報並附送曆書一冊。

師友

韓華珽兄來訪，專誠拜年，韓兄循例每年拜新舊曆年各一次，今日並謂接紹南由美寄來賀年片，囑余去信代為致意，乃於已經寫好即待發出之信內將此意寫明。隋玠夫兄來訪，面贈台灣合作金庫月份牌一份，雖紙幅不大，而印製甚精。瑤祥弟與其女友黃小姐來訪，閒談。淡水劉皚莉小姐來訪，留晚飯，臨去並著紹中送往車站。

瑣記

今日年假，諸兒女均放學在家，余於參加團拜之後途次水果店與糕餅店，買蛋糕與橘子等共度新年，又年前紹南由美寄回之塑膠噴射機與油輪模型，經數日來諸兒女之共同努力，已經將碎塊黏成整體，並加以種種裝飾，陳列案頭，極為壯觀。今年元旦天氣晴而寒，終日在寓未外出，並燃木炭於火缸內取暖，入夜聽收音機內各電台多有平劇節目，惟不能聽到精彩者，短波內亦然，十一時就寢。

1月2日　星期六

家事

晚，同德芳到中和鄉姑母家，因前聞姑母目疾未癒，視力大減，曾面告試用 Vitamin B2 補偏，似未照辦，乃購一瓶面送嘗試，又前接紹南由華盛頓寄來拼湊塑膠玩具飛機與油輪各一，均已由諸兒女製作完成，紹南信上並云如交方舟持玩，須製作完成方可，故於今日將製成之飛機帶交方舟，並附送巧克力糖二種，毛線手套一付，而表妹之女方聞則適為今日兩周歲，至其家方知。

瑣記

今日繼續休假在寓，上午將數日來未復之函件分別作復，並將上月份所訂新生報須要剪存之資料加以處理，余剪報已數年，昔在執行會計師業務期間，注重各種工商行政資料，近年則注重一般經濟財政與金融法令，乃至美援消息與經濟發展資料。下午到和平東路理髮，年來均在電力公司福利社，今日去時正值其半天休假，乃至他店，實際較為工細，特收費稍昂，且衛生條件稍差耳。又到台陽洗染廠送取所燙之襯衫，近來每次送取各三件，以免因路途稍遠而多所往返，又順便為紹寧買手工用圖畫紙、蠟光紙、透明紙等類。

體質

年前大腿開刀割去黑痣一顆，最初遲遲不肯封口，換藥數次後始得封口，而所長之痂則又遲遲不能脫去，直至今日尚緊蓋傷口，惟紗布膠帶余已取去，洗澡時亦不加躲避矣。

1月3日　星期日

師友

下午，丁暄曾君夫婦來訪，丁君係由金門土地銀行服務期滿調回台北總行辦事，據談在金門期間適為共匪砲轟金門之時，雖局勢緊張，而仍然安心服務，直至期滿調回，殊不易易，丁君調回後先在出納科之交換部門辦理票據交換事務，現在又調至業務部國民住宅貸款科辦理數年來補帳工作，據云甚為繁瑣，且待遇較在金門時為低，而又不配房屋，又其夫人現仍在紙業公司服務，該公司之士林與羅東兩廠已分出成立士林與中興二廠，總公司現所營者為新營等廠，正在與美國方面進行合作，但尚無成議云。

娛樂

上午，偕紹彭到空軍新生社看小大鵬公演平劇，劇目為時遷偷雞，古愛蓮六月雪，及張復椿、嚴莉華、鈕方雨等之蓮花塘，三齣中以六月雪為最佳，古一般宗程，行腔工穩，低沉而圓潤，雖在後座仍然同樣清晰，設非練習有素，不克臻此，故掌聲雷動，在該劇團之同齡中，殊不數數覯也。

家事

上月得悉林家樞副局長將參加交通考察團去美作短期旅行，紹南之同學楊秀卿女士曾詢其是否可以帶物赴美，未有反響，今日下午聞林氏之女公子美美曾來以此事相詢，願為帶食品，乃到劉仲記買一市斤裝肉鬆罐頭二個，備明日託帶云。

1 月 4 日　星期一

職務

繼續寫作 Russel Wright Associates 與手工業中心技術合作契約之查帳報告，今日開始寫Findings，已將 Background、Fund balance and temporary payments、Non-acceptable items 之三段寫完。手工業中心財務組長盛長忠兄電話再詢關於未交到之資料問題，余將所需要之有關 Russel Wright 之Performance 之詳細內容再次說明一過，彼東指西指，竟欲搪塞過去，余則明知不由彼直接主管，其困難在各組各自為政，故只得請其先行轉達總務組長黃君，對於此項資料就已有者略事補充，待余明日前往再面洽一切云。徐松年君語余，因去冬余所查成功大學之 Purdue Team 用款帳係查至九月底，但依華盛頓總屬之需要為至十二月底，並於一個月內送至華盛頓彙編，故須在本月中詢以前續查其十至十二月份之帳，因決定由余下星期再度到該校一行，將報告繼續寫至十二月底云。

師友

為託林家樞副局長到美國帶食物與紹南事，昨日本由其女美美前來洽約，余即買肉鬆兩罐，美美則云於今日下午來取，余晚飯回寓時尚未來，本約與德芳同往林寓拜訪，表示送行之意，飯後不及等待，即如約前往，至則林太太謂美美已到余寓取物，未值於途，余等前往時本欲自行帶往，又恐容或林氏有何困難，不便即行帶往，且料美美之終將來取也；余等在林寓談至林美美取物歸來後辭出。

1月5日　星期二

職務

繼續寫作 Russel Wright 與手工業中心合作計劃之查帳報告，全部大致完成，只餘 Performance 部分尚無法著筆，其餘如對於去年葉君查至六月底以前部分之 Follow-up Audit 則亦寫成一 Follow-up Audit Report，原共三個 Recommendations，二個已經照辦，一個則轉移至美援會主管之查帳案件內，故余認為可以予以結束云，至於未完成之 Performance 部分，則手頭資料只有今春該中心劉景山董事長所擬之 對RWA 之 Evaluation Report，對於實際工作之 Project by Project 報告，則至今未能交來，余於下午再到該中心，財務組長盛禮約兄認為上次託蘇定遠君送來之資料已可以作用，余乃囑其取出，問其該項資料之所屬期間抑或擬稿時間，盛兄不知所對，只謂係最近總務組所作，余囑其再向總務組加以 confirm，彼往問候又云此項資料乃來自美籍顧問者，余見其閃爍其辭，乃囑於明晨再行查詢底細，余在不明其寫作時間或包括期間時，不便默爾而息云。徐松年與余談本月工作支配，余第一週為繼續寫作 RWA 之查帳報告，第二週複查成功大學，最末則辦理會稿簽註云。

師友

紹南之友原都民夫婦晚間來訪，據談紹南由美寄贈其幼兒能唱歌之洋囡已經收到，原小姐並取去圖章代為調料所存之定期存款。

1 月 6 日　星期三

職務

美援計劃之成立，依新規定以 E-1 為準，E1 之擬定以秋季開始，如有修正則於一月份辦理之，故開年後之 E1 第一次 Revision 已開始送來會核，其方式為採用原來印好之原始本，加以增損，故在審核時即注意其修改之文字即可，但為免於修改文字有相關處被遺漏起見，事實上亦須全讀本文一過，並再就已經核過之意見（為 Technical Divisions，亦即主管款項本身以外之業務部分），及本會計處會計部分之意見，核對一過，然後視對於會計部分之意見有無新意見而加註本稽核部分之意見，至於簽註之方式亦有變遷，不須另換一張 Router，即用 Audit Branch Chief Tunnell 之 Router 加以註明，並簽名即可，如屬除同意會計部分意見而外無何新意見，即在會計部分之 Router 上加一簽名，再在 Tunnell 之 Router 上加註 "No further comments" 即可，亦不須用打字機加打三份云，余今日核過三份，均屬此等情形。到工業組蒐集其所存有關 Russel Wright Associates 之意見與其他資料，與以前主管之周君接洽，據云現無人專司，只將其存卷二本交余參閱，內容與本會計處所存之 Contract File 無何分別，閱後即行送還，可謂一無所得。

交際

同學汪茂慶兄之女公子于歸，下午四時在靜心樂園招待親友茶敘，余於四時半前往，典禮在進行中，五時十五分茶點後辭出。

1月7日　星期四

職務

今日從事臨時支配之工作，即會簽 E-1，所謂 E-1 乃 Country Program Book（CPB）之一部分，純粹為援款之內容而設，故會簽只此一部分，此項 E-1 以 FY 1961 年為主，而兼及 1960 年，1961 年為 Budget Year，1960 年為 Operational Year，普通業已開始用款，如有修正，亦可在 E-1 之修正案為之，又此項 E-1 為去年十月間所作，本月十五日以前則可以再送修正本焉。因審核 E-1 而連帶的將有關 E-1 之 ICA Manual Order 亦加以研閱，惜乎因文字繁多，而時間有限，不能詳讀，且其中文字常有與其他 Manual Order 互相引證之處，如不能從容與其他有關法令同時研究，亦不易完全了解，故只大略對與本題有關者加以閱讀而已。

交際

紹南之同學楊秀卿小姐在其中山北路寓所約余與德芳晚飯，至時率紹彭同往，在座者尚有童世荃兄夫婦，及楊小姐之夫婿，並其他之同學等。據云請客之目的在與童兄一家多有聯繫，童兄對此事最感興趣，彼夫婦為其子童紀擇偶，頗屬意紹南，實際此間無促成之力，楊小姐與童綷小姐對此事均一再表示熱心，但德芳則一再表示不贊成亦不反對，為父母者對此等事亦只能如此云。

1 月 8 日　星期五

職務

今日繼續審核 E-1，所遇者皆大致平妥，無懈可擊，只費時較多於閱讀其全文耳。另一餘暇從事寫作尚未完成之 Russel Wright Associates 用款查帳報告，今日只將正文外之附表作成，另將 Performance 部分寫一開端，將合同所訂 RWA 之 Scope of Work 加以扼要臚列，以為下文評價之張本。此項 RWA 之查帳工作，去年曾由 Eugene 葉擔任，余對大概情形加以說明，與之交換意見，因葉君為時已久，多不能憶，故未能十分深入。對於 RWA 之 member Garry 支領 Quarters Allowance 現款一節，本已根據與 S. D. Chang 君之意見寫入報告，希望領款人能有適合之單據或說明，但仍認為具體根據尚不充分，乃於今日重閱 Standard Operating Procedures of Counterpart Funds，竟尋獲可作援引之根據，其實以前亦閱過，特久久不加應用，遂致遺忘耳。向旅行組詢問星期一定購夜車票之情形，承辦人蔣君謂被中國旅行社所誤，今日臨時再買，已無空餘，詢余可否改成飛機，余簽請先試柴油快車，彼最後仍為買到飛機票，謂火車票須二天前預買，適在週末封關之日，甚為不便云。

師友

下午，因知原小姐將為余送利息，故電話約其來 Snack Bar 吃冰淇淋，並贈糕點一盒。隋玠夫兄來送九至十二月利息。蘇定遠君來為手工業中心送贈仿印古畫二張。

1月9日　星期六

職務

上午八時至十二時本稽核組為配合會計組之工作，趕閱 E-1 Revision No. 1，事先安排二人加班，由李慶塏君與余擔任，計以全上午時間審核 E-1 修正本八件，每人四件，按通常程序本尚須 Audit Branch Chief A. W. Tunnell 核對，及 Controller 簽字後送回 Program Office，但在加班處理之過程中，有配合與權變之處，例如在審核尚未送 Controller Shamburger 前，Program Office 之 Parker 或 Peterson 有時前來參閱核簽意見，立即加入文字，或另行加註不能照辦之理由，遂即送 Shamburger 簽字，在數分中內完成數項手續，而 Shamburger 在未至十二點前即先離去，在離去前有數份先行簽字，聲明余等核後如無大問題即行送出，此亦節省時間之一法，其實在平時程序中如在處理E-1 時期內能全署辦公，當亦能提高辦事效率甚高也。

集會

陽明山研究小組重劃將國大代表同人集中編組於若干小組內，余下午出席指定召集人張導民兄所召集之會議，當場選出彼為召集人，並對二月間國民大會交換意見，咸以為經費預算按每一代表三萬元編列，而同人所得不過三、五千元，其餘全為開支或浪費，不若將無味之排場節去，而增加同人本身之福利云。

瑣記

下午到中和鄉完潭墘地價稅，正稅、防衛捐、八七水災捐共七十元；住宅市地由德芳在市內繳，數亦稱是。

1 月 10 日　星期日

閱讀

開始讀 J. B. Heckert and J. D. Wilson 合著之 *Controllership: The Work of the Accounting Executive*，今日只讀第一章 Accounting and its relation to management，其中所談當然為習會計者所耳熟能詳，然有一點最值得注意者即企業家之應具有社會眼光，此種理論為近年經濟學之自然反映，非如單純個人資本主義下之企業單純為自利而存在者可比也 ，其言曰："It is recognized that business executives have come to be a most important agency in the guidance of our economic activity. If the march of industrial progress is to continue uninterrupted, business leaders must be skillful, intelligent, and motivated by a social responsibility. Without this, there is a serious question whether our present economic institutions can be maintained."

娛樂

下午，同德芳到國光戲院看電影，「桂河大橋」，為哥倫比亞出品名片，由威廉荷頓主演，描寫在二次大戰期間英國在緬暹境內被日軍所俘人員之一種嚴守軍紀為敵人工作，而又被另一互不相謀之友軍所破壞之英勇故事，寫日本部隊之殘酷，英軍之守法與不卑不亢，皆深切合其特性，全片為伊斯曼色彩，與真景色調幾乎完全一致，外景與演技、色彩、配樂，可謂無一不佳。

1月11日　星期一

旅行

上午按時到辦公室，於八時半乘自備車到松山機場等候民航空運公司班機，於九時十五分起飛，十時到台中，停十分鐘續行，十時五十分到達台南，乘該公司交通車至市區午餐，到四春園旅社下榻。

職務

下午到成功大學訪關係人員，晤及者有主計室主任童子畏、佐理員劉國鼎、顧問室諸學彭、工學院長萬冊先，所談各事如下：（1）以前美援會曾規定格式，每半年須填送對顧問工作之 Evaluation Report，諸君已問明曾做過兩期，數年來即行擱置，余表示此項文件甚為重要，諸君即提議由學校改擬一項綜合性的全期 Evaluation Report，余對此項意見甚表贊同，萬院長亦認為可以辦到，經決定即如此進行；（2）外籍顧問之 Attendance Report 前已作至九月底，應延至年底，並與 Attendance Record 相對照，據云後者不在顧問室保存，只在各系每月對每一顧問填具一張，顧問室核對後送出，聞各系尚有存底可以核對云；（3）台幣費用十至十二月份已記帳，明日起繼續查核。

參觀

到公園參觀國產商品展覽會，有陳列部、有售品部，與秋間台北所舉行者相仿，惟場地較大，而以衣著類為最多，冒牌日貨亦以國產資格展覽，水族館另買票，有魚十餘種，花圃洋蘭亦多，黃、黑二色玫瑰甚名貴。觀影「修女傳」。

1 月 12 日　星期二

職務

到成功大學開始查核普度顧問經費自十月至十二月之帳目，上午先就其報表所顯示者持以與帳目相核對，證明其餘額相符，並以與對帳單相核對，證明現金續存均在銀行存戶之內，又根據其核定之預算與實支數相較，填入一張表內，由於該校數年來之未經改正的習慣，至本年度為止，皆係預算與實支之科目互不相謀，預算由顧問室編列，支出由主計室列帳，前者根據 Counterpart Fund SOP 之科目處理，後者則另有一套，在1959 年度且曾經由美援會加以核改，無形中承認其使用，故余今年上次查核其九至十月份經費預算時未予提出問題，其時尚無預算，洎余回台北後，該項經費預算之會簽適又交余辦理，余當時見其所用科目又非記帳已用之科目，因其與 SOP 之規定相符，不應予以批駁，故除內容略有問題外，對格式未提意見，於是此雙軌狀態又將延續一年矣，好在此為最後一年，此項錯誤既非一夕造成，亦只好聽其自然矣。下午開始看單據傳票等等，已將十至十一月份看完，未發現有何大問題。

娛樂

晚，到赤崁戲院看電影，片為日語松竹出品「悲歡歲月」，高峰秀子主演，長三小時，故事刻畫人生無常，雖多感傷氣息，然以燈塔象徵人生之應走向堅定不移與開拓發展，則用意固深長也。

1月13日　星期三

職務

上午，開始查核 Purdue Team 台幣費用去年十二月份之帳，其中除 Prof. Freed 之醫藥費外，別無特殊性之費用，此項醫藥費全為其住台灣療養醫院開刀之費用，一小部分為其夫人到台北照料之車費，經再查規定有無必須具備之條件。此項查帳工作於上午完成，尚有未辦理之事項三點，一為查核財產性支出記錄，須待經手人回校，二為在各系之 Attendance Record，三為校長交工學院萬院長擬之顧問 Evaluation Report，此三者均須等待。

游覽

下午，因工作不能進行，乃出發為關子嶺之遊，由台南乘公路直達車五十分到新營，繼乘新營客運車上山，中間路程為南至新五十公里，新營至白河十公里，白河至仙草埔柒公里，再至溫泉四公里，新營至山共行一時十五分，到達時為三時半，知下午已無游山汽車，步行至碧雲寺四公里，余乃登好漢坡，至國校附近，看大成殿，似一土地祠，再行見山徑甚崎嶇，大路則過遠，恐黃昏後折返，諸多不便，乃決定中止前行，折回溫泉一帶閒眺，山多聖誕紅碩大無朋，亦有紅白梅花，惟甚少耳，此溫泉完全為石灰質，晚宿中和旅社，其浴室之水不甚燙熱，但泥漿下沉，其渾濁視北投尤其有過，洗時甚細膩，有一種溫泉水滑之感，洗後用預先準備之溫水沖過始可著衣，此等溫泉殊甚罕覯也。

1月14日 星期四

職務

下午，到成功大學查核昨日未竟之三事，萬院長方面尚未動手，余約其下星期一寄來，不知是否不致再拖，存在各系之顧問 Attendance Record，諸學彭君各有查問，結果無一存有底稿者，只將學校彙送之公文調卷由余閱過，但仍無原件可以對證，至於財產管理，則主管之徐君已經回校，下午將其制度與實況均加以查核，條理十分清楚。與 Freed 教授再度見面，彼云已接 ICA 信，其對於 1960 年度之三項解釋已認為滿意云。

交際

中午，成功大學總務長劉顯琳仲玉在寓約便飯，在座尚有童主計主任、萬工學院長，及教授會主席趙少鐵，與化工系主任及人事室主任等。

游覽

晨五時半，在望後月尚未落時上好漢坡，適遇有運石汽車，詢悉可到碧雲寺，乃搭乘二十分到達「水火同源」，火由水涯噴出，天尚未明，特為奇觀，步行一公里至碧雲寺，廟甚尋常，平明時僧侶方清潔環境中，未停留再下行，聞三公里為大仙寺，循公路車轍甚深，且多泥土，在一轉折處由僻徑奔下，行半公里，路窮，幸有人告謂此半里誤行，乃重新上山，至轉折處始見有指路牌，昔所忽略，亦因小失大矣，下山七時半到大仙寺，新宇宏敞，花香撲鼻，為關嶺第一大剎，下行半公里到仙草埔，等候班車於八時半至新營，十時半回抵台南，仍住四春園旅社。

1月15日　星期五

旅行

上午八時三十六分由台南乘柴油特快車出發北返，於十一時十五分到達台中，因預定須作數小時之逗留，故即下車，在車站詢問故宮博物院陳列室中午是否休息，不得要領，公路局班車須午後二時五分始開，判斷其中午不開，乃在鐵路餐廳用餐後，至圖書館看書待至班車開行，至博物院始知中午未停，參觀後回台中，持預購之公路金馬號對號車於五時開行回台北，八時五十分到達。此車設備與服務均甚好，價亦低於柴油特快，時間因行經沙鹿，不繞王田，故大為節省，只是座位仍嫌窄狹，腿部不舒，無可奈何耳，今日因時間不夠從容，故未乘柴油特快車。

參觀

下午以一小時半之時間參觀故宮博物院十四期展覽，書法部分最少，只有宋沈覯、趙抃、呂公弼等六人冊頁，無大幅作品，畫較多，計有五代巨然層岩叢樹、雪漁圖，宋祈序長堤歸牧，李唐雪江圖（以上軸），五代周文矩水樹看鳧，李唐空石看雲，宋林椿山茶積雪，魯宗貴蜀葵引蝶（此二幅設色至今如新，以上冊頁），五代顧閎中韓熙載夜宴圖卷，宋夏珪溪山清遠卷，李公麟山莊圖卷，明仇英觀榜圖卷，石谷臨右丞山陰霽雪卷等，均為精品，書畫外有銅器、毛公鼎、散盤，漢以降之玉器，宋以降之瓷器、帝后像，宋刻版本六家文選，元刻版本禮記會元及各式朝珠、念珠等。

1月16日　星期六

師友

晚，汪焦桐兄來訪，因日昨其所擔任組長之小組召集會議，余因赴台南未返以致缺席，該會議之目的為辦理四十七年度（48年六月底止）黨籍總檢查，今日特來向余接洽補填表格，當即照辦，表內三項共計擬訂分數為九十二分，不為不高，繼即閒談，所談天南地北，無所不及，最後因德芳胃病臥床，汪兄云有特效藥一種，經即同至其家，將藥名開來，備購買服用。

參觀（續昨）

昨日所記在故宮博物院所見書畫尚未能全部記下，茲續記若干種如下，以誌因緣：（1）軸部分，宋郭熙豐年瑞雪，元李衎四季平安（畫竹），清董邦道白描大士象，王時敏仿王右丞江山雪霽，明陳洪綬歲朝圖，趙左寒江草閣，陸復梅花，邊文進花鳥，陳憲章萬玉爭輝，沈周夜坐圖夜坐記，（2）冊頁部分宋趙伯驌風簷展卷，清董誥花卉冊頁凡春夏秋冬各八頁，（3）其他部分有清宮瑪瑙製各種透明器皿數十件，甚為別緻，玉器中有一塊天然玉，酷似橫切面之五花肉，非經指出，幾可亂真，又有各種玉器，如漢玉穀璧，周玉圭，漢玉琮，漢玉斧，瓷器中則明朝件數甚多，且甚出色，余最欣賞一蔥翠青壺，不知其何以能燒成此一顏色，悅目之極，至帝后象則為宋太祖，明太祖，乃歷來展覽已最多者。

1月17日　星期日

交際

晚在同事歐陽淑麗家公請曹嶽維君，曹君為本辦公室之 Sr. Investigator，定於下月一日轉職至美援會，於是各同人有集體歡送之舉，方式為自助餐，飯前有八人為方城之戲，故用飯時已七時餘，直至九時始行盡歡而散。歸途與同人靳綿曾君同行，余本不知曹君之事，而靳君本與曹君同為 End-use Section 方面同事，自與本 Audit Section 合併改組為 Audit Branch 後，共為九人，其 End-use 方面則只有三人，工作支配已不分何者為查帳，何者為調查，緣是有若干困難發生，例如曹君為習土木工程者，近來從事 517 節貸款申請人財務分析工作，即感格格不入，用非所長，中心痛苦，靳君對余敘說其經過，似乎於此一點而外，尚涉及人事排擠問題，靳君云，自 Audit Branch 合併成立以至設有兩個主管人 Jack Liu 為 Chief Auditor，徐松年為 Principal Auditor，承上啟下，均由二人為之，二人似乎對於各人之工作有時表示不滿，殊不知在分署之中國人，只有待遇高下之細微分別，無人可以分洋人之權限者，如自作多情，不識自己之身分，儼然自以為可高踞人上，將因不識進退而自食其果，以前陳振銑在分署炙手可熱，逢洋人之怒時，一旦全盤皆輸，其悲慘比一般為尤甚，惜乎今日步其後塵者之不悟也云，余聞言為之悚然者久之。

1 月 18 日　星期一

職務

今日恢復到辦公室按時辦公，全日工作為：（1）開列上週出差旅費，交主管報銷人員代為填製傳票，其中有不照事實狀態報銷者為回程係報對號車由台南十一時啟程，於下午五時五十五分到達台北，事實上則為乘柴油快車先到台中，後到台北，因在台中停留為到故宮博物院參觀，並非因公，自不可報銷旅費也，至於對號火車之到達時間依規定為下午五時十五分，當時問車站為五時五十五分，乃照此時間列報，好在不增加一個 quarter，事實上並無所區別也，（2）整理查帳資料加以排列，一面為寫報告之依據，一面於有須補助處亦乘尚未淡忘時加以補助焉。手工業中心送來有關該中心對於 Russel Wright 工作情形之說明一件，備余加入尚未脫稿之查照報告內。

師友

晚，李公藩兄來訪，用意在向余探詢對於美援會主管承辦貸款之人員有無有往來者，其友人正在申請此項貸款，風聞必須有默契條件或暗通關節始可有提出審核之可能，余對此雖有所聞，但未知其竟有買賣價格，設非彼張大其詞，則美援之前途殊為可悲也，余即告以無人相識，相識者為第四處主管稽核部分人員，此部分人處於監督地位，自不能有此等事也，李兄亦以為然，余對此類請託認為無予以置理之必要，故婉言以謝也。

1月19日　星期二

職務

趕寫成功大學與 Purdue 大學合作契約之查帳報告，至晚即已告成，蓋前次查至九月底時即已將報告寫成，現在因查至十二月底止，故只須將報告草案內有關之日期加以改正，即可分別發出，因而所費時間不多，但亦有重新加以斟酌之處如下：（1）致華盛頓總署之 Airgram 格式報告所附之 Counterpart Fund Support 數字係分年度由 FY1956 至 1960 逐年列成五張表，如此雖無不可，然終嫌所占篇幅太多，且總署接到此項報告，目的在彙寫其 Overall 的報告，對於台幣數字部分不致特別注意，於是改變方式，將五年數目合成一張表格，分為五欄，如此實更能增加參考比較之價值云。

參觀

上午十時半本署在視聽設備室演電影，名曰 Face of Red China，由兩位洋人在影片內說明所攝各影之經過，影片內將近年來大陸推行人民公社、兒童公育等設施，均留有照片，二人聞曾在大陸蒐集資料，由畫面上所見，則無論人民之年齡為何若，幾無一人游閒，兒童則圈於木柵內，亦皆笑容可掬，余由此判斷此次影片為經過大陸匪共驗放者，凡有不理想之鏡頭，必將予以摒棄，然則此影片除具有其有限度之報導意義外，恐不足語以誠實無欺也，兩作者之英語講解則甚為流暢，如此好的英文在影片中尚不多見也。

1 月 20 日　星期三

職務

今日將兩個查帳報告之改寫工作完成，其一為對華盛頓總署以 Airgram 方式擬成之成功大學與美國普度大學合作契約之帳務與實績報告，此一報告本已寫成，因須符合華盛頓之要求，將資料延至去年底，乃有上星期之再度前往，現根據延至年底之資料，將顧問供職期間與台幣開支等表格加以修正，並將文內若干處所本為 As of November 30, 1959 者均改為 As of December 31, 1959，此一報告因總署規定須於一月底前送出，故改寫完畢後，立即交徐松年君核轉 A.W. Tunnell。另一亦為對於成功大學與普度大學之查帳報告，所據資料相同，而包括期間略異，上述對華盛頓之報告乃自 1956 一月至去年年底，因以前已作過至 1955 年底之報告，故須按期銜接，此另一報告則為對於去年徐君所作至 1958 年三月底之查帳報告之 Follow-up Report，一面對其 Recommendations 查明已否繳過，一面又將自去年四月一日至年底之支出繼續加以查核，將認為須剔除之支出列入，要求該大學加以繳還，此部分亦無特殊之處，只須將以前已經寫好之報告內所附各年度預算與實支報告表內之 FY1960 年度部分數字改為至年底即可，另有在十至十二月份開支內之須加剔除數，亦予以加入，使包括之期間延至十二月底止即可，又須加以改正者則在上次草擬時其 1960 年度預算尚未核定，現在則已經核定，可以列表比較矣。

1月21日　星期四

職務

上週赴台南前已完成大半之 Russel Wright 與手工業中心合作合約查帳報告於今日繼續寫作，但尚未告成，今日所作部分為：（1）報告附件之 Counterpart Fund 支用數額表，包括 FY1959 及 FY1960 兩個年度，各科目並分別加成總數，但無與預算比較一欄，此因所仿照之格式無此一欄，故予從略；（2）Performance 部分，已成其半，先寫依照合約其主要任務為何，然後引手工業中心所作 Evaluation 文件，說明其中只一部分任務完成，下文待明日再續。余之下週工作為 review and comments，但今日已有此種文件計共兩件，均予處理，一為電力公司深澳火力第二發電廠一九六零年貸款案，一為煤礦開發公司1960 年部分貸款案，均無大問題，主張予以通過。

集會

中午在立法委員俱樂部餐廳參加國大代表中央提名同人聯誼會，由林尹等報告與中央黨部及內政部接洽經過，大體上此次與國民大會第二次會議時之各方態度有甚大之異點，當時甚少表同情者，故決定方法為作列席代表，此次則中央黨部秘書長與內政部長均已易人，現任人員對於本案經過情形詢問不厭求詳，且認為如果能有解決辦法，亦盼對外毋加聲張，以免現在活動急劇之後補聯誼會援例請求，一般看法認為此次有改列席為出席之可能云。

1 月 22 日　星期五

職務

今日只處理零碎事務，其一為本週完成之兩件成功大學與普度大學契約查帳報告，本已交徐松年君先行核稿，不料彼為他事羈纏，至今未看，今日又有他事，乃又交余轉打字小姐先行清打，備其以不及核閱之原因逕行轉送 Branch Chief A. W. Tunnell，打後交去，余不知其究竟如何處理也。其二為昨日所閱之兩家 Application，徐君今日認為均須進一步加以推敲，但並不一定形之於簽註的意見，內電力公司一件深澳第二發電廠建設貸款，預算內列有 Camp 一項，達一百九十萬元，工業組曾囑其對此數加以分析說明，但徐君認為並不滿意，根本上應使其不再以 Camp 之名義與建設工程費用於發電所之宿舍開支，但此項指示不能貫澈，向來即在此種情形下推託，並無一定之原則予以解決，而工業組主張該公司對於行政費部分予以刪除，本會計處對於此項意見，表示贊同，但皆為文字，未提出具體數字，將來查帳恐仍難免發生困難也。

師友（續昨）

晚，廖國庥兄來訪，探詢紹南現在肄業之 George Washington University 之一般情形，其女安難係今夏將在台灣大學畢業，現正分頭向美國學校接洽入學許可與獎學金等，如有成例，即便放洋，廖兄云至今尚無具體方案，不過希望能不浪費時間耳。余允廖兄去函紹南詢問一切。

1月23日　星期六

業務

數日前林產管理局職工福利委員會鍾君來電話，約定於今日晤商前林業員工互助協會結束後移交該會不動產之過戶事宜，余於今晨前往，因未曾晤及，先問林慶華君，林君乃約余至研究發展室訪技正鍾毅，但不在辦公室，守候移時，再經詳尋，始知福利社另有一鍾君，比往，始知方有誤會，此鍾君欲尋其總幹事羅君同談，但羅君不在，余乃將以前此項不動產情形向其約略說明，大體上已過歸互助協會名下者為台北市，續向上級請示至今尚未辦好亦即受數年來各廳處會商拖延而限於擱淺者為陽明山、羅東及新竹三處，尚有單純設定地上權者，則花蓮已辦好，而埔里、旗山則或持慎重，或有糾葛，尚未辦好，現在如須用新名義過戶，或由該會自辦，或委託余辦，應就原契約以外續予延展補充，蓋已為原約所不能包括也，當即商定容該會斟酌後再行聯繫云。

家事

上午，率紹因到台北郵局領取紹南由華盛頓為諸弟妹寄來之奧龍毛衣及線衫、線襪等，原以包裹太多，須在申報與掛號兩櫃臺分別排隊，後知如能在申報時提早辦理，則掛號亦必可在前，毋庸早往守候也，今日掛十九號，余因事他往，歸取包裹，則叫號已過，乃補行辦理，於十一時半以前將納稅驗關等手續辦完，即行將包裹收到。

1 月 24 日　星期日

閱讀

閱讀 *Reader's Digest*, May 1956，見補白欄內頗多有趣味之作品，有一段云採自 London Daily Express: "Women have a passion for mathematics. They divide their ages by two, double the price of their dresses, triple their husband's salaries and add five years to the ages of their best friends." 又一段摘自 *Time*，題為 On Edge: "I don't really know why", actor William Holden admits, "but danger has always been important in my life - to see how far I could lean without falling, how fast I could go without cracking up." A trained gymnast, he likes to lower himself from outside a window sill, hang there and look around. Once during a conference with director Joshua Logan, who is terrified of height, Bill calmly walked over to the window, opened it, stepped out and hung by one arm over ten stories of nothing. While Logan "turned to jelly", Holden blandly continued the conversation. 殊足發人深省。

娛樂

下午，黨校同學在電影檢查處舉行茶會，定時為三時半，余率紹彭往，略遲十分鐘，電影已開始演出，片為尚未在戲院上映之「騎兵隊」（The Horse Soldiers），威廉荷頓與約翰維恩合演，聯美出品，彩色配樂與發音均臻上乘。

1月25日　星期一

職務

繼續寫作 Russel Wright 與手工業中心顧問合約經費中之查帳報告，今日所寫為附錄之一部分，乃係就該顧問團之所完成的每件工作，寫成一張完成工作表，並註明其已完成之百分比，資料完全根據手工業中心所送來者，因內容太過繁複，故今日只完成其半。上星期所寫成之成功大學與普度大學合作契約中之 Airgram 式送華盛頓查帳報告，本應由徐松年君 review 轉 Tunnell 定稿，因上星期徐君臨時外出工作，於週末將原稿送 Tunnell 自行 review，今日彼已開始，因徐君不在，其例行事務由李慶塏君代理，李君對此一報告原文初未寓目，而 Tunnell 於閱後發生疑問，詢之不知所對，歸向余轉詢，始再轉報，並初步改正數點：（1）原附有有關之非 Airgram 式查帳報告數件，經彼決定刪去，余係根據過去成例辦理，事實上不附送亦無關係，（2）中國政府自備款在 PPA 內列有數目，但實收之用途甚難斷定何者為直接有關顧問者，余如此落墨乃對於成功大學略留情面，Tunnell 認為應明確指正，乃由余改為預算雖列數，而完全用於此顧問團者則無之，此外並無其他修改，余由今日之情形判斷，報告初稿如直接由洋人核稿，改變推敲或不甚多，反之由徐或劉君初核時，彼等因百般揣摩洋人心理，反多不必要之修改。

師友

下午到台灣銀行訪邵光裕兄，託為各同人共換新鈔券一萬二千元，備年假中零星之用。

1月26日　星期二

職務

今日工作為 Review and comments，共二件，皆為 Budget Application，一為花蓮港擴建計劃，計九百六十餘萬元，余以之與 E-1 相核對，發現多列一個項目為器材之運費，三十餘萬元，而原預算只有六百三十餘萬元，超出預算部分顯然為預定不供給援款之項目，然工業組之按語則只就其增加部分不超出百分之十五的限度，主張予以核准，余則簽註此項運費既非原 E-1 所列，則究竟應否由援款內動支，尚有待於澄清云；二為公共衛生所之訓練計劃，其預算原列為每期三十名，每二個月一期，故所列經費多係按六個月計算，但有為一次支付之費用，則按人數總算，每期卅名，共辦三期，共為九十名，但其末附註有云此項經費之支用期間為一月至十一月，則其所包括之期間又比六個月長出遠甚，余因此項經費多為人事辦公等管理費性質，出簽註意見認為須於六月底屆滿 Disbursement deadline，除非另行報准延展，此計劃應適用此項限制云，送李慶塏君核轉（因兩個 Chief Auditor 皆另有工作不問此事）時，彼意對此點不妨加以說明即可，蓋所謂管理費云者，係指按月動支之經費有固定數目且甚規律者而言，現在該計劃所列雖有此種支出，然尚非規律性質，故將此段改為說明，此外又對於二部汽車之 Maintenance and Repair 內含有汽油與 Transportation fee 內之屬性為車舟費用，二節答復 Tunnell 之詢問。

1月27日　星期三

職務

今日將 Russel Wright 手工業中心之查帳報告全部寫完，其中費時較久者為關於該 Contractor 之 Performance 資料，蓋照過去對該單位查帳之慣例，此項資料有二，一為依照合約項目之工作，分項寫出完成之百分比，另照該顧問團所從事之各項計劃，一一加以寫述，註明其完成之百分比，現在寫有關一年餘以來之工作情形，依理亦應援此項方式為之，無如此等資料應由本署工業組供給者，詢之經手人，竟無人知為何人經手，不得已只好從權，乃依中心所供給余一張致美援會之 Evaluation 報告，加以審慎之摘述，結果認為只於十二月底以前始能將中心認為不滿意之項目加以補救焉，至於逐項之記述，所謂 Project by project，則完全依照中心所送來該團體之資料加以抄錄，共用黃紙十張，始行抄畢，另外則依據查帳所得之資料進一步加以複核云。今日另一寫作項目為此項查帳報告之 Recommendations，依照 Findings 所列，計得十項，有須補手續者，有須繳還款項者，亦有須做帳目調整者，剔除數則甚微，是否不作為剔除，則有待於洋人決定矣。餘時從事公文之核簽，今日所核為台中醫院與台大醫院之合作交換人事計劃，余提出兩點不妥，一為交換人員中之教授日用費為二百元，本予剔除，李慶塏君云對教授之日用費曾有特許，不照政府規定，故不復提及，另一為對受訓者之 allowance，共分二項，第一項定名為 Petty Cash，驢頭不對馬嘴，經主張予以澄清云。

1月28日　星期四

交際

今日為舊曆元旦，晨八時冒雨出發拜年，所到者為逄化文兄、楊紹億兄、余井塘氏、王厚增君、李公藩兄、趙榮瑞兄、冷剛鋒兄、丁暄曾兄、王德垕君、韓兆岐兄、張景文兄、郭朝暉君、田孑敏兄、曹璞山兄、楊綿仲氏、黃德馨兄、廖國庥兄、張中寧兄、邵光裕兄、吳先培兄、楊憶祖氏等處。又在鄰右分別拜年，計到之處為比鄰袁君、對門林君、姚冠午君、王一臨兄、汪焦桐兄、吳治兄、周靖波君等。前來拜年者有比鄰袁君、王一臨兄、齊魯公司蔡繼善楊象德君、李公藩兄、楊紹億兄、張中寧兄、蘇景泉兄、鈕鈐龢君、趙榮瑞君、邵光裕兄、吳先培兄、田孑敏兄、于永之長子政長、佟志伸兄、黃德馨兄、樓有鍾兄、王德垕君、丁暄曾君、逄化文兄、周天固兄、王厚增夫婦、徐嘉禾夫婦、郭宏仁楊秀卿夫婦、童綷小姐、黃珠姬小姐、曾明耀兄等。下午到東園街為佟志伸兄答拜，並到會賓樓參加同鄉會之團拜，因演說者實繁有徒，余未待其終即行早退。

瑣記

今日拜年日程路線不盡理想，致上午包車浪費時間甚多，緣余由安東街先到仁愛路、臨沂街再到松江路，繞路太多，其實由松江路，繼至杭州北路，仁愛路應排在杭州北路之後也，又田孑敏兄寓所在二女中附近，余誤以為在杭州南路附近，應排在赴二女中之前，極為順路，結果反排在其後，往返繞行，時間失卻太多，凡此皆可謂凡事預則立，昨日之準備工作不充分，以致有今日之失也。

1月29日　星期五

家事

上午，同德芳到姑母家拜年，並留午飯，姑母自數日來即患感冒兼氣喘，飲食減退，精神不佳，余與姑丈談，因氣喘與咳嗽不同，俟氣候好轉，以延醫診察為宜，今日在姑丈家午飯係由表妹慧光準備者，所食餑餑，為姑母年前所手製者，但麵已不似往年之硬，此乃手力不足之徵，思之黯然。

交際

上午，到宋志先兄家為其岳母拜年，並閒談其子宋申出國事，將於三月間退役後實現云。下午，同德芳到王厚增君家拜年，余昨日原已拜過，但因其夫婦又來回拜，且贈水果，諸兒女壓歲錢，故再往為拜，並面贈水果。上午到新莊劉振東先生家拜年，因尚未起身，故問候後即行辭歸。今日來答拜者有周靖波君、曹璞山君、廖國庥兄、冷剛鋒氏，又有來拜年者為廖毅宏夫婦、陸冠裳夫婦、樓有鍾太太、陳崇禮夫婦、鄭旭東夫婦等。隋錦堂妹婿亦來拜年，相值於途。

采風

兩日來舊曆新年在細雨霏霏中度過，因氣候惡劣，路上行人遠不若往年之熙攘，即公共汽車與公路局汽車之擁擠情形，亦較預料者相去遠甚，由此亦可見一般奔走過年亦不過扭於習俗，不得不爾，設有其他故障，實皆可援為從簡之藉口也。本年一般人心於鎮定中不無興奮之跡象，除夜甚至除夕之前夜，爆竹聲不斷，較往年為尤甚也。

1月30日　星期六

交際

上午，同德芳出發拜年，先到樓有鍾兄家，向其尊人及堂上拜年，然後至徐自昌兄家，其父去年病故於北平，此間供有神主，爰往行禮，後又到廈門街鄭旭東兄家，閒談移時，得知不少此間學界之黑暗現象，據云建國中學可以一萬五千元之代價送進學生，以走私方式取得學籍，又招生考試時可以每百元加一分，據云此為該校不贊成此等作風之教職員向外透露者，諒非虛構，但如此駭人聽聞，殊為教育界之奇恥大辱也；又到陸冠裳兄家、于懷忠兄家於三張犁，更到安東街徐嘉禾家，最後到和平東路廖毅宏兄家，即費去半天時間矣。今日來答拜者有韓兆岐兄，來拜年者有隋石孚兄及王景民君，王君由石門水庫來，並贈蘋果一籃，據云其所服務之石門水庫，內容腐敗，現在主任委員由陳誠改為蔣夢麟，不過為頂名之掩護作用，事實上由執行長徐鼐負責，而人事安排不外兩個來源，一為由立監委員恃勢而位置之人員，一為各方面交換條件之有關係人員，致有邪門水庫之稱，至於工程方面，所挖水口、涵洞已經用水泥砌好，而洋人認為不合規定，拆去重來，由於應挖之土已完全挖去，砌工須另搭木架，所費更倍於初次，如此浪費而無人指摘，全由於官官相護也。

參觀

晚與德芳到美國新聞處看張大千畫展，計共三、四十幅，所畫水墨牡丹，最有意致。

1月31日　星期日

交際

上午，到廈門街答拜曾明耀君，即乘火車赴新店，先到崔唯吾先生家拜年，並參觀其新建之房屋，計二十四建坪，且有地下室，繼到叢芳山兄家拜年，據談其三女去夏赴西雅圖華盛頓州立大學習英國文學之經過，再到孫典忱兄家拜年，閒談移時辭出，乘汽車由景美轉溝子口考試院宿舍答拜隋石孚兄，其寢室極湫隘，且不通風，不知何以能數年來棲息其中也。由此再乘車回台北，由南門市場轉乘三路公共汽車到安東街答拜周天固兄，不遇，留片，最後至羅斯福路二段台大宿舍答拜蘇景泉兄，蘇兄外出，然由門外可以望見四壁全懸其自己之作品，聞係自己之結集重抄得此者。下午到財政部答拜鈕鈞龢君，又到銅山街為同事徐松年君拜年，不遇留片。

參觀

下午到中央圖書館參觀蘇東坡研究資料展覽，以版本為最多，自宋明以至近年，皆有收藏，最特殊者為宋本東坡先生集，坡門酬唱，重廣眉山三蘇先生文集，經進東坡文集事略，註東坡先生詩殘本，有翁方綱題記多篇，亦有伊秉綬註記，甚為名貴，碑刻方面則有前後赤壁賦拓本，字極不似所習見之蘇字，例如影印天際烏雲貼，則筆法極平易類現代人，叢帖則有觀海堂蘇帖，尚佳，最名貴者則為蘇東坡之山水畫，懸丈外，不能細審，有文徵明題記，但其字為何，則不能審視矣。

2月1日　星期一

職務

春節後今日開始辦公，因二月份 schedule 尚未排定，故無新的工作，只將上月寫成報告後之 Russel Wright Associates 查帳工作 Working Papers 加以整理，並打成目錄，註明頁數，置於卷首，以備查考。上月所寫成之查帳報告二件，皆為成功大學者，其一件為 Airgram 格式，因等候該校工學院長萬冊先之 Evaluation Report 不及，始仍採用余所寫作之 Evaluation 一段，今日已在打印 Airgram 之中，成大之應允至今日猶無反響，足證輕諾寡信，余始料初不誤也；其第二件報告為對於徐松年君去年所作 EA-1499 之 Follow-up，編號為 1499A，此報告與 Airgram 不同之點，一為此報告期間係銜接 1499，時間不過年餘，而 Airgram 則係銜接數年前至 FY1955 年底為止之 Airgram，二為對於相對基金部分，此報告對於剔除款項，逐一列舉剔除而 Airgram 則只列支出數目，以供華盛頓之參考而已，此項 Follow-up 報告亦為徐君不及核閱而逕送 Branch Chief A. W. Tunnell 核閱者，今日發回，認為係一 Good Report，只將二點年度名曰上年度、本年度者囑改用正式名稱之年度，別無改動，余由此二件報告之處理情形增加無限勇氣，蓋余所寫報告向來在劉允中、徐松年二人處改動極多，此次洋人直接核閱，反無甚改動，余夙昔以為二人確有高明之處，及見今日之事，即不敢再認為其高明至何種田地矣云。

2月2日　星期二

職務

上午，對於成功大學與普度大學合作計劃中之Airgram查帳報告作最後校閱，今午隨航空郵件發出，在校對時發覺意料不到之錯誤，即所附Counterpart Fund支出一覽表內共分五欄，除合計欄外，即為1957、1958、1959及1960年之支出，而表眉標題應為自1956之七月一日至1959之十二月三十一日（前後兩年度各只半年），但由於受第一欄之暗示，竟寫為自1957一月一日至六月三十日，打成後始行發覺，幸有最後改正之機會也。今日又從事核簽文件，凡一件，為工業組擬復美援會所送之三家煤礦PPA函稿，余對此問題有一不解處，即聞之Program Office，現在新規定E-1代替PPA，故近來已不見有此等文件，至於申請援款單位所送之Application亦以E-1為審核之依據，不復有PPA矣，現忽又發現PPA，且工業組函稿囑其補充重作，似乎此種文件仍然存在，聞之本會計處之主管Program之Y. C. Ling君，云不應有此，詢之Program Office之C. K. Chang君，則謂此種文件只為申請援款與美援會及安全分署之方面之連繫文件，非如往日PPA之須送華盛頓總署也，余因鑒於此種問題不能有圓滿答復，乃採不捲入漩渦之宗旨，簽註時不置可否，只云可以會簽焉。

師友

晚，蘇景泉兄來訪，持送其寢室所陳列作品之照片一張，閒談移時而去。

2月3日　星期三

職務

今日有一極細小而極曲折之事發生，緣余所寫之成功大學與普度大學合作經費查帳報告內有剔除一位 Tucker 教授子之 Education Allowance，係按會計部分張孝棠君所告之定額每學年美金 120 元折合新台幣為計算基本，張君當時曾云 Tucker 子讀書地之台南在當時為 U. S. Government Standardized Regulation 920 表內所未列，應屬 Unclassified Post，即適用此率，經據此意寫入報告，現本稽核組主管 A. W. Tunnell 問何謂 Unclassified Post，乃將有關文件查出，作為解釋根據，但此 120 元之定率，本係張君所面告，未見文字，乃再度請張君查出有關文件，始知此項 Post 原規定並不得支付 Education Allowance，但另有補充規定云，設在變成 Classified Post 時，可以追溯過去六個月超支，由此知余之報告文字述因屬 Unclassified Post 而只准支 120 元顯有語病，乃與徐松年君商洽自保之策，認為該項教育費之支出期間為 1958 二月至 1959 六月，依據 1957 年六月新增之合同條款，至今為止，僅 Tucker 一人在台南支領此費，由理言之，似以照 120 元定率追溯至開始之日為止，此議既定，乃由徐君向 Tunnell 解釋，彼仍主張除追溯六個月外，其餘全部剔除，比余原草稿為尤多，至於是否合乎合約精神，在所不顧，因合約在不經意處列有須符合此項 Regulation，法與理二者難以兼顧也云，決定後余即重新將剔除數算載。

2月4日　星期四

職務

由於日昨對於 Purdue University Professor Tucker 之子女教育費事，曾進一步對於美國政府之 Standardized Regulations 加以參閱，於是連帶的對於 Quarters Allowance 之內容亦發覺與所知者大有出入，余以向所知 Quarters Allowance 在台灣之 maximum 為攜眷者每年三千二百美元，獨身者二千七百美元，今日見 Regulations 920 之各表，始知表內列入台灣都市凡八，只台北係照此定率，其於皆低於此項標準，又聞本署行政部門已公函通知美援會轉知各有關之 TA Service Contract 之 Contractor 今後照新表辦理，此項新表不但台北者已不復為三千二百元與二千七百元，即其餘各地點亦皆有變更，則今後凡 Contract 內規定 Quarters Allowance 須以 ICA 為標準者，即須照此辦理，此項定率係按官階而分高下，勢須在每人支用之時先行審核其待遇，比照何項官階辦理，此等事將不勝其繁矣，余又為便利將來之查帳工作，依據此項 920 表每次修改之情形，將台灣各都市之定率單獨列成一表，以備參考，同時為俾查帳有所準據，與查過 Contract 最多之葉君交換意見，彼認為一向規定為三千二與二千七，今既發函修正，應以此函為準，不必再斤斤於何時開始實施云，此語亦有相當道理，可見 ICA 之查帳工作，尺度殊大有伸縮，即如昨日所處理之教育費，依合約言，應支付全期，依法令言，則又只能支付數個月，皆屬可行也。

2月5日　星期五

職務

開始辦理香港、台北兩地之Refugees查帳文件清理工作，緣美國大使館與駐香港總領事館以定約方式，與各救濟或宗教團體約定供給物資或款項，以救助大陸逃亡分子，有若干合約為已經查帳，隨時須觀其文件以視糾正事項是否已經照辦者，亦有若干文件未必與查帳有關，但亦有副本送本會計處者，均須查卷處理，余今日將徐松年君交余之件先作初步整理，計得以下數類：（1）聲明延展合約日期之文件副本三件，只須按合約號數歸卷備查，（2）依據查帳報告之Recommendations為將財產移交受援單位並換文相符，即可結案者，共有換文七起，可以寫Follow-up Audit Report予以結案，（3）上項換文只有片面，須先歸卷以待其他一面到達時，再照上項手續結案者共四件，（4）雖為換文，但並未查帳，只須照歸合約卷備查者一件，（5）帳曾查過，但Recommendations內並非主張移交財產換文結案，而係另有其他財務上之糾正事項者二件，（6）前曾依據雙方換文將查帳報告結案，不知何以又有片面改函要求對方換文，只有一方之copy而未知對方之反應者一件，加註結案經過，主張存卷。

師友

晚，同德芳到雙城街十九巷七號訪李德修原都民夫婦，答拜其年初拜年，未遇。

家事

晚與德芳到姑母家邀約後日來余家午餐。

2月6日　星期六

交際

紹南在中信局時之同事原都民小姐之封翁曾來拜年，致贈荷蘭製巧克力糖一大盒，與德芳商答贈方式，認為亦須以外來食品相報，上午初在所居羅斯福路一帶探詢，賣外來餅乾者甚少，且無中意之貨色，乃至衡陽路一帶詢購，初在老大昌見有紙盒美製品餅乾，亦有小聽英製玩具式餅乾，均因價格不合，旋改至其對門成美，適有英製 Roses 餅乾一圓鐵盒，裝潢美觀，價亦非十分高昂，乃購歸，下午與德芳到大崎腳答拜原老先生夫婦，即以持贈，適其服務之中央銀行發行局同人開交通車來大崎腳庫房點庫，於是搭乘該行之交通車回城。崔唯吾氏之公子崔中下午六時在三軍軍官俱樂部與陸明秀小姐結婚，余與德芳下午四時前往送禮，係象牙筷兩雙，乃去年紹南出國時所收贈品，存置家中，亦已半年，此次崔公子結婚，苦無適宜之喜儀，德芳於整理物品時發覺，認為十分相宜。比送往，崔氏夫婦即挽為招待員，遂留至行禮時始獲安座。今日崔宅賓客在七、八百人左右，極一時之盛，喜筵採簡單之酒菜，但因賓客太多，時間多被虛耗，反不若自八七水災以來盛行之只供茶點者為簡捷省時也，八時散席，與德芳順便到立大祥購買衣料之類，並至三六九購買點心攜歸，為小兒女輩食用，今日家事由次女紹中照料，蒸製蛋糕與饅頭，俱已勝任。

2月7日　星期日

家事

中午，接姑母、姑丈及表妹慧光與隋錦堂表妹婿在寓午飯，本欲著紹中女往姑母家看門，希望全家均來，因表妹日昨再三表示不來，故只好聽之，到僅姑丈、姑母、隋錦堂妹婿及其子方舟，姑母病後酒量大減，故不好相強，又因體弱，故決定不再似往年之到附近戲院觀賞電影，約於下午三時即行辭歸。隋錦堂妹婿云，其所服務之中國人造纖維公司自去年發行公司債後，即將零星存款儘量退還，但公司同人已存者事實上非自行取去即無法退回，僅對於增加存數持審慎態度，原則上如增加一、二萬元尚無問題，並為避免搭配有獎儲券，可以改用其他戶名，余本託其為余存入四萬元左右，今日決定存入二萬元，不用彼之戶名，改用紹寧戶名，一俟將來能再增加時再作計議云。今日請姑丈吃飯，由德芳與紹中自辦，共烹調菜餚十色，計為切皮蛋、香腸、臘肉、蜜汁腰果、洋粉拌雞絲、韭黃炒肉絲、蠶豆炒蝦仁、豆豉燒鯧魚、青菜肉丸燴海參、燉雞塊，用飯時為紹中日昨所做之饅頭，飯後並將昨日紹中所蒸之蛋糕帶去一個，並附臘味香腸等。

交際

淡水劉270莉小姐及其妹下午前來拜年，並持贈食品，移時由紹中陪同到婦聯會看張穀年等七友畫展，歸後並留晚飯，閒談二人在校情形，於飯後八時辭去。

2月8日 星期一

職務

繼續整理 Refugee Program 內之來文，有數件為已查帳已結案而又有近似重複之換文，經即簽註表示可以存備查考，至於已經換文可以結案之部分，則分別寫 Follow-up Audit Report 予以結案，今日只寫成一件，尚有數件情形相同者，亦皆有寫 Follow-up Report 之必要云。上月所查成功大學與 Purdue Team 合約經費查帳報告內之 Performance Evaluation 部分本已由余參考各種報告，代為擬就，並準備如該校所擬到達，即行換用，余在上月份重新到台南時曾面催代校長莊君地與工學院長萬冊先於一週內交到，洎余回台北之日尚杳無音訊，行前曾再延展限期，回北後又杳無音訊，余至感不甚愉快，於無辦法中即用自擬之一段塞入，報告且因受華盛頓總署限期而於二月二日趕發 Airgram，今日美援會之沐松濤君忽又持成功大學英文函一件，內容即談此點問題，謂該函乃致美援會，開端即謂接准一月間來信云云，問該會各部門無一曾去函者，乃又來本署相詢，余即告以上月去該項查帳之經過，意者必係此項文件，沐君歸以長途電話詢問成功大學，果然不出所料，余先後查帳二次，該校始終不知余為美援會抑為安全分署，亦云奇矣，至於該函內容則列舉合作契約數項，歸結於一切完全成功，欲知細節，看該顧問團之定期工作報告，此等來函所提供之資料空洞無用，故余囑沐君在該會自行歸卷完事，該校辦事如此馬虎，非所料也。

2月9日　星期二

職務

日昨所寫之 Far East Refugee Program Follow-up Report 只成一件，今日繼續寫作二件，內容幾乎千篇一律，故愈寫所用時間愈短，而且十分乏味，乃以今日所餘時間將昨日所寫簽註意見各項再加斟酌，並用打字機打在 Router 紙上，先將已經寫成者送徐松年君核轉。

集會

接革命實踐研究院國大代表結業同學春節聯誼會召集人通知，於今午在三軍軍官俱樂部舉行春節聯誼會，聚餐並演平劇，余於十二時到達，首由召集人代表張希文報告舉行此會之意義，然後請陳誠副總統訓話，首先宣讀蔣總裁所定本黨代表對此次國民大會之應有認識與應注意事項，大意為此次大會不但直接影響國運與反共復國之前途，且間接涉及世界安危，各代表應凜於選民付託之重，應知此次大會上所負之責任至為艱鉅，設不能以反共復國為最高目標，必將誤入歧途，甚至成為千古罪人，故我代表同意在會內言行，凡有礙於反共復國者，必盡力以摒除之，云云，此意似指全體一致主張之行使創制複決權而言也，聚餐後於下午一時散會。

參觀

下午參觀婦聯會內所舉行之七友畫展，有鄭曼青、陳方、張穀年、馬壽華等人畫幅，不少佳作，且有行書屏條，惜無可看者。

2月10日　星期三

職務

今日繼續處理關於 Far East Refugee Program 案內之查帳報告與來文副本等事，緣由香港美國總領事代表美國國務院與各種社會團體訂約救濟大陸撤退難民之計劃極多，數年來查帳工作均由本會計處擔任，有時由洋人赴港查帳，歸後寫查帳報告，凡無甚多問題者，例在報告內建議由雙方換文解除責任，作為結案，如有固定資產者，則移交訂約機關主管繼續用於救濟工作，此等換文之副本照例送一份至本會計處，故在審閱此等來文時見有雙方換文副本皆已到達者，即為查帳報告之 Recommendation 已經執行，乃寫一報告，將查帳報告作為 satisfactorily closed，如只有一方來文，則暫先歸卷，以待對方來文亦到，再行照此處理，設有特殊問題時，則另寫一 router 加以說明，仍以先行歸卷為原則，今日已將來文全部核閱完畢，計簽註意見四件，暫先歸卷六件，草擬查帳報告八件云。

師友（續昨）

紹南之同學童綷來訪，約於本星期一到其板橋寓所吃飯，意在為紹南與其堂弟童紀雙方家庭培養關係，此等事余與德芳均持冷靜客觀、不加聞問之態度，不知童君方面何以如此躁急云。晚，徐自昌夫婦同來答拜新年，閒談其一般生活情況與招商局近年業務情形甚詳。

2月11日　星期四

職務

今日辦公室內成為群龍無首之局，洋人 Branch Chief A. W. Tunnell 赴彰化出差二天，中國人兩個 Chief Auditors 一個公假，一個出發從事某單位之財務分析，所謂 517 節計劃，例行工作則交 Albert Li 代為處理，此真所謂和尚愈多愈無水吃也。本月份之工作預定進度今日始行印發，余雖自週一即知下週將出發查核軍事計劃，然因主其事之徐松年君兩日來忙得無法開交，余雖事已無多，然始終未能早知係何項計劃，因而不能從事準備工作，今日見進度表後，始知內容，亟將署內所存文卷加以檢討，然後於下午到主辦單位軍事工程局接洽調閱資料，本月份之軍事計劃待查者共有四件，余與曾明耀君各二，本與其約定同時由以前註該局最久之黃鼎丞君一同前往，彼後因有他事，乃由余與黃君同往，並兩件中一件的帳簿文案帶回，其另一件則因經辦人不在，不能於日內接到，同時已接到之部分亦因工地分散，須待該局將地點查明後始能有所安排，故預訂下週出發之計劃不能不予打破矣；今日相晤者有主計主任吳君、副主任紀君、施工組組長及副組長劉漢榮君，約定該主管均分頭調集資料，待於下星期內調齊，並決定再下星期之出發計劃云。

瑣記

參加辦公室內同人向生化製藥廠買大瓶維生素等分購，較為經濟。

2月12日 星期五

職務

日昨由軍事工程局接洽調卷時，本為二個計劃，其中 Small Cartridge Plant 為該局柯女士主管，彼因請假無法檢出，故只由梁女士處取來 Ammunition Storage Facilities 一案之帳簿及文卷等，今日開始與本分署所藏之文卷對照參閱，並作 Work Paper，費一日之力只將 CEA 及其關係文件 Project Application 閱覽一過。大體上此為一全省性之軍事建築，計分六個部分，其中心分設於北部之土城、南港，中部之土牛，南部之高雄考潭，及龍潭第一軍團，鳳山第二軍團，自通都大邑至窮鄉僻壤，地點不可十餘，且因係軍火貯藏之隱蔽區域，非有專人同往或公文通知，無法進入所在地，余原計劃為本星期閱覽資料，下星期出發查核，現因閱覽資料甚晚，軍事工程局派遣人員或辦文通知，時間不及，加以本署南部之車輛在週末申請已嫌不及，乃決定改變方針，將南部與中部分別於兩個星期內前往，如此則下星期尚可有二天準備時間，但如此是否能完全配合妥貼，則尚不能完全預料也。今日本辦公室內為罕見之沉寂狀態，兩個 Chief，一個出差數週，一個另請公假，乃又由李慶塏君出面暫維現狀，而事先對一切事務又不全接頭，亦應景而已矣。

家事

晚，同德芳到市上為紹南買衣料並為諸兒女買零星布料等。

2月13日 星期六

集會

中午，國大代表提名代表同人在武昌街聚餐，並交換意見，據代表人林尹、黃錚與李士賢等報告，對於吾人改列席為出席一案，中央黨部表同情者占多數，其中陳誠副總統、唐縱秘書長皆是，後因第一組主任倪文亞向陳氏表示應防牽一髮而動全身，蓋民社黨提出毫無根據之名單要求列席，為順理成章的加以拒絕，本黨同志只好再次吃虧矣，故昨日中央黨部小組會本已列入議程者，又被勾去，結果因常委兼國民大會秘書長谷正綱氏之極力主張，始又列入議程，但昨日只討論四案，而本案則適為第五案，究將於何時繼續討論，尚待探詢，由於此項經過，預料昨日應有結果，故通知今午集會，不料又復落空云，報告後咸以為下星期情形如何尚不可知，果有好消息自當分別通知，否則直至大會二十日開幕始可前往報到，以免主管方面認為已無問題云。今日開會為準備可以達到目的計，經各填入一張表格，表示各人願意轉入之代表單位，余填商業團體，此只是一種參考作用，目前言之尚早也。今午同人中有云，前日中央黨部召集談話（余因無暇未往），出席代表多對中央當場抨擊，使召集之中常委啼笑皆非。

師友

齊魯公司專門委員蔡繼善同學與該公司事務主任楊象德君曾於舊曆元旦前來拜年，余因不知二人住址，故於今日到其公司辦公室答拜。

2月14日　星期日

遊覽

日昨籌劃舉家為陽明山之遊，因星期日逢花季必擁擠不堪，乃決定黎明即行出發，於是今晨六時起身，盥洗並略進早點，即留紹中個人看家，余與德芳率紹寧、紹因、紹彭乘六時半公共汽車至台北公路東站，已有三數十人排隊候車，買票後乘七點二十分第二班車出發，於八時到達陽明山車站，依規定徒步往後山陽明公園，在空軍新生社門前附近買門票，然後循單行道進入，公園內養花部分重門深局，不使遊客進入，當時聞云該山之背後有大瀑布，乃循新修之路入內，不足一里即見匹練萬丈，似由山巔懸空而降，蔚為壯觀，就雙松亭小憩後，下入山谷，一探水流去處，則見在瀑布側方又有一水濂，雖不甚高，然寬廣則過之，兩股水流由山谷湍急而下，水聲怒吼，令人頓興世外之思，谷內石徑盤旋，可以登至瀑布中段蔣總統提「陽明瀑」之山腰，余則無勇氣，故未往也，水濂石上則有溥心畬題「大屯瀑」，其上有自來水幹管，殊不點綴風景，就雙松亭野餐後，信步踏上歸途，其時正市內登山人蜂擁而至，紅男綠女，真所謂山陰道上，余等路經隱橋略事盤桓，即至公路局車站，是時上山人多，下山寥寥，得以從容歸來，時十二時。

師友

下午，答訪周傳聖兄於中和鄉，不遇，與其夫人略談，並允為其長女周蓉向二女中王德垕君介紹，編級試驗予以便利。

交際

晚，參加靳鶴聲三女出嫁喜筵。

2月15日　星期一

職務

繼續核閱軍事建築計劃 Ammunition Storage Facilities 之文卷，今日所閱為驗收記錄，先看由軍事工程局調來之驗收記錄，並將要點摘記，不料看完後始知全部為附屬工程之驗收記錄，至於正式建築，雖有相關資料，而缺驗收記錄，待再由本分署卷內翻檢，始見有一部分之驗收紀錄，又非該全卷內所具備，可見雙方均難窺全豹也。本月份應查核之軍事工程計劃，共有四件，余與曾明耀君各任二個，預定進度本為余在本星期，渠在下星期，但因上星期遲遲不公布工作 schedule，迨余於星期四獲知後，又不及申請車輛並通知有關單位陪同前往，乃不得不作進一步之準備，即由一星期之出差分成二段，每段占大半個星期，如此則本星期可以三天時間用於北部、中部，下星期則以四天時間用於南部，惟今日擔任其他二計劃之曾君表示希望下星期一同出發，經中部至南部，余以為亦無不可，乃又改變計劃，訂本星期內在北部查核，下星期則乘自備車與曾君一路由台中至南部，一面與軍事工程局施工組劉漢榮副組長接洽派人同往云。今日已將準備工作大體上計劃就緒，與曾君同往中南部所經地點亦大致相同，只有嘉義一處為余所不必前往，將來須在嘉對曾君工作有所等待，又余到東勢，彼到后里，其間亦頗有距離，而余須到竹山，彼則無須，余正考慮是否將竹山取消前往焉。

2月16日 星期二

職務

繼續看有關軍事建築計劃 Ammunition Storage Facilities 之文卷，已經將本署與軍事工程處所存在者全部閱完，今日對於一個數日來納悶之問題獲得了解，蓋此項建築計劃原預計為用款約八百萬元，但 CEA amount 則只有六百餘萬，在 CEA 內且載明若干土方地坪道路用款均須由中國政府自籌，而軍方之CEA 稱 MLCA，全名為 Military Local Currency Authorization，其中照例有一條謂Fund Application 應為此項 CEA 之一部分，而此案中之 Application 本列有此等地坪等，經美援會在簽發之時在CEA 內聲明減除，等於變更原 Application 之預算也，至於 Application 之內容並未更改，事實上則須加以更改始為有效。下午與曾明耀君同訪軍事工程局主計室與施工組，一面將所擔任之查帳工作應調取之帳卷資料再行取回一部分（計上述計劃之一部分傳票正本與 Small Cartridge Plant 計劃之帳簿與文卷等），一面研究配合出發之方式，經決定分為北部、中部與南部進行，余與曾君所任共四個計劃同時進行，中部與南部下星期辦理，由軍事工程處通知中部與南部兩個工程處負責陪同前往各地，北部則當時與北部工程處吳君面談，約定本星期內決定陪同之人員，於後日即行出發云。以上決定後回至分署，又悉計劃變更，曾君下星期將不出發。將余個人人事資料交徐松年君，彼云將相機進行升級。

2月17日　星期三

職務

今日於繼續檢視兩個 Military Projects 之有關文卷外，並準備出發前之準備事項，現在規定凡請求派車在半天以上者均須用大頁之 request，但此項空白本辦公室內無存，詢之 Travel Unit 則云由 Dispatcher 保管，比經轉詢，又云無存，須向 Motor Pool 索送，於是直待至下午四時餘始行取得，乃亟填就後送徐松年君轉至 Tunnell 處簽字，送之 Travel Unit，其中凡包括三張，一張為本會計處用，係申請明後日與下星期二至五日出發查帳，另一張為申請明日八時半派車，須用至十個小時，第三張為申請派車赴中南部，於星期二日八時起身，須四至五日方返。一月間所寫 Russel Wright 查帳報告，因劉允中、徐松年二個 Chief 近來均甚忙迫，余對其中內容有須當面討論後始可送之該顧問組代表 Garry 處交換意見者，故遲遲未行交卷，現在進行其他事務，須旬日後始能歸來，為免曠日持久，乃於今日將備就已久之draft 交之徐君，請日內先行閱覽一過再行討論云。

交際

政治大學校友會於下午六時邀宴出席本屆國民大會校友代表，飯前由中央黨部秘書長唐縱報告中央主張總統連任與不修憲、不創設創制複決權之經過，請各同學以總統學生之資格，共促其成云，飯後據云尚有討論，余早退未參與。

2 月 18 日　星期四

職務

日昨將 Vehicle Request 送至 Travel Unit 轉 Dispatcher 請於今日派車赴桃園一帶外，今晨到辦公室時李君告余曾接 Dispatcher 電話謂無車可派，比至樓下面洽，據云全日無車，希望延至下星期，余告以下星期赴中南部，如必須更改，請改至明日，渠見明日為週末，更為困難，遂又改變方針，派一王司機仍定今日出發，余遂上樓與軍事工程處通電話，初不得要領，後接該處一李君電話，謂奉派一同前往，乃到上海路接其上車一同前往，時為八時三刻，於是先到南港第一彈藥儲備庫，其主管人云，此間只建 Workshop 與 Laboratory 各一，庫房則皆在店子湖，全歸第四庫管理使用，於是將此處二建物查勘後，即轉而到土城，此地為第四庫之所在，因亦只有 Workshop 與 Laboratory 之建築，時間已遲，即不再拜會其主管，逕往建物察看，移時即畢，同到桃園午飯，桃園距此地甚遠，路途曲折，費時半小時始到，飯後到龍潭店子湖四庫之分庫查勘竹造庫房 248 棟，山上風大，雖只二年壽命，已多有揭穿屋頂蝕斷大樑等事，至於門壞柱折者亦不計其數，遂擇其特別情形加以記載，於四時完畢，五時半經過中壢返回台北，為七時。

師友

在龍潭時就近行六公里到石門水庫拜訪王景民馬麗珊夫婦，並贈糖果餅乾，往參觀其宿舍，甚精緻合用。

2月19日 星期五

職務

上午，因上週所草擬之 Refugee Program 查帳報告中有一段文件本為應歸卷備查之來往文件，後因徐松年君收到另一件交換文件之附本，須重新處理，乃再度加以整理，余在上週處理時本係根據以前葉君所填之統計表，由查帳報告號數與契約號數相對照，右列其已否查過與已否結案，其後即將查帳報告印本按號次合訂一本，余在處理時即照此項對照表與報告原文加以核對，如現在之文件適足以對於報告之要求予以滿足，即寫一 Follow-up Report 加以結案，否則另行歸卷，上述契約一件為 148 號，按換文為表示可以結案，余因換文內所指之財產是否完全包括，無由判明，乃將 Contract File 檢出研究，不料在此file 內檢出已擬而未發之報告一件，其中對於此次報告前一次報告之建議事項認為均已執行，現在又建議憑雙方換文結案，草稿擬就後，Chief A. W. Tunnell 認為換文不久可到，可以稍候，不必先作一查帳報告予以建議，然後再做 Follow-up，余發覺此草稿後，乃決定將處理方式改變，認為換文已有 copy，即可據以結案，乃將原草稿改換文字後交卷。下午用全部時間繼續看本月擔任之軍事建築計劃查帳案之文卷，所看為高雄六十兵工廠 Small Cartridge Plant 計劃，並以要點寫入工作稿紙。

師友

中午，于治堂兄來訪，現在仍在大甲中學教書，此來為探聽國大代表有無補實之可能云。

2 月 20 日　星期六

師友

中午，約于治堂兄在寓便飯，于兄此來為參加國民大會候補代表聯誼會請求補入正式代表之活動，詢余以現在中央黨部之意向，余告以恐希望甚微，于兄將於日內賦歸，余約其星期二可以搭乘余之出差汽車回大甲云。下午，閻鴻聲兄來訪，因國民大會列席與出席問題尚未解決，商談在今日開幕之第三次會議報到問題，談頃同往和平東路訪同人林尹君，林君云昨日中央黨部之國大小組曾討論及之，未獲最後結論，其原因為民社黨聞此消息，至中央黨部請願，問列席代表改出席是否合法，中央答云合法，問然則上次會議何以只允列席，如上次會議為是，今日可改為正式代表即為非是，答者未能自圓其說，於是又成懸案云，在此情形下，雖未閉解決之門，然希望已屬甚微，至於報到一節，中央負責人曾有云最好不報以資促成，但已大半報到，少數人僵持亦無影響力，只好先行報到再說矣云。

集會

下午同閻鴻聲兄到國民大會第三次會議報到處報到，列席代表四十一人中已有三十餘人報過，余排席次為1687 號，在樓上最後一區，亦即上次會議之區，領到各項文件及出席費、交通費後，即到台北賓館參加黨團幹事會之酒會，由公賣局供應各種出品，不加混合，任意選擇，此與上週革命實踐研究院之聯絡人所召集之聚餐會同屬控制步調聯絡感情之舉。

2月21日　星期日

家事

上午，到中和鄉姑母家，交表妹姜慧光支票二萬元，此為前日表妹婿隋錦堂來函謂已洽妥存入人造纖維公司之存款，定於今日來取，余為免其親來，故先送往者，此款係由原存之合會儲蓄公司內取出一萬九千元，另開自己存戶彰化銀行支票一千元，彰行存款不足，將於明晨九時先往補進者，人造纖維公司利息較高，且甚穩固，存入之後將逐期滾計，不隨時支取云。

師友

上午，曾大方夫婦來訪，持贈水果，係為答謝其去年將戶口遷入余處俾其夫可以在軍人之友總社領支房租津貼三百元，但渠今日談起，此項津貼至今尚未領到，因與規定不符，且未開例云。下午，同德芳到羅斯福路三段231巷41號訪趙李崇祐夫人，趙夫人為國大代表，在紐約服務，上週來台開會，去年紹南赴華盛頓途次紐約時曾蒙照拂，係由王慕堂兄之介紹而相識者，今日往訪係表示答謝，但未能相遇。

娛樂（續昨）

晚與德芳到國都戲院看電影，為國片「苦兒流浪記」，由蕭芳芳、王引主演，胡蝶、陳燕燕客串，故事係由一本譯著採來，但刪節甚多，演技以王引為最佳，蕭芳芳亦不弱，其他皆戲不甚多，故無足述，其中動物演員有猴、狗數隻，皆有足觀，歌唱數曲不佳，主題則極有意義。

2月22日 星期一

集會

上午，參加國民大會第三次會議第一次預備會，由秘書處編列議程，討論三事，一為主席團選舉辦法，發言盈庭，持論反對舊有之先提名後用單記名投票法選舉者主張用普遍互選，且增列罷免條文，且意見龐雜，至午未決，下午於五時再到會場，始見停止，採起立表決方式，以九百六十五票中之七百餘票壓倒多數通過仍用舊辦法，繼即進行第二案如何安排分區席次，決定無異議仍採舊辦法，隨即當場由主席秘書長等人抽籤將席次分省決定，第三案為決定第二次預備會定本星期五召開，此三天內照秘書處預訂計劃處理參選主席團之種種準備工作云。

交際

中午，革命實踐研究院由張其昀主任出面宴聚於實踐堂，其意自在貫澈中央控制黨內代表之意見，然席前張氏不發一言，飯後則僅簡單表示只為聯歡，至於大會則本院之希望如何，亦不言而喻，無待辭費，可謂乾淨俐落，但張氏又徵詢大家之意見，於是有一張代表發言，對於中央乃至黨團幹事會一再發函表示各代表應如何主張，又幹事會人員蕭新民聲名狼籍等，提出甚多不滿意見，經另二人發言稍加中和，始將空氣轉變，未至不歡而散，張氏則最後以勗勉實踐總裁訓示收場，彼不在中央負責，故有輕描淡寫之手法云。

娛樂

看德國歌舞片「兩面女人」，舞技與拍攝均好極。

2月23日　星期二

旅行

今日起為軍援兩計劃赴中南部工作，上午八時半由台北動身，司機羅君，駛賓字298號wagon，過中午時到大甲，午後續行，經沙鹿新公路於二時一刻到達台中，住台中路五洲旅社。

師友

前日于治堂兄來訪時，曾告以本日將乘自備車赴南部，倘于兄回大甲之時間適合，不妨搭車同行，今晨于兄如時而來，於午十二時到大甲，於是至其所住之媽祖廟側巷內大甲中學宿舍拜訪，據云昨日即已函其夫人準備午餐，乃留焉，于兄以友人所贈公賣局樣品酒高粱與五加皮之小瓶相饗，盡其各一，甚佳，後食水餃，亦可口，於一時半畢，辭別繼續南行。

職務

下午三時到練武巷國防部軍事工程局中部工程組接洽察看1957年度Ammunition Storage Facilities計劃下，在土牛等地所建工作屋與竹屋等，至則其主任劉君不在，由徐副主任榮春（海軍上校）洽談，據云其主任由台北歸來並未提及此事，但可以安排，乃決定於明日前往，上午八時半動身，因路上需將近一小時，今日已不及也。

娛樂

晚到金都看電影，為法國片百花妙舞，色彩配樂均佳，故事則甚難明瞭。

2月24日　星期三

旅行

上午，在台中縣土牛一帶工作，午回台中市，下午經草屯、南投過集集大吊橋赴竹山工作，於四時半由竹山開車至台南，住公園路四春園旅社。

職務

上午由國防部軍事工程處中部工程組徐副組長偕同，到東勢附近之土牛察看1957年計劃中之Ammunition Storage Facilities項下，在第三彈藥儲備庫興建之工作房化驗室與竹棚六十棟，先在土牛與該庫人員晤面，即在庫內看工作房與化驗室，然後乘車行十餘公里至番社嶺七份看竹棚，前者有八棟，後者有五十二棟，此地風災不甚，且庫內人員保養工作比較認真，故損壞情形不若龍潭之嚴重，看後折返該庫，抄錄關於損壞情形之統計資料，十一時二十分回台中，十二時到達。下午一時半乘車由台中出發，三時到竹山三儲庫一分庫，由該庫指導員偕同至高地忠烈祠看竹棚二十棟，此處略有保養，然不若土牛方面之認真，然比之龍潭，亦高出多多，庫儲亦皆充滿而有次序，但對於竹棚為彈藥庫之得以解決露儲困難雖甚有作用，然保養困難，全損亦只旦夕事，認為仍係極不經濟之措施也。

娛樂

晚看電影日片「夜之鬥魚」，新藝綜合體，五彩，山本富士子、京町子主演，故事平平，京町子兩場舞蹈極佳，惟鏡頭不長，不識是否他人代演。

2月25日　星期四

旅行

上午八時半由台南出發，凡四十四公里至高雄，在高雄郊外即轉入赴左營之公路，經左營甚長之市街而進入海軍軍區，在軍事工程局有一徐工程師力言新設之神州旅社清潔安適而取費低廉，乃由彼陪同前往下榻，見所言不虛，但所在地之小圓環新盛二街在最便利之中正四路，車馬晝夜喧騰，而出門則距市區與火車站均極遠，賴有自備汽車，尚不感不便也。

職務

上午到軍事工程局朱組長邦儀處接洽視察工程，彼於各所在地均茫然，經詢問當時興建時之陸軍建築處徐工程師，稍有印象，乃查出余所帶之廠商合同，由電話詢問廠商，約定下午二時前來面談，至時徐君未來，由另一佘中校來陪余前往，先候廠商華青廠來人面告所在概況，始行出發，今日所到為鳳山鎮夢裡村、考潭村中間山凹之第二彈藥儲備庫，此處在1957年度內共造竹屋四十所與工作房一所，經查看竹房大體完整，據云所用竹料為冬伐，只有極少數有蟲蛀壓扁，但云1955年度者則幾已全部不能使用，此與北中部情形相反，此地在環山之中，原為日本彈藥庫，通鐵道，二次大戰時被炸，但地坪道路均完好，其中亦無居民，為四個彈藥庫中之最佳者。

2 月 26 日　星期五

職務

上午，由軍事工程局南部工程組佘中校陪同，到成功路第六十兵工場視察 FY1958 Small Cartridge Plant 計劃下之八個 Plants，其中三項為建築，五項為設備，由陳科長陪同視察，遍布全廠，凡一小時半而畢。所有建築設備均在使用，僅漏底車 220 部因生產未達限度，故只用大約半數，又包裝用輸送帶只有一部斷續使用，另一部則因裝卡賓槍彈機器尚未到達，故不能使用，目前尚用手裝，又此計劃之目的原在使生產槍彈之能量達到每月卡賓彈三百萬發，三〇彈一千二百萬發，現在則因決策關係，並未達此限度，但隨時可以達此限度云。上午續到台南關廟視察二軍團彈藥連之 1957 年 Ammunition Storage Facilities 項下之四十棟鋁棚，使用情形良好，但有少數用於駐衛部隊營舍者，凡半小時而畢。

旅行

上午由高雄出發赴台南，轉往關廟，此支路為碎石路，極難行，然台南東門外一帶崗陵起伏，略有林壑之勝，路僅九公里，然費時極長，十二時半回台南，午飯休息，二時由台南出發，在西螺略有耽擱，於下午六時半到達豐原，住新開之萬國旅社，此旅社設備新穎，建築宏敞，凡四層，占地約八丈見方，房間約六十，每個十蓆，而取價甚低，可謂奇蹟，豐原距台中只十四公里，故甚多由台中轉移至此間住宿者云。

2月27日　星期六

旅行

上午八時由豐原出發，經台中及沙鹿、新竹等地回台北，因中間經台中時先到霧峰故宮博物院及經新竹時略有耽擱，延至下午二時半始行到達，所謂新竹之耽擱係因車過新竹北郊台肥五廠門前時忽不能行，發覺油已不足，司機乃步行回至新竹從油行借得容器，向石油公司加油站買油帶回加入，始得續行，余則因時已中午，乃即台肥門前之小店略進飲食，飯後司機即加油完畢，續行二小時餘到台北。

參觀

上午到台中北溝參觀故宮展覽十四期，此期上月開始，余已看過一次，今日再看，仍不覺有可厭之處，美術作品真不憚百回看也。今日所看畫幅多為五代及宋之作品，有經趙孟頫董其昌等品題者，益見精彩，清人作品亦多，惟書法太少，只能由畫幅內略見之，殊為美中不足也。

交際

晚，安全分署會計處同人公請會計長 H. F. Shamburger，送其返美度假，並請全體美國人包括 W. J. Dunn 及A. W. Tunnell（以上皆為夫婦）與 Nolan（單身）共筵席三桌，設於狀元樓，余因事席甫散即退。

娛樂

晚率紹中到中山堂看國民大會晚會，由國防部三軍劇團合演，因到遲，只看胡少安定軍山與徐露漢明妃兩齣，尚佳。

2月28日　星期日

集會

上午十時中央黨部在大直三軍聯合參謀大學舉行總理紀念週，通知全體國民黨籍國大代表參加，由蔣總裁主持，即席作時達一小時半之報告，首述各代表之一般意見的歸納，包括：（1）主張修改憲法以達成總統連選連任，不主張修改臨時條款以達成之，避免走後門之嫌，（2）主張行使創制複決權以對立法、監察二院有制衡作用，（3）主張應與立、監兩院享同等待遇；次述其本人見解，認為大家所想者非不合理，而在目前時勢下絕不可以輕舉妄動，且既欲選其連選連任，亦當尊重其意見，對諸葛亮應有劉備之襟度，不可如後主之事事牽制，至於待遇固不佳，但三軍如此清苦，亦當共諒，下年度開始當有改善；今日語氣特別和善慈祥，極得一般同情云。

交際

高注東兄之夫人利用高兄來此開會所發多出之車票來此游覽，中午在余寓吃飯，並有其次女蓉生與高兄本人參加。

師友

下午到板橋公園訪童世芬夫婦，德芳同往，答謝其上週約宴余未能往。晚同德芳到金山街訪林家樞夫婦，因林氏上週由華盛頓回台，為紹南帶來照片，曾親自送來，特往道謝，但只遇其夫人。下午秦亦文兄夫婦來訪，約其明日吃飯，因明日須回屏東而罷。下午，周傳聖夫婦來訪，答謝為其女說項赴二女中復學事。蘇景泉兄來訪。

2月29日　星期一

職務

恢復到安全分署辦公，全日只料理雜事，包括到大使館補支上星期三應發之薪給，整理出差資料，草擬旅費傳票及整理上星期內之 Work Paper 等項。Audit Branch 定編三至十二月之 Annual Leave Schedule，其資料本已於兩星期前分別徵集，余則預定為上星期請假三個整天以參加國民大會，後因所定出差日程為須由再上星期延至上星期，不得不予取消，今日此項 schedule 已經發出，余之部分只有 136 小時，閱後始知係因上星期未用之 24 小時未能重新補入三月以後，以致未能達到所定 160 小時全年總額，現已補救不及，只好待以後再行補救矣。徐松年兄告余，余所草擬與 Refugee Contracts 有關之九件 Audit Report 經彼再行複核，發覺余原稿擬加以 close 之 satisfactory rating 有二件尚有問題，蓋此二件皆為由美國香港總領事館與中國大陸救災總會所定合約，而換文聲明互相解除責任之舉則由台灣之美國大使館出面，由於在台灣所辦之此等查帳案件尚無前例加以同樣情形之結束者，故徐君依據合同認為大使館能否代表香港總領事館，尚有疑問，而簽加意見後送之 A. W. Tunnell 加以最後決定。徐君又語余，擬與劉允中主任相機會同進言為余請求晉級，余表示謝意，此為徐君第二次談此事云。

3 月 1 日　星期二

集會

上午，參加國民大會第三次會議第二次大會，此次大會繼續昨日之程序討論議事規則，為此項議事規則昨日全日討論未有結果，結果交主席團連夜整理，提出今日之大會，今日大會由王雲五主席，討論時因發言者眾，秩序甚為不佳，王氏控制會場之手法亦欠佳，以年高之人應付不斷之叫囂與呼喊，確屬不易也，在不可開交之際，有三十一人提臨時動議，交付審查，由主席團提出審查人選，於此始得告一段落；繼討論關於提案審查委員會等等之組織辦法，無何爭論，均照主席團意見，沿用上兩次會議之辦法，最後討論本次會議全期預定日程，略有爭論，即行通過，但不認為硬性，應視實際需要屆時訂正，十一時半散會。

職務

下午到署辦公，開始查核 FY1957 用款 Ammunition Storage Facilities 之工程費帳目，首先以帳列餘額與 CEA 最後數額及 Final Report 之結數相較，發現並不相符，此等情形甚不多見，故往往疏於核對，實際上不能不加注意也。本月上中旬之工作分配表並無專人處理他部分送來會核文件，故就內部在辦公室人員臨時支配，今日核 Fund Application 一件，數目不符而且無 E-1 之根據，經將情形簽註。（此等事亦不多見，今日竟亦見之。）

3月2日　星期三

交際

前在皖省銀行時之董事長楊孝先氏上月余出差南部時病逝，今日開弔，余於九時半前往弔祭，並送賻儀，喪事由其外孫車如麟主之，而貴州同鄉會所組織之治喪委員會實董其事，在喪場市立殯儀館遇吳先培兄，具述其在楊氏患病旬日間之經過，余深悔因出差南部未能一面也，吳先培兄亦云楊氏病中似知其無力營葬，曾函其在皖時之省主席李品仙氏告以患病，但李氏未來，致未相見，又曾於病中函告吳兄託其代還劉健群一千元，可見神志十分清楚云，今日前來弔祭者有楊綿仲氏，自此次病後益現龍鍾之態，於以見前輩之日漸凋落也。

集會

上午，出席國民大會第三次大會，余到時甚晚，原列議程係討論戡亂時期臨時條款之適用問題，但因昨日方將議事規則案付委，今日又即討論提案，似有本末倒置之嫌，故會內意見不一，有主張休會以待議事規則先行制定者，有主張先行進行一讀，以免浪費等候之時間，經表決結果，多數主張在會議規則未通過前先行一讀，下午即照此原則開會，余因故未往，不知實際情況如何。

職務

下午到署辦公，係從事臨時工作，審核各單位送來會簽之 Budget/Application 等。

3月3日　星期四

集會

今日開始舉行提案審查會，計分八個會，第一個為憲法及其他，余簽名參加，另一為第四關於國民經濟者，余亦參加，因同時開會，故只參加第一審查會，據云此會人數最多，佔全體之過半，凡八百餘人。今日第一次會在中山堂舉行，首先研究召集人之如何產生，然後討論投票之方法，有主張無記名單記法者，有主張無記名限制連記法者，莫衷一是，其時會場秩序欠佳，俄聞有由口角而動武者，於是群起圍觀，幾乎不成體統，余則未往問緣何動武。下午在辦公室聞 *China News* 中午出版時即已載入，其醜可知也，余不耐此等紛亂之會場，即行早退，大致今日審查會只半天，下午為國民黨籍代表在國防大會舉行談話會，明日上午仍為審查會，下午為總統招待茶會於陽明山，余均接通知，但因只上午請假，下午須到署辦公，故兩天均不能參加也。

師友

上午，到交通銀行訪王慕堂兄，不遇，託程世傑秘書轉達一切。下午李德修原都民夫婦來訪，取去紹南圖章，在中信局支取存款利息。中午到第四建築信用合作社訪張乃恆理事主席，接洽將二千元社股退出，彼云無法照退，只能代為留意轉讓，當填轉讓書二份，備於適當時機可以讓之他人，張君並云去年營業有所虧損，故社股實值難以確定云。

3月4日　星期五

職務

本月份所排工作進度表，余在十八日以前為兩個軍援計劃之查帳報告，十八日以後為一般文件之comments，但十八日以前並無他人擔任此項工作，故連日所到之文件，亦交余審核，而預定之工作只好暫時擱置矣。計本星期有十二小時之annual leave，所餘二十六小時則用於此項工作，計共審核計劃部分所送會簽之Budget/Application七件，大體上均不十分困難，只有一件Community School所含單位眾多，而彙集之文件又詳略不一，較為費時，其餘大體平妥。在審核文件中，有一問題甚為微妙而無法解決者，即1960年度之各項Counterpart用款在查核其所據之Program依據時，向來係依1961年度之E-1內所述1960年用款情形作為憑藉，但有的Project在1961年度不復繼續，由於現在已經辦好之E-1為1961年度者，故對於1960年度存在而次年即行停止者，即不復列，於是此項1960年度用款因並無1960年度之E-1，而無法有所依循，余詢之P/LCM之蘇君，彼云只能以該部分之Program Table為依據，本處會計部分亦云此項Table為Semi-official性質，可以依據；蘇君則又云此項涉及Program者應由彼方負責，本會計處只注意其用款有無抵觸SOP即可，但本處向來不侷限於此，不能以蘇君之意見為意見也。蘇君今日已將其新印之Program Table送來參考。

3月5日　星期六

集會

上下午均參加國民大會第三次會議之大會，上午係討論曾經交付審查之審查結果於今日提出之議事規則，審查意見主要為對於大會爭執甚烈之表決方式一節，提出折衷之擬議條文，蓋在大會時曾有人提議對於某些事項須採用無記名投票方式為之，審查意見則主張表決以舉手、起立或投票方式為之，由主席酌定採用，在表決用投票方式為之之時，記名與否由主席徵求大會意見決定之，此項條文顯然本末倒置，但有其不得已之苦衷，即國民大會組織法明文規定表決方式之酌定乃主席之職權，故今日所提議事規則條文不能與條例衝突，但又須容納大會內甚多代表之主張，乃有此項非牛非馬之解決辦法，今日會場上雖仍有堅持其修正意見者，然表決結果以審查意見獲得通過焉。下午續開大會，對於若干代表依修憲提議程序所提出之設立常設機構，以研究創制複決權與其他憲法上不易運用之問題案提出一讀，並有若干代表發言後即行散會。晨八時中央黨部召集代表茶會，指定以省區為單位之聯絡人。前昨兩天下午蔣總統分別在國防大會召集談話及陽明山游園會，余均因故未往。

娛樂

晚，參加豫劇晚會，由海軍飛馬劇團張岫雲等擔任凱歌歸，由空軍業餘劇團擔任穆桂英掛帥，毛蘭花主演，唱做俱佳。

3月6日　星期日

瑣記

連日舉行國民大會，余大抵以上午所請之 Annual leave 到會參加，事實上從未發言，等於旁聽，然所聽者類皆誇張、偏執，或只為自我表現之言論，亦只令人作嘔而已，所收穫者則此等光怪陸離之現象，非身歷其境無由得此全貌也。余等四十一人為列席代表，此問題仍在交涉解決之中，聞頗有改善之希望，但尚無跡象可見，列席代表之相同處為待遇相同，形式上亦有發言權，所不同者為此等發言權甚受限制，如凡余等連署之代表提案在提案印發時皆將余等之簽名不列，又選舉、被選舉權與表決權則照一般列席之慣例，自然不得享有，其實際效力只在主席團競選時不成為你爭我奪之對象，至於總統副總統之選舉，則在不完全之競爭下，當無何歧異之處也。今日全體代表休假，有七、八百人赴石門水庫參觀，余因時間不夠支配，且石門水庫曾經去過，故未登記參加，昨日並接現在該水庫服務之馬麗珊女士來信，謂聞悉此事，希望余家前往一游，余即於今午回信告以並不參加之原因，並道謝關注。今日全日在寓剪貼上月份報紙，並因上月衍訓帶回之電唱機發音不清，兩次送南昌路巷口電機行修理，又率紹彭到巷口附近之唱片行挑選補充唱片，但佳作不多，只得兩張。

3月7日　星期一

集會

上午到中山堂出席第一組審查會，繼續審查有關修改臨時條款各項提案，到會時首先接到各項議案與議程，據其中所載逄化文兄昨日徵求簽署之請設研究機構一案，余本在案後連署，但詳審印成之案，則又無之，此仍為前日友人所告余之怪事，即列席代表不得提案，然又何以不限制發言權，世界上不可能之事，往往類此。今晨在尚未赴會前，即接黨團幹事會通知，希望第一審查組能成立整理小組，果爾則前日晨中央黨部朝會時所分發之希望候選人，即為希望推選之人選，今日會議開始即為冗長不知何所終止之發言，余由於簽署問題情緒不佳，即行早退，後聞果然成立整理小組，人選亦為預定者。連日提高待遇之傳說甚盛，即會外人士亦多有知之者，據云原則上照立、監委員辦理，但立、監委員以出席費支領之鉅額則為例外，於是有謂又將變質者，亦有聞少數代表不主張完全相同，其理由為國大代表可以做官，其實此語正觸部分代表之怒，彼等之興風作浪正因無官可做之故也，其實立法委員之所以支款較多而令人不服，正因其可以兼作律師，今國大代表如兼任其他公職，以此例彼，難怪其理直氣壯也。

職務

下午，繼續到分署辦公，現在之工作為 Review and comments，今日計看電力公司 PPA 草案一件。

3月8日　星期二

集會

上午，先到鐵路黨部參加國民大會第四審查組會議，余兩日來均未參加，今日方來，即知前二次會已經將經濟方面之提案審查完畢，今日所審查者為連日繼續收到之提案，余在會一小時餘即轉至中山堂參加第一審查組會議，此組人數最多，課題為與有關憲法及臨時條款各案，會內所討論者為昨日審查會通過交整理小組四十餘人連夜審查整理所得之意見，提會後指摘其妥協性者甚多，發言盈庭，直至將近十二時始表決，照整理小組意見通過，會場中不斷有黨團幹事會人員活動，甚為緊張，終為彼等達到目的焉。

職務

下午到分署辦公，今日事務為對於各單位送來會稿或會簽之件的審核，今日只核過一件，即關於花蓮擴港工程之援款PPA，本署根據美援會送來之 PPA 草案加以審核，經查閱上月對於該計劃之 Budget/Application 曾經有過 comment，請對於預算內支給港務局 Loading and unloading express 之屬於港務局的 revenue 一節加以注意澄清，此次 PPA 仍然照列，應同樣予以澄清，關於此節，劉允中主任之意見不甚相同，但經解釋後，即亦維持原議。本 Audit Branch 之八個人員的工作為混和支配，其中今日對於 517 節會計報告分析之所見，頗多可感之處。

3月9日　星期三

集會

上午，到中山堂參加第一審查委員會，此會至昨日止已將與憲法有關之提案審查完竣，今日所審查者為不屬於其他各組之雜項提案，實際無何重要性，余未終席而退。中午，陳誠副總統在三軍軍官俱樂部宴請國大代表，係分三天舉行，此為第三天，只有簡短致詞，乃純粹聯歡之意。晚飯由黨團小組長趙雪峯以所領每人 25 元之經費約集本組同志十餘人在會賓樓聚餐，趙君擬提案數件，皆關係經濟建設，科學發展，人才培養等大問題，徵求連署，當予以連署，又提出報告，明日大會為戡亂臨時條款之二讀會，此項會議須照憲法修改程序之法定人數為之，故中央甚慮此次大會有人數不足之可能，目前報到者為一千五百人，總額照大法官會議原則及內政部計算則近一千六百人，通過時須三分之二之出席四分之三之可決，亦即須將近八百人之投贊成票，非踴躍發動同志出席不可也。

職務

下午照常辦公，三時參加同人到飛機場送 Controller H. F. Shamburger 回國休假，並處理普通公文。

娛樂

晚，看國民大會晚會越劇演出，為全本楊娥，為楊女殺吳三桂故事，余因所抽座位太壞，故不終即退。

3 月 10 日　星期四

集會

上午，到中山堂參加國民大會之大會，由於分組審查已告一段落，關於修改臨時條款案之審查結果即列入本日議程，開會時首先由審查會發言人王雲五報告審查經過，就審查報告獲致之方式及審查報告之內容加以說明，然後開始一般性的討論，其有涉及逐條之意見者，則將在二讀時討論，自九時半至十時半均為一般性之發言，余因不願多聽，且有他事，故早退席，聞一部分聯誼會幹事會代表為獲得中央負責人之保證，將來待遇須調整至與立監委員閉會期間所得相同，昨日午夜尚在等候磋商，但似未能全部解決，有的方面未能見面，因而一般預料今日大會或不能如預期之一帆風順，蓋通過臨時條款而後，中央之難題已經全部解決，將來對於待遇調整一節，在只應允空洞原則下難免於變質也，各代表為挾持其不至發生偏差，乃圖謀掌握此最後之機會，其理似不免於咄咄逼人，而在輕諾寡信之當局下，固難免有此等光怪陸離之現象也。

師友

中午約廖國庥兄於立法院，面轉紹南由華盛頓來信，告其女安頓以彼邦申請求學與一般生活情形，此為以前廖兄來託余函詢紹南者，據廖兄云，此間已去函申請入學，但無何眉目云。

3 月 11 日　星期五

職務

今日只辦公四小時，並未進行任何重要工作，僅將兩年來余所完成之工作加以開列，並用打字機打出，此為 Jack Liu 與 S. N. Hsu 向 Branch Chief A. W. Tunnell 建議為余晉級所得之初步反應，余乃加以列舉，備供其參考云。

師友

下午，到合作金庫訪隋玠夫兄，取來代為存放款項之一、二兩月份的利息，並承贈給最近合作年會之出版物「合作運動」一冊。下午，到嘉陵公司訪吳先培兄，緣數日前相遇時彼曾允為余調款五百元至紐約，為紹南下學期之學費，其方式乃將該公司存款撥出，由此間以台幣折付，余事先詢問此間美鈔行市，為每美元合四十三元五角左右，故備支票二萬一千元，另備現款備付尾數，吳兄表示優待，即以四十三元折算，余乃以二萬一千五百元換回紐約 Chemical Corn Exchange Bank 之支票一張，據云郵寄即可，加 For deposit only 即更穩固云。

家事

德芳胃病發作，嘔吐頭暈，余上午在辦公室，德芳著人將余召回，先到蔡文彬大夫處詢問，渠即介紹高內科前來內診，高云向不出診，乃回約蔡君午後來診，屆時前來診察，認為情形並不嚴重，配藥服用二天，認為不至有大問題，此次胃病特別重大，或與兩日來因他病服用消炎片有關云。

3 月 12 日　星期六

家事

德芳自昨日臥病，幸未成嚴重問題，服用藥品後亦似有助其減輕之勢，今日即已類似平時胃病時之普通狀態，僅不能翻身，不能食物而已。余整日於寓照料，上午諸兒女完全入學，余自晨起即入廚料理早飯，有昨日之烙餅，今晨用醬油湯泡食，並和牛奶粉等，於七時半即陸續入學，余即洗滌碗箸，到菜市買菜，現在冬季菜蔬甚廉，例如甘藍菜每斤只售五角，菠菜亦只六角，惟肉之類甚貴，余買裡脊，每斤須二十四元，而小排骨則十九元，以之煨胡蘿蔔、甘藍菜與馬鈴薯湯，此外則炒菜用之芸豆與其他，皆供晚飯食用，午飯因只余與紹彭二人，余又不擅燒菜，故率其至寧波西街小館吃麵餃之類，以資便捷，晚飯則由紹中、紹寧等準備，而以紹寧為主，所炒之菜，亦尚可口。下午余先至電力公司福利社理髮，傍晚諸女紛紛下學歸來，乃率紹彭至美蘭軒為其理髮。今日全日只為料理家事，飲食而外則用茶葉清掃疊席，費去甚多之時間焉。

體質

入夜氣溫突又下降，余本用毛毯作為被蓋者，忽感腹部似有涼氣吹入，急更換棉被，似立即轉為溫暖，亦可見寒暖感覺之如何敏銳矣。兩三年來之經驗，為寒暖適應程度迥非在大陸上可比，故平時穿著增減，不可馬虎也。

3月13日　星期日

集會

上午九時乘交通車出發大直三軍參謀大學，出席中央黨部召集之總理紀念週，十時開始，由蔣總裁主席，並報告自前日臨時條款通過後外間之觀感，有謂此次會議之情形為黨員成功而黨則失敗者，亦有謂黨之控制力甚微薄弱，而代表則視本身利益重於國家利益與他人利益者，此皆值得吾人深省，講畢即囑朗讀四十七年所講之舉辦黨員重新登記之意義，計八十餘頁，由一廣播小姐擔任，抑揚頓挫，十分精當，是時已十二時，蔣總裁即謂其他容改日再說，遂告禮成，接開黨團黨員大會，由張知本主席，俞鴻鈞代表中央報告昨日中央評議委員會與中央委員會通過提名蔣總裁為總統候選人，陳副總裁為副總統候選人，希望一致支持選出，於是全體鼓掌，繼即以此案列討論事項，有欲發言者，為全體發聲所拒，於是一致通過以全力支持當選焉，十二時散會，均回至中山堂分發野餐。

參觀

下午一時半由中山堂乘交通車四十餘部，出發基隆深澳參觀海軍兩棲登陸作戰演習，演習項目凡十二，歷時四十分鐘，於細雨霏霏中圓滿完成，今日風大天寒，戰士由軍艦之橡皮艇划至岸邊，捨艇登陸，登上懸崖，建立線道，並運送武器，爭得山頭敵人陣地，其越海爬山，皆迅速而確實，且寒天在水中竟不畏冷，均表現訓練有素也。

3月14日　星期一

集會

上午，到國民代會參加全體大會，由胡適主席，首先報告，依據國民大會議事規則，政府有報告施政之規定，惟不見於憲法與國民大會組織法，此點報告乃提醒代表同人，告以報告無一定範圍，質詢亦不一定有圓滿答復也，繼即由兼行政院長之陳誠副總統作施政報告，先口頭說明中南部旱災現狀，及未能及時插秧之地區面積等，然後讀其事先印好發交全體之報告詞，此項報告詞內容鮮有觸及具體問題，不過抒寫若干對當前局勢之看法，其具體報告則另行印送，於今晨郵局遞送到家。歷一小時許報告完畢，休息十分鐘後進行詢問，據主席報告，要求發言者有三十餘人，但所餘時間不足十人之用，則亦應景而已。就余所聞之實際發言情況，阿諛之詞盈庭，此等人固皆別有用心者，十二時散會。大會又根據外埠代表之要求，增發食宿費一千元，本市者亦有五百元，聞外埠者以為不足，尚在要求增加之中，有謂外埠之支領費用，已較本市多一千元者，果爾則比本市者之數固亦相稱矣。

職務

下午國民大會為國防報告，余因未事先請假，故不能參加，仍到分署辦公，工作為核簽請款者之Application，今日為一件，為民用航空局變更改善松山機場計劃，缺少細數預算，囑其照補。

3月15日　星期二

集會

上午到中山堂參加國民大會之全體大會，由嚴家淦與楊繼曾分就財政經濟作施政報告，嚴部長在去年十二月年會席上曾作一次詳實而有內容之報告，今日則只擇其施政方面之幾個特殊事項加以論列，故鮮有精彩之處，楊部長之報告則因為時已晏，余未及聽取。昨晚準備一項對財政部之書面詢問，對於十年前以財政部一紙命令所凍住之存款內之儲蓄部分，主張加以解凍，其原因為當時凍結只由於中央銀行之要求，該行初無儲蓄存款，部令不分存款性質將各行局全部凍結，已為識者所詬病，現在各行局紛紛復業，對於過去負債則未聞如何清理，此種不負責任之態度，使民間對一向信用甚著之行局尤其中、交兩行大為失望，此等數十年史之所無的惡例，將使人民對國家行局之信心永難恢復，而當前以獎勵投資為國是，實際則罔顧信用，豈非背道而馳，因小失大，莫此為甚，請考慮對儲存解凍，實際提存者絕不會多，或存款反因而增加，一舉兩得，利莫大焉，至於實際算還之方式，應採物價指數折合，斷不宜用多元折合，化多為微，云云，明知今日主政者多為打小算盤之小丈夫，然骨鯁在喉，不吐不快，前數日本欲作成提案，又見提案太多，且亦無拘束性，高級主官甚至不能詳知其內容，故改用質詢案，以書面交會場職員遞送。

3月16日　星期三

集會

今日國民大會之日程為參觀陸軍演習於湖口、龍岡及林口一帶，須費時一整天，余因只請假半天，且上午有雨，故未往參加，只在寓料理瑣碎事項。

職務

因臨時發生之 Budget/Application 之會簽工作本月份未支配專人負責，故劉允中主任多交余處理，因而兩週來未能進行尚在進行中之兩個軍事建築工程之查帳工作，今日所核者為公路局對於恢復去年八七水災公路之計劃，查詢有無核定之 PPA，據悉在 E-1 中本只列款四千萬元，但 PPA 即增為六千萬元，故當時之本會計處審核意見即認為須俟 Mid-year revision 加以最後核定是否有款可撥，現在公路局已知 mid-year revision 在三月中完成，該款可以增至六千萬，於是乃再提出新的預算照數申請，余查卷相符，故未表示任何意見，主張加以會簽，將 Router 寫好送劉允中主任，未加潤色，即打出送 A. W. Tunnell。劉允中主任為簽請余之晉級事，曾將余所提之二年來各項 Assignments 與 Audit Reports 加以列表，轉送參考，上週五即已打好，昨日又因事忙未遞，今日始交劉君，渠對於 Report 之 Issue 日期一節內寫有 Draft report under review 各件再與主管事務之歐陽女士加以核對，略有增刪，彼又著人重打一份，準備即行轉送 A. W. Tunnell 加以採擇焉。

3月17日　星期四

集會

上午，參加國民大會提案審查會，先到第一組一般審查會簽到後，即又乘車赴鄭州路鐵路黨部禮堂參加第四組國民經濟審查組，據報告自上次會議後又收到應由本組審查提案六十餘件，故須控制時間，始可望於規定之限期內審完提報大會，於是以極速之速度，約合五分鐘一案。而審查工作極速進行，余則一面翻閱提案內容，以觀有無中肯之論，結果發現一項提案，主張政府從速清理舊債並責成國家銀行還付存款，此與余準備提出而因提案權在動搖不定中荏苒未予提出之案若合符節，惜該案編號甚後，今日上午已不及審查，余乃寫就書面意見一件，交會場職員代為俟審查至該案時加以提出，其內容為一方面讚揚原提案之高瞻遠矚，洞中肯綮，一面主張加入對於儲蓄存款尤應優先還付，以別輕重緩急，而求爭取民心云云。

職務

余下午照常辦公，仍為會簽他部分之文件，今日所核者為計劃部分所擬函稿一件，對於大陳義胞救濟計劃中之送來五項計劃之一，予以退回並囑五項全送，經核該項援款已經全部付訖，現在復要求其增補文件，顯然無真正之力量，又稽核部分之 Chief A. W. Tunnell 記憶舊案囑代為查出送閱，余託計劃部分之蕭君予以查出，並將有關之文件數件附於簽註之後，以供其查核云。

3 月 18 日　星期五

職務

全日到署辦公，今日已無零星事務之干擾，集中精力於查核一月來進行中之兩個軍事計劃，先由其中之一的 58 年度 Ammunition Storage Facilities 著手，先將帳內所列六部分計劃，以發包合約為單位，將支付之款加以開列，以備再逐筆核對傳票憑證，支付款開列後即另作一 Summary 於一張紙上，分成工與料等逐一合約工程加以縱橫彙計，以證其無誤，但開出之後發覺相差 1,222 元，幾經核對，始查出其中有一元為相加有誤，1,223 元為對於廠商誤期之罰金，余由工程費內抵除，帳內則作為其他收入列收，兩筆相差之結果為 1,222 元。上表核對清楚後，即開始對照傳票，查核單據，由開始之月份起，已將 1957 年 12 月底以前者完全看過，未發現有何不符之帳項或單據，惟一部分由 Supply Section 經手之購料款，係用轉付至 Purchase Fund 之方式只以證明單為單據，只能由傳票記載各項要件之詳略以推定其不致有誤云。

集會

今日無會，全體代表參觀空軍演習，余因未先請假，故未前往，只在辦公室平台上看雷虎小組之特技表演而已，據悉此為演習節目中之最精彩的一段，則亦獲見矣。總統副總統之提名用簽署方式，在虎皮宣紙上簽名，乃一種無競爭之提名，蔣中正氏候選總統，陳誠氏候選副總統，故在簽名時無何特殊嚴重之感。

3 月 19 日　星期六

集會

上午，到中山堂參加國民大會第三次會議之第十次大會，討論依上週所通過之修正臨時條款應設之閉會期間常設機構問題，主席團提出方案，由李宗黃代表加以說明，謂十三人小組曾推出五人向總統、副總統接洽，均獲接受，旋即展開辯論，主要為對於所定之「憲政研討委員會」名稱，及以主席團人員為綜合委員之兩點，蓋名稱不希望有研究字樣，應積極的含有推進憲政之意，委員一千餘人，以總統、副總統為主任、副主任委員，下有常務委員及綜合委員，巧立名目，疊床架屋，辯論至十二時以表決方式仍將主席團案通過。下午繼續舉行大會，討論各提案審查委員會之審查報告，而分送之審查報告尚只為其中之一部分，其中在提出時固多數照審查意見通過，然亦有甚多發生爭論者，至下午六時尚只討論其中之一部分，其餘勢須待下週再行處理矣。

交際

晚飯王興西代表在北平烤肉苑招待十數代表吃涮鍋，王君有時來往韓國，大致有若干事項需友人協助，故表示聯歡之意云。

娛樂

晚，到中山堂參觀空軍業餘演出之川劇北邙山與秦腔柜中緣及蝴蝶盃會審一折，此二種地方劇均為初覩，似以秦腔較為生動，川劇則無伴奏只有武場，且有幫腔，無甚道理。

3 月 20 日　星期日

參觀

上午，預定節目為參觀聯勤總部之行政展覽及 61 兵工廠榴砲彈之自動生產程序，計分二批，第二批於上午十時由中山堂出發，十時半到松山 61 兵工廠，行政展覽在該廠大禮堂，所展項目依該署之各項業務排列，行至出口處受贈小型紀念章一枚，登車復至第二處，此為該廠製砲彈之全部廠房，完全用 conveyer 連接各部分之工作，而砲彈製造裝箱亦皆用機器處理，廠房範圍極大，據報告只有 80（或 40，已忘）員工管理，此為遠東最大最新之生產程序，十一時半展觀完畢，即至空坪用茶點並看施放焰火，實際所放為標語，日間不能見火也，十二時由廠內出發回北市，與來路不同，前者在松山，後者則在南港，此廠面積極大，倚山而築，甚為掩蔽，聞為日據時代所建，光復後則更多擴充焉。

交際

下午中央黨部在台北賓館舉行酒會，款待國大代表，由副總裁陳誠以次在門內站成一行迎送，共分二批，照代表號碼分先後，余為第二批，於五時前往，其時酒類已不甚全，食品只有龍蝦餅與花生等，稍事周旋即應張中寧兄之約到新聞局禮堂參加由校友數人出面約集之晚餐，事先雖有請柬，但余不知其何意，張兄亦主人之一，云以中央黨部之經費宴請此次來此開會之校友代表，具名六、七人皆會場中之工作小組人員，酒席於八時始散。

3月21日　星期一

集會

上午，到中山堂參加國民大會第三次會議第一次選舉大會，本日議程為選舉總統，開會後首先報告選舉辦法與會場職員，然後開始投票，時為十時，余等無權投票者，只在旁參觀，其實有權投票者亦只舉而不選，蓋只圈選蔣總統一人，並無競選乃至陪選者，亦徒具純粹之形式而已。又昨晚接黨團幹事會通知，囑一致投票支持，此亦為不可思議之事，除不出席不投票外，並無選他人之可能也，余於十時半退席。後聞十一時投票完畢，十一時半開始開票，至下午一時完畢，計投入一千五百另九票，開出圈選蔣總統者1,481 票，另28 票未圈，等於空白票，此皆為預料中之結果，於是街頭鞭炮齊鳴，學生游行於途，電台廣播特別節目，一切皆為預定之安排，雖甚隆重，而實則平淡也。

職務

下午到署辦公，繼續查核 Ammunition Storage Facilities 之支出單據，已全部竣事，發現若干疑點，須待補核其文卷或其他資料。

業務

晚，台昌會計谷君來送顧問公費，並詢問改組為公司應準備之事項，余為之說明，並備函吳崇泉兄請其接受委託辦理，因余無時間到台中與省府接洽也。

師友

在會場訪李崇祐代表即趙夫人，約其週五晚餐，云另有約會，只得從長計議矣，會期中數訪，今日始遇。

3 月 22 日　星期二

職務

下午到署辦公，繼續審核 FY1957 年度軍方援款計劃 Ammunition Storage Facilities 之支用單據，今日之重點為就已經核完之單據所作 Work Paper 對照分析其中有無不相一致之處，結果發現以下諸問題：（1）驗收報告（Record for Final Acceptance）內所填之驗收日期有為所填完工日期之前者，若謂係因驗收以後有須改正之處，而所填完工日期為改正後之日期，則又無驗收改正報告可作參考，究係何情，不能懸知；（2）驗收日期與完工日期有相距甚遠有甚近者，是否隨意填入者，亦無法揣知；（3）完工日期有在合同所定應完工之後者，但未見依約處罰，若謂係因天氣陰雨，則合同內並未規定若干工作天完工，反之卻硬性規定其完工日期為某月某日，此種規定不能因陰雨而延展，故究竟延期原因為何，仍難明瞭；（4）原 Application 內所定預算與 CEA 有同樣之效力，故與實支情形須加以核對，以明有無超出範圍之處，經核過尚屬相符，且有原列預算項目一直並未照支者，亦有原規定之項目本須在此計劃內備償列帳之支出，而結果又改為無償者，種種情形，亦有相當之紛歧也。

娛樂

晚，同德芳到中山堂觀招待國大代表之京劇，復興學校之戰馬超，金素琴之全本棒打，尚佳。

3 月 23 日　星期三

集會

上午到國民大會出席第十一次大會，今日為接續兩天前之討論提案，亦即將各代表所提經過分組審查後之提案再提大會處理，大體皆為照審查意見通過，但亦有少數引起辯論者，余查閱審查意見表內第 429 號案關於請政府令國家銀行清還存款一案，當天余提書面意見其時引起反響如何，見審查意見對全案主張保留，可見出席審查者多為站在政府立場，以鄉愿之頭腦不理睬稍有建設性之見解，此實今日一般性的危機，所謂不痛不養者是也。

職務

下午，續到分署辦公，繼續推敲 FY1957 Ammunition Storage Facilities 內所發現之種種問題，其大致如下：

（1）在軍事工程局之傳票內，凡屬包工最後一期付款者，照例附一張驗收單，但其所送來之傳票內有數個合同後未附此項驗收單者，余乃更就本署案卷內之驗收單副本再加補充核對，發現此部分缺少之驗收單反在本署卷內有之，於是驗收單得以湊齊，然由此亦可見雙方文卷皆不足以稱全豹也；（2）標單不在傳票與會計室所送文卷內，故得標者只能推斷為標價最低者，而不能完全證明其為最低者。

交際

晚，李子敬兄在國軍英雄館備喜筵招待親友，其子與一同學在美國今日結婚，特示慶祝。

3 月 24 日　星期四

集會

上午，到中山堂參加國民大會第十二次大會，本日議程為繼續昨日未討論完畢之議案，此等議案不過為部分代表之意思表現，對政府絕無任何拘束力，故通過固佳，保留亦無不可，實際言之，完全為一種浪費也，余將議程翻檢一過，在光復廳略讀書報，即行退出，下午繼續開會，余因須辦公，即未復往。

職務

下午，繼續到分署辦公，對於數日來所發生之有關 Ammunition Storage Facilities 一計劃之支付款項有疑點處再加推敲，若干問題因經再度核閱文卷傳票等項，而獲得明瞭，不生問題，但亦有不能解決者，為：（1）何以若干工程未依合約定期完成，亦未罰款，（2）投標經過有報顧問團者，亦有未見其報告之文卷者，是否未報，無由得知，如不能將此項文卷補齊，即須將契約所自來之投標記錄取出一閱，為達此目的，現在軍事工程局所送來之會計方面的帳卷尚不夠證明，乃於下午以電話與該局施工組副組長劉漢榮接洽，渠不在，乃改與主計室副主任紀正光接洽，請轉向施工組調監工報告與開標記錄等項。

師友

上午訪王慕堂兄於交通銀行，請於趙棣華太太回美期前探詢告知，以便送行。

集會（二）

晚，出席本分部三小組之市長選舉動員會議，指導之。

3月25日　星期五

職務

月餘以來因參加國民大會之每日上午休假於日昨終止，今日起開始全日到公，今日工作為查核軍事建築計劃內之 Small Cartridge Plant FY1958，此一計劃兩週之前赴高雄第六十兵工廠實地勘驗時，只就本署所存之文卷內的 CEA 與 Fund Application 情形加以核閱摘錄，至於軍事工程局之文卷帳簿則係由高雄回北後始行送到者，故準備工作不如前數日所核之 Ammunition Storage Facilities 為充分，惟內容甚為集中，發包合約亦不若前者之紛歧耳，今日上午先將帳內所記之支出情形加以摘記，然後於下午將所送來之傳票逐一核閱，將所得要點記入於Working Paper之內，至晚即竟，甚為迅速，結果發覺傳票缺少數張，緣其保管之方式為每月一束，並不合訂，因而次序有前後顛倒者，即有缺少，亦無從一望而知矣。大致言之，內容尚屬有次序，惟工程皆有誤期完成之情形，只有內中一個合約卷內說明延誤原因，其餘則尚未見有何說明，容改日繼續由文卷及其他資料內詳加核對。

交際

故陳果夫氏之封翁國大代表陳勤士氏今日為九秩生辰，不設壽堂，但友好簽名祝壽，余於上午八時到實踐堂簽名。國民大會今日上午閉幕，余因辦公未往，下午蔣總統與陳副總統柬邀在三軍軍官俱樂部舉行酒會，余因下班始前往，故已近尾聲，餘者只數十人矣。

3月26日　星期六

家事

昨日為舊曆二月二十八日，乃德芳生日，今日又為余之生日，昨、今兩天德芳與諸女或製麵食，或蒸蛋糕，然無其他之紀念之方式，余買麥片一罐贈德芳，實際仍為諸兒女所食也。本署同人有照例按生日餽贈之輪流辦法，上週主辦此事之李慶塏君詢余以購買物品之意見，余初不肯表示，後見非表示不可，乃提供意見，請買被單，昨日已將被單買來，為全綠條格，余於今晚到南洋百貨公司，換無格之杏黃色者。去夏紹南赴美途次紐約時，曾蒙王慕堂兄之親戚故趙棣華先生之夫人李崇祐女士多所指引，此次李氏來台出席國民大會，余約其便餐未獲接納，乃與德芳改變計劃，於今晚至翔泰買織錦緞衣料一件，備贈其帶回美國為其女裁衣用。聞肥皂有漲價之說，下午到市政府合作社買如意皂及藥皂等，後路過南昌街見藥皂售價反比市府為低，可見合作社亦並非可靠之平價機構，由於近數月來未購，故不知行市，乃有此失。

娛樂

晚，到新生戲院看電影，德芳同往，片為已經連演月餘之「所羅門王」（Solomon and Sheba），聯美出品，AO 綜合體，聲光並茂，配樂亦清晰，主演者尤伯連納與珍妮露露布里姬黛，身段服裝均極突出，全片二小時半餘始映畢，然不覺其長，誠因片之技術條件與影院設備俱臻上乘也。

3 月 27 日　星期日

參觀

國民大會預定之經濟建設參觀，第一次在十天前舉行，參觀石門水庫，余未往，第二次於今日舉行，目的地為新竹玻璃廠與頭份人造纖維公司，晨八時由門前乘交通車至中山堂，八時半集齊出發，十一時到竹東，集中於玻璃廠之敞蓬下，由其董事長陳尚文報告該廠概況，復由新竹縣長鄒滌之來廠致詞歡迎，俱皆得體，於是按座位前後每行間隔二、三分鐘出發廠房參觀，所看者為高熱爐與玻璃切片封裝等步驟，未見有玻璃由液體直接凝成之生產階段，參觀過程中包括有上下大型電梯各一次，因人員擁擠，一代表為下閘門所擊，幸無大礙，十二時竣事。十二時半乘車至新竹國民學校由該廠招待午餐，因人員眾多，菜餚尋常。飯後直在車內等至三時始行再度出發，至頭份人造纖維公司參觀，該公司在廠房旁之長水泥道上臨時搭蓋布蓬，茶水與點心以中間所設一長行之條桌上陳列，客位則儘兩邊排列，尚屬井然有序，首由其董事長石鳳翔報告公司一般情形，再由領隊贈旗，即行開始參觀，亦依順序陸續出發，棉、絲兩部分皆參觀一過，最有興趣者為其原料之紙漿，目前尚必須由加拿大進口，在製品示範中有新出完全用人造絲所織織錦緞，花樣甚好，出口處每人憑所發參觀證換汗衫一件，隨即登車返台北，其時已近下午五時，車隊較去時為速，抵台北為七時三十分。今日新竹玻璃廠並贈所製玻璃尺一只。

3月28日　星期一

職務

上午，繼續核閱有關軍事建築計劃之1958年度Small Arms Cartridge Plant之文卷，此部分在余兩星期前出發至各地實際看察時，尚未經軍事工程局送來，故於今日補看，然未費甚多之時間，蓋其中資料多為Application部分、歷次CEA（軍方名曰MLCA）、Change Orders等等，除Change Orders外，其餘皆已在分署所看卷內看過，且已另有紀錄也。綜合數日來對此一計劃帳簿文卷查核之結果，計有三項難獲結論之事：（1）八月份缺傳票原本一件，一月份共傳票三張，正本全缺，（2）驗收記錄單上所列之完工日期，在八個Part

合約中，只有一個在約定日期以前，其於七個皆有延誤，內除一個有說明附卷外，其餘係何原因，全無說明，（3）投標記錄例在施工組，故會計部分之文卷不包括之，然照例在每次開標後其文件係送之駐局顧問核復，其往來文件有附卷者，亦有不附卷者，故由此項文件只能測知其中一部分曾經顧問同意，尚有部分則不可考云。以上三項情形之澄清殊為必要，乃於下午電話通知該局主管之柯女士繼續查詢，但據云上列第三項並非全部工程開標俱有換文，只係其中有週折之部分有之，此點似屬可信，且由 Change order 之皆有顧問團人員會簽，亦可連帶證明也。以下午時間著手寫以上查帳報告之開端例行事項。

3 月 29 日　星期二

師友

上午，同德芳到羅斯福路三段訪趙棣華夫人，擬持送織錦衣料一件，至則詢悉已於昨日回紐約，不得不將原物帶回。上午，同德芳到泰順街訪王文甲夫婦，閒談，約一小時辭返。以前同事務所之李洪嶽律師來信，云於本月二十七日由中山堂遷移永康街七十五巷二十一號之一，乃於今日下午前往道賀，不遇，閽者云已由永和鎮移來此間居住，同時作為律師事務所云。中午，同事曾明耀君來訪，為其若干同一立場之股東與另一部分少數股份之股東發生爭執，對其對方在報上所登載之文字有所辯正，特將擬就之草稿前來託余加以修改，余詢明其主旨後，對於所擬之文字認為幾乎全部改寫始可，但為遷就事實，只得就其所擬加以充實，以將全部改善，改後彼即取去云將於明日刊載日報云。

參觀

中央圖書館新屋落成，邀各界參觀，余於下午前往，參觀其蘭亭特展，計展出蘭亭拓本五十餘種，包括書籍如蘭亭記等，可謂美不勝收，印象最深者為以下數本：（1）林伯壽藏褚摹蘭亭手跡，（2）宋拓薛道祖五字未損本，（3）江理如藏神龍本，舊拓甚精，（4）元俞紫芝臨本，（5）宋拓游似（景仁）藏趙不流本。有若干種，極為名貴，至眷屬部分，因人工與用料問題先行講定。

3月30日　星期三

瑣記

台島之春，乍暖還寒，有時汗下如雨，衣單不涼，有時則風雨中有如深秋，毛衣不能禦寒。前日晨起著毛線衫赴辦公室，下午下班帶回，昨日放假未用，今晨欲穿著時，遍尋不得，意者遺忘於辦公室，兩日來恐為清潔公司中人取去矣，晨間步行上班途中，再加尋思，始憶及前日下班途次南門市場曾入內買雞蛋，復在市場外買木瓜，其時毛衣用手圍執，必係在過秤時遺忘，中午過南門市場，入內查詢，果然在蛋店內，且已用紙包紮待余往取，店主甚重信用，可取也，然余之記憶力如此衰退，亦至足驚人也，此等事與余最近一次在高雄神州旅社房間屜內獲鋼筆送交其帳房事，實為一類，余由自己失物之失望與失而復得之欣幸，可以測知上次所獲失物還歸原主時，其心情為何如也。星期日赴頭份人造纖維公司承贈人造絲汗衫一件，為 36 吋者，昨日以電話詢問台北該公司，希望能為更換 38 吋者，彼方已允，今日往換，良久始由內部職員出謂無 38 吋之貨，乃廢然而返，當日同車中人云有 36 與 38 兩種，余雖未見，然不信其為子虛，今日反響如彼，使人如墜五里霧中矣。黨員小組分送組織動員通報與動員卡五份，余於今晚小組來催時填報，計本人一份，近鄰袁太太一份，屋後李君夫婦二份，廈門街曾明耀君一份。

3 月 31 日　星期四

職務

本署稽核皆有長期之 Travel Order，可以隨時公出，連帶的又有各人二千元新台幣之長期借支，計全體九人，皆由 Administrative Account 內支領經費，此 Account 之特性為以美金為本位幣，另有若干人則散處各單位者，除一部分人支領同樣經費外，多數為由 TA account 內之所謂 TA（Technical Assistance）Trust Fund 內支領，此中有 Counterpart Fund 台幣部分，則無須於支領時折成台幣美金記帳。最近因記帳之 exchange rate 內官價 36.38 台幣合美金一元改定為按結匯證價 39.96 折合美金一元，余等以前所借之二千元，如繼續借支，即發生以後改訂匯率之無限制的匯價風險，如目前還清，則須負擔約一成之台幣升水，今日商定即照新價折還，另由 TA Trust Fund 內借二千二百元，則以後可不再受折價之損失，於是憑空增加二百元之負債，所以如此，全因本署經費帳內不能負擔匯率損失，其實殊不合理也。

交際

晚，由擔任中央黨部第四組主任之曹聖芬同學與同學會總幹事郝遇林聯名在會內請部分國大代表同學吃飯，到二十餘人，並有師長新任秘書長谷正綱氏參加，席間演說者十餘人，末由谷氏致詞，主張在今後近乎有常設機構之國民大會內起領導良好風氣之核心作用，並在黨內十之八九的幹部腐化之狀況下，起更新作用，語重心長。

4月1日　星期五

職務

寫完 Ammunition Storage Facilities 之查帳報告，此報告余初寫時本欲寫成一件 Satisfactory rating 之報告，故未用 Conclusion 代替 Recommendations，寫明竹製倉庫為一種 short durability 而 high cost maintenance 之建築，今後當儘量避免興建，寫成後又見 Work paper 內所載有數處庫房為護衛兵士所住用，此與 End-use 之規定顯有不符，經與本稽核組以前專從事 End-use check 之靳綿曾君相商，彼以為此等事乃事實上所不可免，但與規定則大不相符，如不願自負責任以為 White wash 地步，即須採取糾正手段，其方法或在查到時通知立即遷讓，或寫入報告內著其遷讓以待 Follow-up 時觀其是否已經執行，余聞悉此言後，因此項情形寫入報告比較妥當，故又將報告內之有關段句加以改寫，並 Recommendation 照加，而將 Conclusion 去掉，並改 Report rating 為 Incomplete 云。

瑣記

余上週生日，署內同辦公室同人曾循例由共同福利金內贈送用物，余則照例應加答謝，乃於下午由五樓 snack bar 買冰吉凌及蛋糕等物以饗全體同事，全體計共九人，其中曾明耀君下午請假，另有美援會簡君適因公在此合辦公務，臨時加入焉。

4月2日　星期六

瑣記

今日循例休假，但為月餘以來最為悠閒之星期六，本擬在寓以讀書自遣，乃因瑣事甚多，仍外出兩次，始得有燕居餘暇。兩次者，上午到唱片行換取昨日取錯之唱片，連帶的將洗後待燙之衣服送去，所謂換取唱片，緣昨日買來平劇唱片五張，內兩張為宇宙鋒，但取回細審，見皆為第一張，自係售貨員包紮之錯誤，遂於今日趕往調換，並又選買音樂片大片三張，為小夜曲、大提琴獨奏曲與小提琴獨奏曲等，順便又到開封街為德芳買外用德國藥膏保女榮，然後回寓午飯。飯間聽警察電台播出程派平劇汾河灣與罵殿，似係新的出品，與此間市上所售之程片罵殿大有區別，而市上無供應者。中午回寓見有國民大會秘書處通知配售夏季衣料，余因前數次均登記較遲，選擇範圍甚狹，而未能購到完全合宜之材料，故於下午立即前往中山堂大會福利科接洽，見所提供之樣品共有八種，凡立丁與達克隆各半，凡立丁色非米即灰，不甚醒目，且甚過時，達克隆則顏色較深者有三種，另一種以黑白二色紗交織，雖古老而相當別緻，因即定購四公尺，余西裝一套而外，則德芳旗袍一襲也，定妥後即經過植物園步行由南海路回寓，連日雨水甚多，今晨起未有再落，故上下午兩次出門，皆未遭遇風雨之苦，但晚間又再度落雨，日內恐不易有放晴之望焉。

4月3日　星期日

家事

上午，隋錦堂妹婿來訪，據談上次余等參加國民大會參觀團赴頭份其所服務之人造纖維公司參觀，適其本人因割鼻疾請假北來，致未相晤，余前日去信請轉詢所贈之絲衫有無38吋者，經詢有之，當取去代為調換，午飯後去。衍訓與淡水劉皚莉小姐來，衍訓係已赴基隆聯華軍艦接任，據云即調左營云。

閱讀

擇讀 W. Brand 著 *The Struggle for A Higher Standard of Living*，作者為聯合國從事工作多年者，故獲得資料甚多，原在荷蘭發行，現又補充為英文本，全書分三部分，一為 The Process of Economic Development，包括緒論、世界各地區國民所得之差異統計，以次關於土地、資本、勞工、企業領導組織之分別的分析，第二部分為 Domestic Financial Resources，包括緒論、消費類型、私家投資、國際貿易、國家的任務、通貨膨脹之分析，第三部分為 International Financial Resources，包括緒論、國際資本移動之簡單沿革、私人之國外投資，與政府之國外投資等，今日只讀其中第一部分之一、二兩章，余所最感興趣者，為作者所述經濟學之一向對於經濟發展缺乏深刻之研究，而落後國家之發展又非單純的為一經濟問題，從而開始從事此等研究必須在深度與闊度兩方均不能遺漏忽略，此真為一有心人之看法也。

4 月 4 日　星期一

閱讀

續讀 *The Struggle for a Higher Standard of Living*，有關美國進出口進行與國際貨幣基金與國際復興開發銀行以及美國對外援助十餘年來之演變等，題目雖甚重要，但失之於簡略，茲再將第二章所載之觸目驚心的資料加以摘記，第二章內錄有各國國民所得平均數表，其主要國家（1954 年）第一位為美國 1,847 元，二為加拿大 1,264 元，三為紐西蘭 1,073 元，四為瑞士 1,036 元，五為瑞典 973 元，六為澳大利亞 927 元，七為魯森堡 837 元，八為英國 807 元，九為法國 763 元，十為丹麥 762 元，十五為德國 504 元，二十六為義大利 321 元，二十八為蘇聯 308 元，三十八為日本 194 元，四十八為菲列賓 147 元，六十一為泰國 75 元，六十二為南韓 74 元，六十五為印度 59 元，七十二為中國 27 元。惟不知此處所謂中國係指大陸抑指台灣而言，有待考證焉。又此書對於外來資金內之私人投資一項，認為不易增長，其因素多為政治的，不易有所解決，於是乃以官方投資予以補救，而終極目的則仍為引起私人投資之相繼而來，此點似正為今日美國所加以深思者。

職務

寫完 Small Cartridge Plant 計劃之查帳報告，此一報告與 Ammunition Storage Facilities 同為 Incomplete 之報告，而等待軍工局之繼續查索資料，余於因依過去經驗，該局不易迅速供給有關資料，久等有落空之虞，故先行將報告寫好交卷，果在核閱期間有新資料送來，仍然有其用處也。

4月5日　星期二

職務

本月份工作支配表甫經規定，立有一臨時工作須提前開始，此即 A. W. Tunnell 忽然發生之問題，即若干 Project 之用款人有自備款之規定，典型之例為電力公司，自備款之用途多為相對基金所不予支付者，如關稅及借款利息等，但此項政策由來已久，其具體根據如何，歷來已習焉不察，Tunnell 主張加以檢討，余乃於今日開始先由閱覽本會計處之專卷 Fund-Counterpart-Procedure and Policy，計有四本，今日看過半本，尚未見有對此案有何具體規定之文字。本月份工作之一為美援會駐美技術代表團 1952-1956 年度經費帳之 Follow-up audit，以前計分兩個查帳報告，1952-1953 為余所作，1954-1956 為徐正渭君所作，兩報告中之 Recommendations 據該會來信云已實現，望作 Follow-up audit，余昨日與會計室主辦之何大忠君通電話，請將資料送來，今日渠著一耿君送來，其中只為 1954-1956 部分，且支用款項多為墊支性質，仍難予以核銷，有的 Recommendation 則未予提及，提及者又將1957 年有關事項摻入，余囑耿君先將1957 年度部分數目查清予以消除，然後始能續著手查核，此人不負責任，只想推諉，經余正色相告，希望其實事求是，否則毋寧不必多此一次 Follow-up，不但舊問題不能解決，且將不免又生新的 recommendation，彼始允回去繼續查尋。

4月6日　星期三

職務

繼續檢閱本會計處所藏 Fund-Counterpart-Procedure and Policy 文卷，第一冊已完，第二冊亦過其半，但尚未發見有直接關於受援人 Self-provided fund 之規定，最多只為有連帶關係者，例如涉及相對基金不得用以完稅時，即認為稅款應由受援人自己負擔，此皆為消極性的規定，尚不足以語為自備資金之積極性的解釋也。由於翻閱此部分文卷，連帶的獲悉有關目前查帳仍有效之規定而一直無從知其出處者，例如在 FY1955 年度以後，美軍顧問團鑒於各軍事單位使用軍援款所建之工程常有擅自變更用途之情事，此前多由稽核或視察在報告內指出予以糾正，然後再於 Follow-up 時觀其是否收效，而實行以來並未發生減少同樣情形發生之效果，顧問團乃決定採嚴峻行動，凡經發覺此等變更使用情形，即在報告內建議追款，迨此點通知國防部後，國防部主張派員會同視察，並當場糾正，以期速效，此即連年所實行之新辦法，余以前不知，故在上月檢查彈藥庫發現改住兵士當時未予干涉，備回台北後再行查詢辦理，比知可以當地糾正，如寫報告內即當令其退款，已經不及，故報告仍用糾正之建議備將來 Follow-up，其實此為最早階段之過時辦法也，好在自去年起本署又改採和平政策，如此處理或又適合新要求亦未可知也。

4月7日　星期四

職務

兩月前所寫之 Russel Wright & Associates 與手工業中心查帳報告，最近始由劉允中主任初核原稿，略有改動，並交打字小姐打清送 A. W. Tunnell 複核，其中最後一個附錄為 Russel Wright 之工作紀錄，用 Project by project 之方式加以記述，原為該 Team 所擬，由手工業中心向余提供，本用打字油印而成，余為免於查帳底稿內無原始資料存卷，乃費甚多之時間抄寫一過，附於篇末，不料因內容太過零碎，且筆跡並不十分清晰，發覺打字諸多錯誤，一一加以改正，結果費去半天之時間，迨劉允中主任對此稿重核之時，又十分仔細，幸尚未發現有未改之錯，劉君始交 A. W. Tunnell 焉。

娛樂

陽明山革命實踐研究院畢業與木柵分院畢業同學，今晚在三軍球場舉行慶祝院長與陳前兼主任當選正副總統晚會，首先由主持人介紹目前正在競選拉票之黃啟瑞市長與議員六人，經繞場一週後即開始游藝節目，包括建國學生合唱，市女中樂隊變換隊形表演，以及某文化工作隊之歌舞節目，若干學生之古典與現代舞蹈等，最精彩者為李棠華技術團團員之特技表演，俱有真功夫表現出來，最後為歌女霜華、雪華之歌唱，崔萍、紫薇等之歌唱，自七時半至十一時始行散會。

4月8日　星期五

職務

繼續閱覽本會計處所存之 Fund-Counterpart-Procedure and Policy 卷，共計四本已全看完，對於目的在發現有關 Self-provided Fund 之處理根據一節，已證明甚少發現，不知是否為一種掩飾作用。由於數日查卷不得要領，乃分別訪問 Program 方面之人員，其中 Industrial Division 有何君，據云文字規定縱有，亦為多年以前之事，彼之記憶為原則上對於民營企業貸款以自籌及援貸各半為主，但公營則不受此限制，視情形而定，例外為對於煤礦業之規定可只自籌百分之二十五，造船業則可以只自籌買分之三十，公私經營者均同。余乃再訪問 Program Office 之 H. E. Su 君，彼交余一份印就之處理 Program 之文件，因其時已近下班時間，故未及詳加參閱。又何君曾告余此項各半籌資之原則，在 Manual Order 中曾有提及，不妨參證，余乃訪張荷生君，彼為在本會計處職掌此等文件者，彼助余詳細檢查，結果並未尋得此項規定之所在，只有對於 Technical Corporation 之 Cost-sharing 一項規定，只為局部的規定，與全部無關也。

師友

晚，廖毅宏兄夫婦來訪，閒談，其夫人為來送德芳標會應得之會金，廖兄仍在退除役官兵就業輔導會服務，其夫人則在經濟部水資源統一規劃委員會，而仍入不敷出，亦異事也。

4月9日　星期六

家事

上午，到教育局詢問前數日見國語日報所刊登之兒童交響樂團消息，據該局人云係受託代辦報名手續，不妨往齊東街七十八號直接接洽，當取來報名單一紙，下午填好後率紹彭前往，由該團高君接談，據云係每星期日在長安國民學校舉行，余見其地點不大，知不能平時練習，此團之目的度只為將愛好音樂之兒童有集體演奏之機會而已，詢以紹彭方學鋼琴一個月，彼云已可參加，只須識得五線譜即可，遂將報名單留下，等候通知參加云。晚，七弟瑤祥云，今夏六月底即在外語學校畢業，或不至無職分發而仍回原服務單位，校內風尚為紛紛向各單位活動前來索調何人，七弟以為不必注意及此，聽其自然即可云。下午，中和鄉林水柳之子來查閱以前承購彼之土地之所有權狀號數，持有宋志先兄之函件，目的似為向地政事務所辦裡何種手續，德芳當連帶的將該地之滯交田賦與放領地地價該方歷久不向政府繳納情形向其說明，認為彼既始終使用耕種，余並未取來用於建築，則其應負擔稅款價款，乃屬自然之理，否則彼若以為得不償失，亦可退出不種，彼云將回家與其父親商談，此事懸延已久，余本以為其今日來意為此，不知其另有重點也。

4月10日　星期日

參觀

下午率紹彭到南海路國立歷史博物館參觀沙畫展

覽，此項展覽在國內為創舉，余生平亦為初見。今日之出品皆為宋洪霞慶女士所作，作者為日本中鉢靜子夫人之弟子，而靜子則為三個現存流派中之石州流派創始人石州流子之第七代傳人，該項沙畫據云淵源自中國第六世紀，日本則發展於南北朝與唐代，而沙畫則又起於盆石之製作，今日洪君所展有沙畫數十幅，盆石則只三數，但余以為最特殊者為一幅名為鐘乳石之作品，係用盆石之方面而似沙畫之懸於牆上，岩石為天然的貼附於畫上，表現極自然的深度，表現極高之立體感，洵為別開生面之作也。又到中央圖書館看孔孟書籍版本展覽，此為紀念今日成立之孔孟學會者，所陳列皆為現在書肆一般通行之版本，亦有比較少見者，較精者為四部善本印書館之所印縮本四庫全書，又中華叢書中之四書，余以該四書中之論語集注與一般四書集注相較，發覺其中之注雖為朱夫子所注，但注下有注，多為解說大注之出處者，則為一般集注本所無，余夙昔雖見之，然直至今日始獲加以對照而明其異點也。又到美國新聞處看葉醉白畫展，若干作品似為以前在他處見過者，葉畫只馬，盡其百態，而皆運意為成形，氣韻生動，落墨打破成法，形象似在紙上，又似在紙外，此其最可人意處也。

4月11日　星期一

職務

今日臨時參加會稿工作，係 PIT 部分（本署新成立之一部分 Private Investment Staff）所擬之復經濟部工礦聯絡組函，核准其所請派員赴南美四國並派兩員赴寮國，前者為考察，後者為指導工業技術，此函不經過美援會轉來或轉復，為行文習慣所無，其原因為此一聯絡組乃美援會秘書長擔任召集人者，於是乃將兩機構牽混，又今日只為公函往返，證明此一案件之勢在必辦，而無正式之 Application 手續，諒其將來尚有此一手續也，於是乃就兩點加以著眼，一為 Program 根據是否充分，初查 E-1 文件，無此 project，再查 Program Office 所作之 Mid-year Revised Program Table，則有此新增的計劃，又其中所列在南美旅費標準每天美金十三元半，本組 Chief A. W. Tunnell 寫一 Router 謂何以照此標準，又到寮國者何以照十五元計算，余本亦欲如此注意，故查 Manual Order 內之 Standardized Travel Regulations，悉南美四國之旅費規定為自十二元至十六元，度此十三元半乃一種平均計算之標準，其他問題無，乃簽擬准予會稿云。

體質

近來身體甚好，因甚久以前拔牙後飲食甚順利，且知節制，數月前每日飲酒之習慣亦於近來停止，胃部無酸脹之感，精神亦感愉逸。

4月12日　星期二

職務

今日依據數日來所獲之有關美援之 Self-provided fund 之資料寫成一件 Memorandum 致本 Audit Branch Chief A. W. Tunnell，內容先敘 Private Industry，此為必須自籌資金之典型對象，大致為向本署申請貸款須至少有等額之自有資金，而在申請美金器材時須按美金十分之一之等額台幣繳存 Escrow Account 或 Down payment，又小本貸款中之美金部分須按百分之二十繳納 Down payment，次敘特殊工業二種，一為煤礦業，自籌資金可以有百分之二十五，二為造船業，自籌資金可以為百分之三十，三敘一般對象，並無確定之自籌資金需要，大致為凡援款不准動支之稅款利息等項，四敘公營企業，亦無自籌資金之嚴格限制，隨情形而為不同，五敘 TA Participants，在私有企業與公有非營利事業均對美金部分支付半數之 Counterpart，在公有非營利事業則全部用款援助云，稿成交劉允中主任後，彼又提出兩問題，一為電力公司之支付美援利息均在計劃完成以後，是否應視為自籌資金，二為受援人使用402 貸款支付關稅所借之款分五年歸還，亦須加以分析，此二事余在查閱卷宗時均曾見過，因無直接關係，不加採用，今彼既認為 Tunnell 對此甚感興趣，乃將資料補加提供，備其修改補充云。

4 月 13 日　星期三

職務

今日從事二件工作，皆非原定進度表以內者，其一為美援會陸慧禪君所作之中國生產力貿易中心一九五九年七至十二月經費查帳報告，業已經該會定稿，送來核稿，劉允中主任由 Tunnell 處接到後交余辦理，此文字甚為簡單，目的亦甚單純，係為該中心增加貿易業務，要求在 1960 年度加援二百萬元，本署只准一百萬元，而先發給一至六月部分五十萬元，去年七至十二月部分則待查帳後始予以 reimburse，陸君乃奉派查帳，其重點在去年七至十二月，然其中敘述有涉及今年一至二月份者，前後敘述並不一致，余乃為之劃一，此外則亦有所記人事情形與表格不相一致者，亦與陸君當面予以澄清焉；其二為上月所作 Refugee Program 之查帳報告九件，其中一件余本根據美國大使館與大陸救災總會及內政部與省政府三機關之換文移轉固定資產函件，予以結案後，徐松年君認為訂約雙方之香港美國總領事與大陸救災總會間尚未換文，而告擱置，現在此項正式換文已經將副本寄來，余乃將徐君所改用 Incomplete 之報告稿尚未印發者取出再度改為 Satisfactory 報告，並加 Router 說明此點經過，兼以答復 Tunnell 之所問問題，謂何以換文雙方所指之查帳報告號數不相一致，余查明實係此一契約曾經兩度查帳，發出二個號碼之查帳報告所致。

4月14日　星期四

職務

前日所寫致 A. W. Tunnell 之 Memo 有關 Aid-recipients Self-provided Fund 之標準一案者，今日劉允中主任又復加以補充，其實完全為抽象方面者，余未採取，尤其有二問題不與此一主題直接相關，一為台電公司自 1957 年度起借 402 Fund 以繳納進口美援器材之關稅與港工捐，並以五年為期攤還借款，自 1960 年度起則又改為不借 402 款，用五年分繳方式以完上項稅捐，其結果為財政部亦將分五年向相對基金特別帳戶繳納，此案雖似為自籌款納稅，其實乃二事也。二為電力公司在歷年 PPA 中所作預算，皆在自籌款一欄中列入借款利息一項，Tunnell 懷疑其應否包括在內，劉君則說明因根本未規定其自籌款應為若干，故是否列入，完全為一表示方式之問題，不涉及實際負擔問題也，劉君將此二節列為本 Memo 之第二、第三節，幸不混淆。本稽核組最近有一項工作名為 517，又名 Grey elephant，乃對於以前貸款接濟之工業發生不良狀況者，重新予以財務上之調查分析，今日有雲母石公司之周、孫二君來與徐松年、陸慧禪二君接洽此一工作，因周為國大代表，徐君約余同談，辭去後據云周曾在美援會威脅其第四處袁處長必須繼續扶助，該公司甫經改組，彼等為參加之新股東，在舊股東資產已不能抵債之情況下，希望復假外力取得一整頓後便可生產之工廠，為計實至得也。

4 月 15 日　星期五

職務

昨日完成之 Aid-Fund Recipients' Self-provided Fund 之memorandum，今日打清後由劉允中主任轉送 A. W. Tunnell，此件在屬稿時本向劉君表示所能得到之資料太少，雖為最大之努力，然終不稱意，劉君閱後適 A. W. Tunnell 催詢此事，劉君亦云已完成然不滿意，今日送 Tunnell 將原文看後，劉君謂出乎意料之外，彼竟大為滿意，余由此以知凡事固不可自以為是，然亦不必妄自菲薄也。今日開始填製 TA Service Contract Fund/

Audit Status Quarterly Report, Jan. through March，此表在余為初次作，因其中分為三部分，故三部分分頭準備，一為美金部分，經向會計部分之鄺龔二君處接洽，將此三個月新增加之 PIO/T 予以摘出，俾加入表內，然後始可確定範圍，二為台幣部分，適美援會三月底之 Local Currency Monthly Report 三月份者今日已到，乃即該表所列之數與十二月底 TA Service Contract 之表加以核對，有變更者即予以刪改，由於美援會之月報表只對五九與六〇兩年度之 Project 逐一列舉當月數，其餘只列當月變動數，故須依據上次基準數加以換算始得三月底之餘額，幸本組其他人員已將十二月底與三月底之間之有無變動加以註明，而變動者甚少，余對於其不變者即可不再過問，因而省卻甚多之時間，下午即校正完畢，三為 Audit Status，下週再續作。

4月16日　星期六

閱讀

閱讀英文雜誌 *Ladies Home Journal* 十二月份，有文題曰 "The Challenge from Russia is not Communism"，所持見地與一般不同，一般論俄美兩國文化與經濟制度，多過分強調美國之長與俄國之短，此文則不然，由文化之根底處說明俄國文化不可忽視，因俄國之 "will to power" 由尼采之著作中即已指出，尼采在十九世紀即云，在西方世界醉心於 "democratic happiness" 之追求時，德國與俄國則嚮往於 "a stronger and higher existence than that of a complacent democracy, embodying the self-affirming principles of boldness, vigor, joy and cruelty." 以下繼述美國近年來一般精神生活之不振，尤其酗酒與犯罪尤其青少年犯罪之普遍，顯示不能與物質生活相副而提高之危機，其結尾曰："In trying to meet the Russian challenge by demonstrations of superior material progress, we are falling into a trap. Although Russian ideology is based on 'dialectical materialism', this is not what is making Russia into a formidably strong and challenging power; rather, it is creating a high integration under exceptionally dedicated leaders, who have been brought up to live strenuously and to despise luxury. A democracy in which 'everything goes' will not be able to stand against it, in the long run." 警極。

4月17日　星期日

家事

上午，率紹彭到長安國民學校參與育樂兒童交響樂團之團員考試，原定九時開始，如時到達，尚毫無準備，至九時半逐漸安排就緒，乃在校長室門外等候呼喚，逐一入內預考，擔任人員計有四人，或採口問，或用音叉及提琴弦發音使辨高低，或令已學鋼琴之學生彈琴，或由試者彈琴令學生隨琴而歌，約二十分鐘始竟，就本日與考者情形而論，女生比男生多，已習鋼琴者比已習小提琴者為多，至於該團將如何根據其需要而決定去取，則並未公開報告，只好付之於未知數矣。

參觀

于右任氏八十二歲大慶，其友人在國軍英雄館舉行書法展覽會，展出約百幅，幾皆為三十八年來台以後之作品，最近者為其生日（本年）詠詩，法書不夠強勁，用筆亦不如其平時之遒勁，至於其他展品，余見有數幅較佳者，其一為四十七年所寫大同篇及該年之生日詩，另一為三十八年所寫魯蕩平所填鷓鴣天，詞云「東江征伐，當年事不堪回首，重追憶，成敗兩難忘，雞鳴夢一場；弓藏鳥未盡，世亂何時定，獵者自崇高，橫行馬亦驕。」又未裱之河西道中七絕云：「天下雄關雪漸深，烽臺曾見雁來頻，邊牆盡處掀髯望，山似英雄水美人。」又行書對云「居安常操一心以慮患，處變當堅百忍以圖成」，亦佳。于氏草書渾成，老而彌高。

4月18日　星期一

職務

今日繼續填製 TA Service Contract Fund/Audit Status Quarterly Report，第一步將上週由 Accounting Branch 調來之資料，即在上次表之截日十二月三十一日至本年三月三十一日間所發生之新 PIO/T 加記入表內，如此即將表內應包括之 PIO/T 可以毫無遺漏的記入，於是開始第二步之工作，此工作即照現在表內之一切 PIO/T 分別年度，將其 PIO/T 之號碼逐一抄至一張紙上，送請會計部分之鄺君分批由卷櫥內檢出其相當之記錄卷夾，由此卷夾內尋出每一 PIO/T 之三月底所結 Obligation 與 Disbursement 之累計數，在十二月底之舊表上加以改記，其無變動者則仍照上期數有效，不加改換，今日已將 FY1960 年度者改完，所餘未竟工作為 1960 年度中有二、三個新的 Contract，表內每一 Contract 之前數行為記載 Contract 內所規定各項要點，此則必須另行從主管方面查詢資料補入，如果會計部分有將無 Contract 之 Technicians 加入記錄者，亦得有由此對出而予以去掉云。

意外

下午散值後，照例步行回寓，今日有同事靳綿曾君同行，一路談天，行至女師附小牆外之愛國西路，余循水溝邊沿前行，因說話未顧腳下，忽覺顛躓，右腳落下，水溝之水甚淺，但其溝深在一尺有餘，不知何以在足尚未著溝底前即抽回，膝蓋碰於溝沿石條，雙手前仆，靳君急將余扶起，幸未有損傷，僅右膝表皮略破耳。

4月19日　星期二

職務

繼續填製本年三月底之 TA Service Contract Fund/Audit Status Report，今日已將 Fund 部分中之美金部分，依據每一 PIO/T 之情形分別將三月底新餘額填齊，所成問題者為有數個 1960 年度新的 project 或原有之 project 而有新發出之 PIO/T，因而已登列有 Obligation 帳，但未知契約已否成立，經在本會計處之 Contract File 內擇其新的加以檢查，結果只獲得一個 Contract 乃去年底所簽，預定本年三月底完成，此契約應包括於去年底之報告，不知何以遺漏，至其餘之數個 PIO/T 則尚待進一步調閱有關資料，始能知其底蘊云。

集會

晚到經濟部參加經濟座談會，由在遠東經濟理事會擔任工作之吳大業氏報告，題目為改善投資環境問題，所論採各落後國家情形之比較方式，指出台灣資本蓄積受農民生活提高消費增加之影響甚大，又指出各種妨害投資之政治經濟等理由，有若干為習見習聞者。報告後討論，有詢問人口增加之利弊者，彼認為弊大於利，但無法不增，又有問其東南亞國家有無經濟合作可能者，彼云可能甚微，因無一肯放棄自給自足之打算也，會後聚餐，餐後參觀電力公司所製達見壩千分之一模型，全用玻璃，有等高線，有地下電廠透視，甚為新穎。

4月20日　星期三

職務

今日從事於臨時發生之工作，至晚未竟，緣余今晨到辦公室時，劉允中主任囑余往查本會計處出納員（Cashier Unit）李關雄君之庫存，余毫無準備，即往李君處點查其所管之現金，計分美金、台幣二部分，全為 Petty Cash 性質之帳，前者美金一千元定額，後者美金四千元等值台幣之定額，余將美金部分先行點查，發現欠五十元，李君乃往 Alternate Officer 馬君處取來，在其往取時，良久始返，謂會計方面對此事尚不知情，容稍候再行續查，據悉係因今晨稽核組 Chief A. W. Tunnell 突然告劉君查帳，並未與會計部分主管之

Nolan 與 S. D. Chang 說明，二人毫不知情，不甚滿意，迨詢明 Tunnell 後乃繼續工作，查台幣部分，此部分因尚未報轉之單據太多，計有百餘筆之多，故頗為費時，首先將現金與暫借出之數查點，發覺現金少二十元，李君乃由他處取來補入，單據部分則因筆數太多，余乃取至余之辦公室內記錄核算，結果又發覺多出二十元，及詢之李君，彼始云帳內記載誤補記二十元，應予改正，而庫存現金並未短少，其原來補入之二十元，實屬無需，可見其實際情形難免有不自行察覺之差額，因今日為突擊檢查，乃有不及準備之處，雖屬小疵不必列入報告，然此種不規則之情形固當改善也。今日盤點美金輔幣五角、二角五、一角、五分、一分皆有之，為前所未見者。

4 月 21 日　星期四

職務

昨日所查之本署 Cashier 庫存，應如何寫成報告，尚不之知，乃將有關之 Manual Order 加以研究，發覺此項檢查為每年一次，須照 Order 後之格式寫成報告，以正本送署長，副本則一存卷一送華盛頓總署，再看 1957 與 1958 年之兩次檢查報告，則格式亦完全照 Manual Order 所定並依其中所定由二人擔任工作，一為 Audit Branch Chief，一為 Administrative Account Chief，余由此項前例詢問劉允中主任是否照例寫報告，並是否與 Admin. A/C 方面合作，彼云不必，規定二人須與 Cashier 無職務關係，不妨由彼與余二人擔任，作為完全 Audit Branch 之舉措，言竟往與 Tunnell 說明，彼尚不知經過如此，但同意上述之解決辦法，余乃進一步將上次報告內容與款式加以詳細研究，發覺昨日倉促間除庫存核數相符外，其餘皆無詳盡之資料，今日乃又將抵現之傳票取來，逐一照過去報告之成例，將受款人或字號補記，並詢明上次用兩個號碼排列，係因處理方式不一，現在則只有一種順序與號碼，故統一編排即可，此為方便處，至於抵現之另一部分預付款，則亦將其借據調出，將借出日期、姓名、摘要、金額及核准人逐筆補開，發覺只有一筆超過一百元美金，依規定不能即由 Cashier 准借，須經會計長核准，此為不符規定處，其餘尚無任何問題云。

4月22日　星期五

職務

寫作關於二十日檢查本會計處 Cashier 庫存之查帳報告，此項報告雖具有號數，然並不與一般報告之格式相同，其格式完全須照 Manual Order 之所定，余細閱其內容，大部分為 Questionnaire，須填 yes 或 no，亦有需要簡單之文字答案者，實際皆係似重要非重要之問題，只有最後一頁所謂 Audit Report 者始將庫存內容寫出，以及是否相符等情，方是正文，其輕重之倒置有如此者，所以然者，蓋此項報告為 Treasury Department 所統一規定，似乎其作用在便於統計，故規定須以正本送當地分署 Director，副本一份送華盛頓總署轉 Treasury Department，惟並未見前兩次是否照送華盛頓耳。今日已將報告稿大部分寫成，乃參酌舊有者，只將答案與數目改用目前狀態即可，惟亦有關於平時之一般情況問題，甚有改變原報告所寫情況之可能者，當寫交出納李君請其加註退回，至今日為止尚未送來。

師友

晚，王慕堂兄來訪，據談其服務之交通銀行曾派其赴香港、越南視察，但為財政部駁回，而行內未再申復，故是否再度請求，尚不可知，又帶來其紐約之證券代理行來信兩件，規定自下月一日起對於投資收益等通知事項之程序改變辦法，王兄因所知英文不多，故來託代閱云。

4 月 23 日　星期六

閱讀

今日休假，閱讀四月份 *Reader's Digest*，有篇名曰 "A Walk with Robert Frost"，氏為四次普立茲獎金之獲得者，現年八十六歲，被稱為 "A man who never stopped exploring himself"，本篇節錄其若干名句，擇抄如下：(1) I'll discuss anything. I like to go perhaps - around on all subjects. (2) people have got to think. Thinking isn't to agree or disagree - that's voting. (3) On the U.S. and its young people: "We're like a rich father who wishes he knew how to give his sons the hardship that made him rich." (4) There's doing good - that's sociology. There is also doing well - that's art. It's the doing well that's important. My little granddaughter said: "I think I would like to do good well." I let her have that one. (5)

The greatest thing in family life is to take a hint when a hint is intended - and not to take a hint when a hint isn't intended.

集會

晚，出席小組會議，此為本屆市長與省議會選舉前夕所舉行之小組會議，發還動員紀錄，並由組長汪焦桐報告選情，並繳納黨費，歷時一小時即行散會。

4月24日　星期日

選舉

今日為縣市長與省議員選舉之日，余於上午九時到本巷對面聯合補習班投票，市長票投黃啟瑞，另一候選人為林清安，恐只有陪選作用，省議員票投郭岐，緣此項省議員候選人有七、八人之多，全無一相識，只好投曾由年長友人韓克溫來函介紹之郭君，德芳則投呂錦花，以上皆為國民黨籍候選人。

家事

上週紹彭投考之育樂交響樂團曾來通知謂紹彭為備取，望於二十四日到該團報到，發給團員證云，余以為係正取有缺額而傳補者，今晨率紹彭前往，詢負責人張君，並觀其張貼之通告，知所謂備取只為不能立即演奏者之一種名稱，尚有完全未學者則名為後取，後取者可參加訓練，每週三次，每月學費一百元，備取者則可再學一個月然後補考，如能演奏或以鋼琴伴奏，即為正式團員，每週參加練習表演一次，余告張君謂紹彭正在學校學習之中，待一個月後再看成績如何續作接洽即可，余見該團之通告文件多甚費解，然由此亦知其重點固在教學生收學費也。

娛樂

上午率紹彭到空軍新生社看小大鵬公演平劇，第一齣為二龍山，武功甚好，次為京梆喜榮歸，四十年未聞之矣，末為徐龍英等合演轅門斬子，大體上唱工與陪搭均尚佳。

4 月 25 日　星期一

職務

整理上週所查本署出納帳之報告，緣此項報告係必須採用由美國 Treasury Department 所規定之格式者，余上週將此項格式中可能自行填出，或可以因襲以前所查填者繼續填用者先行填註，一面將不能肯定之事項請 Cashier 李君查填，渠今日交卷，大體上仍以繼續以前者為主，小部分有所修改，余當即照所填採用，並仿照以前之成例擬一 Memorandum，先送劉允中主任予以審核，彼即提出一項意見，認為此一 Memorandum 不妨採用現行之 Report 定式，而以此項 Treasury Dept. 所定之格式作為一項附件，余亦以為可行，乃將第一次所寫之 Memorandum 加以廢棄，另寫一 Audit Report 交於劉君。余在寫報告時，對於一項事實本甚納悶，幸已及時澄清，致無猶豫之必要。緣所查抵庫存之墊借款項，其中有一筆為美金一百六十元，余當時問李君是否借款人 Goodrich 可以自行核准，彼支吾其詞，漫應余言，余後見有規定，百元以下李君可以自行墊借，百元以上則仍由會計長核批，現在 160 元之一筆並無會計長核批，自屬手續欠缺，而李君所言又如彼，殊覺無以落筆，今晨李君忽將該筆 160 元收據交余複閱，核批欄比昨日之空置者多一副會計長之簽字，謂仍須由彼核定，余見此始為釋然，而行文報告不復有何疑團云。

4 月 26 日　星期二

職務

今日從事於三件 Audit Report 之 Follow-up，其一為彰化 TB Hospital 中止建築之陸根記解約金一案，本為年前余與胡家爵兄所查，其後因陸根記不肯接受，退除役官兵輔導會另作解決，本處曹君往作 Follow-up 將條件放寬，只須退回數萬元即可了事，今日查核該會帳目，見已如數繳回。其二為基隆港務局倉庫所存超過半年之美援物資內有輔導會一部分，原報告囑令繳還，今日核對均已提取，但發交榮民總醫院後是否仍分配各原定單位使用，則為一未知數矣。其三為高雄港務局倉庫所存輔導會在半年以上之鋼筋，本來報告內謂已出售於軍事工程委員會，將款收到輔導基金專戶，但輔導會公函則又謂係原來已在 Material Stock Fund 內墊款購用，依據發料單記錄均用於計劃，現在出售為歸還 Material Stock Fund，經提出使用對照總表一件，似能自圓其說，又到軍事工程局核對其購料帳，在廢料款內列支有此款，頓數甚多，似不只此一項，又所列提貨倉庫亦無原列之高雄港庫同樣號數，其情形變遷甚多，大費推敲云。

集會

晚舉行陽明山聯戰班第一期同樂會，此為半年來所舉行之一次，人數較多，會後放映吳望伋兄參加製片之「太平洋之鯊」，夷光、王豪、金姵等主演，大體上說得過去，技術條件仍嫌不足。

4月27日　星期三

職務

上午，與劉允中主任討論昨日所獲有關基隆、高雄兩港務局倉庫存逾半年之PIO/C物資之新資料，其中關於基隆者有一問題，即所查出之各項庫存藥品器材據輔導會資料已發至榮民總醫院，謂總醫院現在總管一切榮民醫院之藥品器材供應，至於總醫院對此批藥品採何項方式分配，則不之知，經劉君認為須進一步明瞭其使用情形，決定下午續往查核。關於高雄有一問題，即前次查帳報告所剔除之15.4公噸鋼筋雖為PIO/C中之物資，而輔導會則認為全部PIO/C鋼筋均已使用完畢，所餘者乃係墊款所買，須於PIO/C鋼筋到達後出售還款，至於PIO/C水泥雖已用完，而由該會所送分析表觀察，須加入兩筆未用於有PIO/C之project之水泥，始能得此結果，則此等無PIO/C之project內可否使用其他project之水泥，須予以推敲，劉君對此並無定見，須待看情形如何始得以有所判斷云。下午，到石牌榮民醫院核對輔導會發交之short landed而又尋到之西藥使用情形，據記錄大體上均為發交埔里榮民醫院者，其實PIO/C之原來目的並不如此單純云。下午到大同製鋼公司查核short land 而又尋獲之物資使用情形，帳內記錄甚清楚，似較以前為合理，此件共有物資二種，一為 60 HP motor，一為 coolant tank，均在使用中。

4 月 28 日　星期四

職務

上午，約定之電力公司材料處人員鄭君來，核對關於基隆港務局倉庫所存該公司援款 PIO/C 項下之超過六個月未提貨物現情如何，據云該項物資原以為乃係承商短發之貨，曾經自行設法安裝，並由 ICA/W 向船公司交涉將款退回，收帳了案，迨港務局發覺此項短運貨物係堆藏所誤，於是又通知電力公司提用，當作復因工程已完不再需要，表示不領，而中央信託局則函美援會請予退回，前次本會計處之 Audit Report 內建議該貨一面提用一面仍將運商退款付回，該公司並未覺有必要，曾函美援會，余囑其將有關文卷檢來一閱。鹽務局台灣製鹽總場亦有一批同樣情形之貨物，余下午到該廠台北辦事處查詢，因主任及經手人均在假或公出，不得要領。歸後為尋查有關資料，乃將該報告之有關文卷再行核閱一過，發覺中信局致美援會函副本有此一案，鹽場亦與電力公司同，表示不再接受，同時核對基隆港務局所存美援進口物結存表，至十二月底為止上項物件均尚存庫未提，顯見該公司場等立場並未改變。本署對以上物件因已通知催提貨物，於是按原退還價將該款再度支付訖，此為依據查帳報告建議所為，不知查帳報告內未顧及此等受援人不肯提貨情形，而有此脫節之弊。

4月29日　星期五

職務

今日整理有關基隆、高雄倉庫案之 Follow-up 查帳資料，以便著手寫作報告，其中最為煩神者為高雄倉庫所存之退除役官兵就業輔導會鋼筋，當時所發現之鋼筋數為十五噸餘，即按此數由本署在查帳報告內主張繳還，但再度追查時，此項鋼筋係在其他鋼筋一百餘頓之內售之於軍事工程局，此項售出之鋼筋又為該會在台就地採購與 PIO/C 鋼筋內之存餘數，由於內外混和，不能斷定何者為進口，何者為在此自購，該會乃製出一張總表，寫明全部 PIO/C 鋼筋均發交各單位使用（不分原始來源，只以數量為準），而其中又包括數個原 PPA 之所未供給之 Project 在內，如此套搭混和，東扯西拉，欲切實明瞭，且加以判斷，便難免因觀察角度之不同，與衡量尺度之寬緊，而發生歧見，在該會意見以為其全部之 Project 均可用此項物料，則自然可以認為全部物料均無存餘，反之若侷限於當時 PIO/C 所應嚴格供給之 project，則所餘者將更超出此數，則其 15 噸餘存倉之數固應追繳，即其全部售於軍工局者亦均應繳回，甚至須徹底查核其帳目，究竟售出若干，然後始能決定追繳之數，如此作去，如滾雪球般，此案何時可了，真不堪想像，今日為對於此案所應持之態度問題大費斟酌，而尚無結論也。

4月30日　星期六

瑣記

本月份 *Reader's Digest* 載有 "How Well Do You Reason? " 乃一種大學入學考試對於高中畢業生之判斷力理解力的測驗，余囑現在高二之紹中女作答，五題得四，事先余五題幸全答出，因題甚有趣，抄錄於次，其方式為在題內空有二個空格，然後在題末寫出五個假定答案，由答者在其中選一，此五個答案有的意思易於混淆，有的似是而非，茲為避免抄寫太煩，只將採用之答案嵌於格內，以示區別：(1) If your garden plot is small, it will not pay to grow crops which require a large amount of space in order to develop. (2) The American Colonies were separate and distinct entities, each having its own government and being entirely independent. (3) Iron rusts from disuse stagnant water loses its purity; even so does inaction sap the vigor of the mind. (4) Since growth is not a uniform process for all people, the importance of studying the individual growth pattern has been emphasized. (5) If we cannot make the wind blow when and where we wish it to blow, we can at least make use of its force. 尚有七條 analogies 只得其二，則生字太多之故也。

5 月 1 日　星期日

家事

紹彭在校功課成績忽好忽壞，全因其天資聰敏，不覺其負擔有太重之處，故有時心不在焉，勉強維持作完，有時頭腦專注，於是前者最壞，而後者則最好，欲矯正此弊，須收其放心，現決定在國語課程方面著其每天寫國語日報上之「方向」一題，有錯誤時予以訂正講解，已寫兩天，似尚感興趣，因紹南之同學童綷數度代表其伯父童世荃夫婦來遊說主張促紹南接受與童子紀論嫁娶，德芳不肯採納，借函紹南詳告其情，余恐紹南因此事引起煩惱，故於前日函紹南注意冷靜客觀辨別等，而尤其勿忘赴美之主要目的為求學，婚姻問題，固雖重要，應待至明年後決，此刻對童家認和人說話通信均以不露聲色為宜云。下午，族人吳伯實之戚屬李楨林來訪，渠刻任職於陸軍預備第一師，新升為連長，刻正加緊攻讀英文，將於來年投考軍官外語學校。

師友

王景民君來訪，留午飯，來意為詢問運用款項方法問題，有意在近郊買地建屋，並準備將來設立診所，又談其現在服務之石門水庫建設委員會自因改拱壩為土石壩引起軒然大波以來，人心浮動，工作情形大壞。

5 月 2 日　星期一

職務

美援查帳工作與其謂為技術，毋寧視為政治，因一切規章帳理在遇有不能應付人事現實問題時，皆可以以意變更，例如年初所查之成功大學與 Purdue Team 用費帳，余對於其 Tucker 教授之子的 Education Allowance 曾依合約所定文字依 ICA regulations 加以剔除大部分，稿送本署教育組會簽，教育組主管外國人即寄至成大之外國教授 Freed，Freed 對於此點以及不准額外打字員一節大為不滿，寫來長信一件，謂原稿稱此為 Irregularities（彼用於有罪之事）係屬言重，又謂合約規定應支之經費不應剔除，寄回後本會計處主管感覺不易應付，又分送教育組與 Legal Advisor 請簽意見，均對於此項算法與 ICA 之規定不置可否，只謂合約規定應支者不可剔除，本組 Tunnell 本對於此一報告欣賞之不遑，至此亦或因孤掌難鳴之故而認為彼等之意見為 Acceptable，連帶的打字員亦予以承認，只餘數百元稅額應繳，應以數小之故而一筆勾消，著余改寫 Satisfactory 報告，余見此非可以理喻之事，亦即依據其意見，將剔除各項之文字刪去，於是皆大歡喜，擾攘數月之報告始可以印發矣。故在此人情世界中，不論中外，皆有其相類似之作風，大致被剔除者無不因物質與榮譽之二重損失而感煩擾，初不問其真正之癥結何在，只以通融市恩為務也。

5月3日　星期二

職務

今日共寫 Follow-up Audit Report 兩件，其一為基隆倉庫之存滿半年美援物資，其中包括五項 Recommendations，經數日來查核結果，原來要求追繳之美金三萬餘元，由於一部分已經提取安裝使用，另一部分由本署另作

Financial Review Report 將予以延展時間，均已不必立即追繳，此其一；數戶曾要求船公司作短繳賠償而又發現貨已運到者，則均已提取安裝使用，此其二；另數戶已接到安裝賠償，現在發現貨已運到，本署又將所賠款項退回船公司，一面通知用戶提貨，而用戶則表示不復需要，勢必另謀處理方式，此其三；有久大公司者，因積欠關稅太多，運來美援設備不予放行，迄今尚無解決辦法，只能由美援會從速催辦，此其四；此外則建議基隆港務局對於每月報告存倉美援物資，須將久存與新收一併報告，該局已經照辦云，此報告仍為一 Incomplete 報告。第二報告為高雄港務局存久美援物資案，只有二個 Recommendations，一為請退除役官兵就業輔導會追繳存倉逾限之鋼筋價款，該會強辯求免，所持之理由似是而非，且甚多曲折，欲以簡潔之文字道出問題之焦點，煞費斟酌，擲筆者再，始勉強寫成，然已為之目眩頭暈，至晚疲憊不堪，三年來短篇報告而費去如許精神者無出其右也。

5月4日　星期三

職務

今日將昨日所完成之兩個有關港務局倉庫所藏美援物資之 Follow-up Report 重新加以斟酌，並潤飾文字，尤其對於高雄倉庫之退除役官兵就業輔導委員會所存 PIO/C 鋼筋一節，因該會請求豁免繳還援款二千餘美元不予採納，故對於不准之措辭方面特加推敲，最後定稿，即將兩報告送之劉允中主任。前月所作軍方

Small Arms Cartridge Plant 查帳報告，曾因資料不全，有 Recommendations 二件，一為請提供不按期完工之理由，二為請補送所缺一月份正本傳票與單據，今日軍事工程局將由文卷內查出之件送來，余即將其有關之內容加以審查，認為不如期完工之理由已大致可以由此中得到，所補正本傳票單據亦已無缺，故由劉允中主任手中將已繳之報告稿取回將二個 Recommendations 取消，並將 Report Rating 由 Incomplete 改為 Satisfactory，即日仍行繳卷。劉允中主任語余，良久向 A. W. Tunnell 建議提升余之職位由五級至四級一節，由於彼主再加考察，故延宕頗久，今日已商妥照辦，今日即由劉君擬一本會計處人事組之 Memorandum，說明以余接曹嶽維君之職位，並按實際需要，仍用 Sr. Auditor 而不用 Sr. Investigator 名義，本函並請以陳君由會計方面調來接余之缺云。

5月5日　星期四

職務

上週所作之 Agent Officer (Class B) Account 查帳報告，雖已定稿，然餘波蕩漾，至今尚有未盡善之處，連日來經 A. W. Tunnell 推敲後，作兩點之修改，一為其中 Questionnaire 之一曰向 Disbursing Office 提用款項時，是否定有若干大小面額不同之支票請求，原答案云，皆一次提取現款，不用支票，彼以為不妥，幾經研究始知前次查庫曾因此點接華盛頓來電查詢，經詳復經過，方告無事，於是此一答案乃引證當時之文號以為註腳，二為現款內抵有暫欠款五千四百元，因特殊原因不能作暫欠記帳，余本係用加註方式予以提明，現改為卷內寫明此點，而送華盛頓之正本則否，以免不能從長解說之類；今日又因原稿送會計部分張君會簽而引起兩問題，一為其中 questionnaire 有問及外出付款最多時經付若干，二為全年平均每月支付總數若干，原稿均仍前次之文字，此為余在寫報告時徵詢出納李君之意見而記入者，今張君以為斷無前後完全相同之理，於是余又另作數項統計，得一新的答數，與舊的大同小異，在計算中間較為費時者為十二月之平均，蓋過去十二個月由 Disbursing Officer 處共 replenish 二十六次，乃根據此 cash book 所列數相加，除以十二，再除以 1：36.73 之美金台幣折合率，而得一美金 equivalent 數焉。

5月6日　星期五

職務

甫經脫稿之高雄港務局倉庫存貨查帳報告之 Follow-up Report，因其中涉及第二個 recommendation 即美援會應至該局倉庫徹底查核，余之 Findings 為卷查並未照辦，故在 Follow-up 內 expedite CUSA 速辦，今日劉允中主任囑余再向 CUSA 尋問何時可以辦理，余乃與趙既昌君通電話，彼云上月廿七日已開始，至於第一件 Recommendation 即向退除役官兵輔導會追回出售鋼筋價款二千二百美元一節，渠接分署信已經照轉云云，迨在內部查詢本署信，發覺乃 Tunnell 所辦，劉允中主任亦不之知，彼信乃因輔導會有出售 PIO/C 鋼筋 15.4 公噸單價五千元台幣之事，此款在該會之手，自然為剩餘物資之處理，此款七千七百元應繳回相對基金帳戶，上項美金二千二百餘元可免，此信之觀點與余之仍主追繳美金者殊途同歸，蓋余主張追繳之理由為該會自承 PIO/C 鋼筋係以五個原定的計劃推廣至八個計劃，其中固有一部分未按 purpose intended 使用，Tunnell 則假定該項鋼筋為由其他來源借用，但既未說明借誰還誰，自然為無償取得，則以售出價款繳還相對基金實為自然之結論，彼於全部事實未加進一步之接觸，固只能得此結論，幸原則無悖謬處，余乃將上項 Follow-up 重寫，第一 Recommendation 即將此意述入。

5月7日　星期六

閱讀

上午，在寓以電唱機細心放聽英語留聲片 "Life with the Taylors"，此片共五張，容納本書課文二十篇，今日讀第一至四課，第一課最慢，且無生字，故可以全部聽懂，第二課以後則速度有時較快，較快即有連讀，加以其中尚有生字數處，故只能懂其一半，於聽後再看課文一遍，最後再放留聲片一次，特別注意以前所未能聽懂之處，略有會心，然速度接近實際生活，欲跟隨誦讀，仍有不及之感也，由此可見英文程度尚有問題，然此種點滴之進步仍不容忽視，大凡學習語文皆由不厭細流而始成江河。回思在安全分署服務已三年有半，每日全用英文，雖說話太少，自知幾乎全無進步，然在寫作與閱讀尤其寫作方面，在最初須千方百計尋找類似體裁與內容之文件以作模型，且搜索枯腸，幾乎如在小學初學作文時之苦況，現在則普通報告與書函已不必如許費力，由何時達此境界，固毫無跡象可尋，所謂切磋砥礪，此實最顯明之例證，誌此以自勉，非敢沾沾自喜也。

師友

晚，蘇景泉兄來訪，持贈其所出版僑生刊物海風月刊，據云此刊物美國新聞處本訂購五百份，等於變相之津貼，自前年搗毀美大使館案發生，即行停止，一再交涉不獲恢復云。

5 月 8 日　星期日

家事

七弟瑤祥來訪，談兩月後在軍官外語學校畢業，現在聯絡官整個無缺可補，故只能在編譯官內得一比較理想之職務，現在可能仍回原單位保密局改任聯絡工作，但目前尚不能完全斷定云。七弟又談軍中同胞儲蓄會所辦儲蓄利息甚優，大體上均為月息二分，其中有獎儲蓄一種，每一千萬提出獎金每月二十萬，其彩尾用三位數，故如買一千張（每張十元），可保證每次中獎百分之十亦即一百元，此數可視為固定之月息一分，然後如有大獎則作為額外所得云。

娛樂

上午率紹彭到空軍新生社看小大鵬星期早會，計平劇三齣，首為張樹森之黑風帕，張為童子班之首席大面，極其老練，且知在開鑼戲中不特別賣力，因而精彩不多，次為釣金龜，乃一稚年老旦所演，不知其名，甚為穩練，因年事之故，氣量尚有未足，末為古愛蓮之金山寺，古全部採蹻，唱工繁重，用笙笛伴奏，且歌且舞，場面身段俱多，皆能絲絲入扣，古之皮黃宗程，為班內最佳之青衣，今由其崑曲以觀，亦復不惡，而花旦戲亦復擅長，殊不易易，惜開打時有出手一段，時有失錯，其實為免減低效果，不純熟之出手以不用為宜也。

交際

晚與德芳到中山堂參加臧元駿兄嫁女之喜宴。

5月9日　星期一

職務

預定上週完成之工作因中間參加雜事太多，故尚餘一件於今日完成，此即關於以前先後由徐正渭君與余經辦之美援會駐美技術代表團經費，接美援會函告已將資料集齊請即開始作 Follow-up，而當時將所送各件約略觀察，即知缺陷太多不能 Follow-up，應覆函將各件退還一事是也，今日為起草覆函，乃將其所送之單據文件逐一核閱，並將要點摘錄，以備他日參考，然後依據所得之要點，起稿退回各件，原因為現在所供給者只為一部分，而該團補送應繳還結餘經費之支用單據又多為不合規定用途之經費，請再將材料湊齊後始進行 Follow-up audit 云。今日另一事為將上週所作之 Technical Service Quarter Report 作最後之複核，發覺有數處所增加之 PIO/T 款額未必屬於同一 Contract，原來予以列入，只因係在同一 Project 之下，受不正之暗示也，此外則劉允中君複核後認為有數個 Project 洽約期限已過，而未改列入 closed contract 之內，須說明原因，余因文卷不全，無以應命，欲詢主管之工業組，亦因經手人請假而不果云。

師友（補昨）

吳崇泉兄來訪，云事務所已移至重慶南路五巷新屋，渠今日之來意為新近投資買入合外僑需要之房屋，託余轉詢本署有無承租之需要云。

5月10日　星期二

職務

本日預定開始電力公司之查帳工作，但因上週未完之工作仍然不絕如縷，勉強應付，不覺又是一天。今日上午從事 Quarterly Report of Technical Service Contracts 之最後複核，此表本已製成，因據劉允中主任之意，有數個 contracts 本已滿期甚久，但未由 active 部分移入 closed 部分，今日決定於本期移入，緣是此一類之總數小計與 active 及 closed 之合計，以及其他有關之記載均須再作校正，但於交卷後仍發覺漏洞，此即有兩處註腳在與有三個 contract 之一頁上，屬於第一、二 contract 而印於第三 contract 之後，在剪裁時誤將註腳歸於第三 contract，經劉允中主任發覺改正；下午劉允中主任主張將昨日所擬之為美援會技術代表團 1952-1956 用款 Follow-up audit 退回單據資料一函加以充實，將各個 recommendations 之執行與未執行情形以對照表方式列明，余乃改用此法，但只寫明有無資料送來，劉君閱後又尋根究底，主張將內容情形細數逐一說明，實無異為一變相之 Follow-up Report，此案余本不主張費去太多功夫，認為只須告以概況，退回後彼自應逐一加以審查，今劉君之作法為代其將不足之處一一指出，將為彼省去若干時間，殊為不智，但亦有優點，即本組之 Chief A. W. Tunnell 可以在擬函稿時較易明瞭。

5月11日　星期三

職務

正在進行之電力公司五八年度輸配電經費計劃查帳事宜，今晨先與靳綿曾君向劉允中主任商詢應採何種範圍，蓋該公司逐年皆有輸配電計劃，每年皆須三、四年之時間始克完成，故所謂五八年度計劃，可有兩個不同之範圍，橫的方面可指在五八年度曾經用款之 FY55、56、57 及 58 當年之四個部分，在縱的方面亦可指在 FY58 開始之直至 1961 年度始可告終之一部分，當時討論長短互見，故未作結論，只云待將來查實情形後再斟酌決定。上午同靳君到電力公司，黃煇總經理病假，由會計處長龔澐晤談，只就一般設帳與物資進口使用情形粗略的交換意見，因當時經辦人未有到齊，故早告辭，約定下午同到輸配電工程處開始安排工作，蓋所查之計劃用款一部分由該處支用，另一部分由業務處經手轉各區管理處支用（大部為電表），在輸配電工程處支用者由該處集中記帳，在各區管理處使用者即由各區處記帳，現在初步工作為查輸配電工程處也。下午如時至該處，由徐處長報告其業務範圍，其會計課長則報告歷年用款情形，因其尚未完全準備就緒，故決定後日開始正式工作，亦因余之工作準備在倉促中太不充分，明日須加以追補也。晚飯該公司招待。

師友

午，溫子瑞兄來託為在其所備致黨校同學基金請借五千元修理房屋之函上表示同意，並通知趙葆全兄等，當照辦。

5 月 12 日　星期四

職務

因電力公司之查帳工作並未準備充分，故今日未往，目的在使彼方有從容供給資料之餘裕，余則亦可在此時間內補看有關文卷，計本日補閱之件為：（1）FY1958 PPA，此 PPA 計有 Original、1st Amendment 及 2nd Amendment 三份，分別容納四個 sub-project，計有 FY1955、56、57 三部分及 58 當年開始之 58 部分，此四部分，除 58 年度當年只有預算美金二百萬元，直至今年始有到達外，台幣部分未有用款，實際用款為 55、56 與 57 開始之三個部分，55 部分在當年（58）年度終了時完結，其餘皆順延一年，而 58 年度當年開始之計劃則須明年底始可終了，故無論此次所查之 58 年度係按橫的標準查當年四個 sub-project，抑只查 58 當年開始現未完成之 project，皆不能獲見任何一個 sub-project 在三至四年之中的全部過程，至於能否再行擴大，例如將今年底完成之 FY57 年度計劃加以擴充列入備查範圍之內，即是一法，但因該公司每年皆同時進行四個左右之計劃，帳上所表現之每一 CEA 與 PIO/C 各不相混同的情形是否亦都在工程上見之，大是疑問，故不敢立即作此勞而無功之建議焉，今日為明瞭各 PPA 之工作進度與所定預算，曾製一總表加以摘錄，範圍仍為在 FY58 年內之四個 sub-project，此外則查各 CEA 情形，文卷竟不完全。

5月13日　星期五

職務

全日與靳君在台灣電力公司輸配電工程處查帳，今日所從事者仍為準備工作，亦即了解其制度運行之工作，上午與會計課余課長及鄭股長研究其會計程序，首先由其表報方式談起，該處所用之援款表報 Monthly Fund Status Report 與 Final Fund Status Report 皆係一種特定之格式，其中收付存三大項皆採多欄式，大體上為四欄，因其工程計劃率皆每一計劃跨過四個年度，故同時皆有四個 project，而每一 project 在完成時則製一 Final Report，其格式亦與月報相類似，至於月報之保存則按自然年度合訂，而 Final Report 則附於此一完成月份之後，不另行保存。繼又談及其管理費支出問題，據云並無單據附於每一傳票之後，其原因為若干計劃皆有管理費預算，而支出則須統籌支配，故係另行列支然後轉為分擔云。下午約會計處派駐業務處之帳務人員，談該處為配電用款向各區管理處撥款程序問題，因余通知其準備一項表格說明各個 project 撥款實況，即連帶的詢問其制度，由撥款包括用料在內，而涉及工程進行中之預算與用料用款等問題，並由每一工程需時長短而檢討是否每一 project 必須綿亙四年之問題，皆得到相當之了解。

5 月 14 日　星期六

師友

上午，到大坪林新村訪劉鐸山先生，劉氏於一月前由新莊遷至此間居住，因屋宇較敞，而略有庭園也。談及其患灰指甲，已近二十年，迄仍在治療之中，其細菌之生長過程由小指、無名指、中指、食指而至拇指，由右手而至左手，皆有一定順序，可見其所需營養與患者之氣血運行皆有關係，前度去美，亦未見有新法治療，可見乃一不能有奇效療方之症也。並談正在緊張中之世局，謂二次大戰期間邱吉爾曾主張和德以攻俄，以免坐大後將一次戰爭分成兩個階段，惜羅斯福總統具有左傾思想，遂以異見養癰遺患，以有今日云。上午，到台電醫院看李耀西兄病，今日始由中心診所移住此間，據云吐血已停，由種種跡象證明並非胃血，最大可能仍為肺血，肺部已由X 光發現黑點，刻將就此點加以治療，設一月後再照有所不同時，即證明肺部出血無疑也云。（李耀西兄醫藥費已由友人中發起貸款辦法，此間由侯銘恩經手其事，余於日昨函覆侯兄，允於月底以前送一千元，至於以後如有需要，再行酌辦，並主張免息，或將本金償還辦法不加硬性規定）。在台電醫院並看武英亭兄之病，已臥床數年，尚不能言語，且飲食需人餵哺，厥狀甚苦，見友人來輒淚下如雨。

5月15日　星期日

閱讀

依照上星期所預定之計劃，今日續作第二次閱讀與聽放留聲片 "Life with the Taylors" 第二片，此片共含第五至八課，曰 "Phil works at Sunset Inn"，曰 "Mary goes back to high school"，曰 "Jim Taylor goes to the office"，曰 "Phil tells about college"，其方法先在全無所知之狀態下聽放課文一遍，以驗能聽懂若干，然後閱讀課文，注意未懂處何在，最後再聽放唱片一次，注意原在不懂處之讀法發音。大體言之，凡生字少處聽懂之成分即多，反之生字多處聽懂之成分必少，可見在聽懂方面所遭遇之困難如連讀，如發音輕重不辨，皆可逐漸習慣或克服，獨生字一項，非多識多記，無他法破除其所造成之障礙也，余經常告訴諸兒女在學習文字時，不可不利用青年記憶較強之時多記生字，以及全靠檢查字典之不可恃，由此亦可得一證明，不可忽也。

交際

李洪嶽律師之子下午在空軍新生社完婚，余與吳崇泉、吳麟合送喜幛一幀，晚並往道喜。

娛樂

晚，到美國新聞處參加古典音樂欣賞會，預定為 Boston 交響樂團錄音，但改為各項音樂集錦，有 Strauss 圓舞曲，各家小夜曲，各家獨唱，海非斯小提琴，Jambor 鋼琴等，無一不精。

5 月 16 日　星期一

職務

上午，同靳綿曾君到電力公司輸配電工程處繼續查輸配電計劃帳，靳君從事索取連年全部美援之各項 PIO/C 與 CEA 等，余則與會計人員檢討各個 CEA 之表報方式與帳務處理之方式，本欲即行開始帳簿與憑證之查核，結果又因制度之洽談而未能開始。目前電力公司之美援用款表報，除實支情形以 Monthly Fund Status Report 為之外，尚有預算實支對照表，曾經專案訂出一項格式，經美援會核准，按月造報，但此項輸配電計劃與 Primary System 計劃則因涉及兩個以上之執行單位，無法將資料綜合，於是每月只有輸配電工程處之一部分製就轉送會計處，然後胎死腹中，無由明瞭究將如何處理，去秋曾擬變通辦法經本分署修正核定，又因修正部分不易全部貫徹，正擬議對策，尚未送出，於是余乃表示此次查帳對此一問題亦不能漠視，請其將文卷調來，攜回加以研究。下午回至分署繼續檢討有關資料，主要為各 CEA 之還款辦法，余見其 Loan Agreement 曾有不少之演變，由每一計劃綿亙二十年，每年二次，演變為二十五年，每年四次，五年半還清，均尚不明其原因何在，又 Loan Agreement 打錯之字甚多，殊可怪也。

5 月 17 日　星期二

職務

全日工作用於對電力公司工程會計制度之了解，今日閱讀其全文，於其制度之輪廓差知梗概，但因文字詳略互見，以致在未見實例前不能完全明晰其所以然之理，其實此亦非一整套之會計制度，在此制度同時適用者，尚有財產會計與工礦電統一會計制度所定科目，以及工程費用處理辦法等。

參觀

上午到美援會參觀 IBM 會計統計機器，此為余初次見之，其基本在於用同大小之卡片用機器打洞方式以容納其資料，然後再用電動方式使各項數字以有關之姿態，經打出後顯現於紙上，今日所參觀者有形似打字機之資料機與 Verifying machine，有體積較大之 Assorting machine、accounting machine 及 Reproducing machine 等，結構均甚精巧，一切均賴卡片之方孔與電磁力而使之作有秩序之活動云。

選舉

政大校友會發來選舉票，囑圈選理事51 人，監事21 人，余為監事候選人，除自圈外另圈之人選為王建今、田克明、朱興良、余井塘、李鴻音、吳邦護、吳挹峯、谷正綱、郭福培、林樹藝、陳大齊、賈宗復、趙蘭坪、劉振東、劉哲民、程天放、魏壽永等，至於理事票則只圈四十餘人，姓名不一一列舉，圈就後即備函寄投至政大校友會。

5 月 18 日　星期三

職務

今日工作為研討電力公司使用美援之預算與實支對照月報表問題，此問題起於 1956 年劉允中主任往查其谷關水壩帳目之查帳報告，其中建議事項之一為設立帳籍造送按月預算與實支比較表，其後在Follow-up舉行之時，根據該公司所述三項困難，將此一建議撤回，但另行建議應由該公司自行設計一種方法，務期達到此一目的，於是去年該公司設定一種記載預算項目之分類卡片，準備將此卡片作為結出實支數之來源，所以然者，因現行正式帳目係按成本會計方式處理，雖支付工程費時係照美援預算六大類目列帳，但在其本身會計制度之中，此等科目皆為過渡性的成本elements，在每月及每年度所作之援款報表中，無法表現本來之支出餘額，故有上述建議，該公司所擬辦法係屬針對此點，惟送之分署，分署未由正面予以答復，只另行列舉一項原則，說明在延續數年完成之計劃，須另作未用材料之處理，直至全部告終始予以轉清即可，而預付款性質之支出，則每年結算時，即應按性質歸入正式科目，顯然對此問題設想太過單純，該公司已擬好一項變通辦法，但未提原來之帳卡方案是否放棄，故此一問題尚無結論云。

師友

到吳崇泉兄之重慶南路五巷新事務所拜訪，並還代墊送禮款，不遇，交吳麟兄託其代轉。

5月19日 星期四

職務

電力公司經辦美援會計之孫斯眉君昨日來電話，謂所備之全部美援PIO/C與CEA已經逐一查列成表，可供核對，此為此次查帳之附帶要求，因Tunnell要求對於全部電力公司輸配電方面之美援須有一總數故也。上午余與靳君同往，靳君帶有 PIO/C 之資料，在該公司加以核對，而 CEA 部分則攜回核對，下午即由余與靳君在辦公室以該公司之表與美援會所製之 Local Currency Monthly Report 內所列數目加以核對，余本來表示台幣部分由余任之，而靳君則必須參加，彼此次查帳一反過去之分工合作習慣，一重美金與 End-use，一重台幣與 SOP 之規定，對於台幣部儘量參加，而所不幸者此次所遭遇之計劃，又特富技術性，不適於一門外漢之循序研習，乃有格格不入之感焉，而表現於對外者，則尤多不妥之處，例如對電力公司會計人員談話，即有問非所答，發問不能中肯之缺點，而對方究竟如何應付始可，亦感覺為一難題，在余又須避免不欲其過問帳務方面，尤須避免貽人以不予詳細說明之苦，此皆為此次查帳所遇之特殊而微妙之困難也。上午在電力公司，詢問孫君以預算控制方式之各件換文內容，余閱後所不能完全了解處，經解析後始知雖欲貢獻以新的表報資料，而內容全然與舊的無異，余始知此工作完全為一種應付與粉飾，大失所望。

5月20日　星期五

集會

三月間國民大會選出之總統蔣中正氏與副總統陳誠氏訂於今日就職，上月間總統府曾來函徵詢意見是否參加觀禮，經函復後前日接到請柬及出入證，今日上午到中山堂參與，無預定席次，余至樓上右側，由高臨下，易於寓目。十時正總統在樂聲悠揚中由右側後台出場，二分鐘前副總統及蔣夫人則於右側入場至台下就座，陳氏居中，其右為蔣夫人，典禮開始，唱國歌，行禮，就座，首先為總統宣誓，在宣誓前臨時由隨從將紅色宣誓書遞交總統，於讀誓文後即交在旁監誓之大法官會議主席謝冠生，然後總統轉至台上右側與監誓人相對，由副總統上台宣誓，仍舊下台，即由總統讀就職文告，至十時二十五分禮成，然後總統由場外轉至樓上堡壘廳接受各國使節之祝賀，其實余等在樓上人員甫行至樓梯口，即遇各外賓魚貫而入，男女老幼無慮數十人，禮服形式各殊，修短美醜亦復異致，迨步出中山堂已十一時矣。今日參加典禮照規定均為禮服，但非正式又規定民意代表可以常服替代，然亦須整齊潔淨，故今日之會為服裝最為講究之會，幸賴雨中天涼，尚不感流汗之苦也。

娛樂

晚同德芳到中山堂看國民大會所演慶祝總統就職之晚會，全為平劇，有岳母刺字，盜仙草，末為李湘芬之貴妃醉酒，尚佳。

5月21日　星期六

閱讀

閱暮泊著如何學好英語續集，今日已完三分之一，大部分為「如何造句」，作者雖說明其寫作目的為補一般文法書籍之不足，但所論者仍多為一般文法書籍所經見，至其所持一美國作家佛蘭克林之見地，自為一不刊之論，云："Watch everything you read, listen to everything you hear, select the best, and use it in your own speaking and writing." 惜乎為此說之作家固所在多見，而論述文法之書籍如本書者仍風起雲湧，可見學習之重要雖在於學習之本身，而方法固自不能偏廢，然則一般作者在論述方法之中而又過分強調多聽多說多寫多看所謂眼耳手口之四到，實亦自限於矛盾而不自知也。此書內容方面似不若初級之嚴整扼要，而編次方面則又詳略互見，譬如如何造句一章，下又分成若干小節，在目錄上此等小節與其他獨立之短章用同一大小之字體，而在本文中則又排用較小一號之字體，亦可見其自知眉目不清，而又無適當之方法以資補救也。

瑣記

關文晉氏由香港寄贈紅棗一包，上星期日包裹即到，余無暇往取，但今日又大雨如注，乃冒雨往取，雖人數不多，較之冬至汛時大為不如，然因海關人員不能全部如時到達，在掛號以後仍須等候甚久。

5 月 22 日　星期日

閱讀

續以唱機聽讀 Life with the Taylors，唱片為第三張，課文為第九課 The Taylors Go To the Football Game，第十課 At the Football Game，第十一課 Bobby Marches in the Parade，第十二課 Thanksgiving Dinner，此四課只有有關足球之事項多有術語，不易了解，其餘在第一次放聽時均能大致了解，但有例外，即若干字在未能正確讀出者，對於片上正確之讀音反不了解，例如 parade

一字，非不認識，只因非屬常用，一向未注意其發音之重讀在後，致不能聽懂，迨看書時方恍然大悟，然由此必不致再有錯誤，故聽唱片之便利有如此者。又不常說英語者對於連讀一關最難，如片上有一句內含 “to go for a ride” 數字，末三字讀成一字，初不甚解，看書後始知之，此雖皆為微細處，然由此獲益非淺也。

娛樂

上午，同紹彭到空軍新生社看小大鵬公演平劇，共兩齣，前為拾玉鐲，由鈕方雨演孫玉姣，做工尚細膩，蹻工亦尚好，惟皆稍欠穩練，後為四五花洞，演真金蓮者為古愛蓮與王鳳娟，演假金蓮者為鈕方雨與嚴莉華，其中四句大段，以古為首句，其他三句雖亦可聽，然無出古之右者，古之程腔已至十分成熟之境地，旦角中不可多得之後起人才也。

5月23日　星期一

職務

上午，劉允中主任語余，為余之升等事上週人事部分負責人認為須舉行考試，所以然者為此次余之升等案與陳紹華君之由 Accounting 部分調來 Audit 部分工作案，在一件公文內提出，而陳君則係經過考試轉來服務者，經說明情形大異後，彼方始表示諒解，故已不成為問題云，下午即接到 Personnel Action，內載自本月十五日起由五等四級升至四等一級，由年薪 64,500 元加為年薪 70,000 元云，接到後並至本部分之 Chief Arthur W. Tunnell 處道謝，彼亦甚為客氣。下午與靳綿曾君同與劉允中主任談電力公司查帳案之進行方式範圍等，靳君列一該公司歷年之 Transmission 與 Distribution 及 Primary System Improvement 兩大計劃全部用款數，認為二者有極大之關連，如須有系統的加以查核，則又非短短的一兩個月所能辦到，經討論後決定仍然以 FY1958 內之 55、56、57、58 等部分及 58 部分至 FY1960 之縱的情形為對象，設查完後有必要從 Primary System 著眼時，再行建議繼續辦理，此刻不加更張，至於查核之方式在注重其 procedure 方面，以及計劃與計劃之間有無重複多請情事云。下午電力公司之孫斯眉君來與靳君核對該公司所開列各項 PIO/C 與 CEA 等之與美援會資料不相一致處。

5月24日　星期二

職務

上午，到台灣電力公司輸配電工程處繼續查核 FY1958 年度輸配電用款，先由此年度之 1957 計劃用款開始，初步工作為先行了解其設帳情形，初取出者為各項明細帳，詢以總分類帳，據云並不重要，但余為了解其對於明細帳之控馭情形，表示仍須核對，然後取出，經粗略審視下，發現有如下各項特點：（1）此帳按自然年度每年結轉一次，但同一賡續計劃之帳項，雖因年度不同而分隸於各個 CEA，在該公司則不加分別，繼續記載，遇有上年度 CEA 尚未清結而次年度之 CEA 已經開始領款並支用者，則後者先行另立戶頭，俟前者結束後即行將前者移記於後者；（2）明細帳分二冊，一冊為未完工程科目，一冊為其他總帳科目者，前者係按工程號數分戶，並未依帳列之財產科目分類設戶，又所謂美援貸款六大類亦只在未完科目之下，無形中於設戶時依據劃分，並無此項命名之科目；（3）Final Report 雖依帳設科目列舉支用情形，但並非完全依帳列結數製表。

參觀

晚，到美國新聞處看電視示範表演，此為中國廣播公司所辦，電視機來自日本，為黑白無彩色者，因只方尺大小，故必須近視，始可寓目，今日節目有新聞片及粵劇表演與皮影戲表演等，皮影戲獨角獸大戰孫悟空，甚精彩，電視與皮影戲余皆為初觀。

5月25日　星期三

職務

上午，與靳綿曾君交換對於電力公司查帳之意見，余將台幣部分所發現之複雜記帳方式相告，彼有眼花撩亂之感，其本意為希望參加台幣部分之查帳，知此後有難以為助之感，但余認為台幣器材之管理與美金部分有連帶關係，希望彼在此一方面協助云。下午同到電力公司繼續查帳，余之工作為對於 FY1958 用款之 1957 年度計劃結束報告所表現之數字出處加以確認，其問題在於帳列餘額並非即是結束報告餘額，經查詢其原因有三：（1）此帳用資金別多欄式，而美援貸款只佔一欄，設當年度有二個 CEA 時，則記入一欄，好在其另一 CEA 只為大數付款，能夠由帳內加以識別；（2）同一跨年度計劃不分各年度經費而賡續記帳，於是有前一年度預付款而在此一年度沖帳者，累計無誤，但分成數個 CEA 時即不能各個相符；（3）由於此種轉帳事項參加於某一 CEA 帳中，於是該年度之實際用款總數雖不受影響，但各科目之數字則不能反映正常狀態，甚至有當年表示紅字，非至全計劃終了不能知其詳細付款情形者，有如此種種困難，為求得到依本署之年度別 CEA 別之現金基礎的報告數，勢必對其表列數字加以調整，今日即對此一 CEA 加以調整，並為記載其內容，作一整理表，類似調整帳用之六欄表。

5 月 26 日　星期四

職務

上午，同靳君同到電力公司查帳，因靳君自接到通知改 Investigator 名義為 Auditor 後，亟欲明瞭如何查帳之方法，故此次共同查核電力公司帳務不以只注意其美金進口器材及工程實況等為其本職，而將共同對於台幣支用帳務亦加以明瞭，如在普通受援機關則頗宜入門，由表而帳，由帳而支付憑證，均易於著手，不料此次所查之電力公司帳務以一套組織兼用於表示成本與表示援款支用之二種表報，須經若干之調整及調節始可證明其數目來歷，欲使靳君參加，甚難下手，余乃由美金器材經該公司接收後之折算台幣記錄應與美金數字相對照一點著眼，囑其先由材料帳之會計處理與倉庫處理的連帶關係一點加以探求，以漸漸對帳務之運用有所了解。下午繼續工作，由總分類帳與明細分類帳之是否一致一點，以覘其是否有健全之制度，結果有的科目易於得到證明，有的則又須大加調節，其會計初用簡單方法未得結果，乃決定連夜用表格方式加以顯現對照，明日再行交卷。陪同查帳之電力公司會計處孫斯眉君在答余詢問時表示，該公司工程人員一般不了解會計，有意無意造成若干浪費，其最重大者為工程預算、工作單、工程決算皆全部由經手人員為之，全無比較考核，用料管理亦不經控制，任意領取，此點最堪注意。

5月27日　星期五

職務

上午與靳君續到電力公司查帳，會計鄭君已將昨日余所需要之調整表連夜趕就，一方面將混淆一起之同年度各個 CEA 帳劃分清楚，另一方面並將全部有關某一綿亙某四個年度之一系列計劃，原為逐年累計其餘額者，劃分為每年一個，從而依照本署所定之原則，亦即劃清年劃清 CEA 之原則，經此項調整而得以實現，但此一工作對象為對於五七年度計劃在五八年度之數目，此時帳目不繁，設再累計至五九年度，或在另外之計劃，頗有帳項極多者，照此辦法則有非短時間所能勝任者，故此項調整，實亦可一而不可再，作示例則可，如法炮製則未可也，故如何在制度上加以研究，仍屬當務之急也。下午，與靳君向劉允中主任商洽電力公司查帳之範圍問題，蓋依據數日來之所得，如仍照原計劃以1958年中各個計劃為對象，則每一計劃均截取一年，不唯台幣部分須逐一照今日之辦法加以調整而後求得其分年之數字，且即使求得此一數字而後，往往不能表示任何之工程成就，在查帳之技術言之，固可以不加注意，在 End-use 方面則必無從著眼，而 PIO/C 方面則到貨甚晚，在 1958 年內使用者寥寥無幾，亦有不能把握重點之弊，希望再考慮是否自 1955 至今全部查過，將時間充分準備，劉氏尚無意見，容下週再議。

5 月 28 日　星期六

閱讀

續用留聲片研讀 Life with the Taylors，第十三課 A Surprise Party for Jim，第十四課 Bobby Studies History，第十五課 Christmas at the Taylors，第十六課 The New Year's Party，此數課第一次放送時可以大致聽懂過半，迨將書閱讀一過，再次放送時，即可以全懂，所困難者仍在其中之少數生字，絕對不能先行聽懂，即使在閱讀時查過字典印象較為深刻後，仍不敢言是否可以即入腦際，此為年事已長之當然現象也。

師友

下午，先志同學趙石枕兄來訪，係因到附近訪友，順便前來訪問，據云近年一直經營煤炭生意，由於用戶情形複雜，競爭者多，花樣手段層出不窮，成本高而盈餘少，漸漸感覺困難云，又率其長公子亦來晤面，現在東吳法學院三年級肄業，學習法律，因該校當年傳統為注重國際法一方面，故所學不盡適合當前之台灣環境云。

體質

右足大趾甲縫有腫脹現象，因已不只一次，故兩三日來不以為意，昨日痛即較甚，不能步行到署辦公，今日更甚，幸為例假，昨夜敷以抗生素藥膏，今日終日似未再加劇，但亦未有萎縮現象，乃於下午再服消炎片，計四時服一次，七時半服一次，十一時服一次，每次二片，附蘇達片一片。

5月29日　星期日

體質

右足趾腫脹處昨晚似稍好，起來又覺與昨日日間情形相似，將所買消炎片續服二片，上午持公教保險診病單到台灣療養院診察，由陳存仁醫師主治。據云須開刀將趾甲削去一部分始可免於一再之發作，但此處在打麻藥針時甚為痛疼，須全身麻醉，則最宜住院一天，但後經考慮，認為如此太不方便，仍將用局部麻醉，余要求明日即行處理，彼即將手術通知單寫好，訂明晨九時半施行，並配藥 Ilotycin 四粒，於今日每四時一次，至臨睡前服完。至晚腫脹情形又感大為減輕；今日看病並將頭部之猴子（Wart）請醫診斷，謂情形甚為單純，但切除亦佳，將於明日同時施行。

家事

今日為端午節，雖略備菜餚，但德芳因胃病臥床，須由次女紹中下廚，而學校又考試之中，故儘量以簡單為主，惟菜品上桌後亦有六、七件之多，諸兒女胃納有限，均剩甚多。七弟瑤祥來談，將與黃珠姬小姐訂婚，昨晚曾同時來訪，只云黃小姐將回屏東一行，未談及訂婚之事，今日來正式相告，謂將依台灣風俗，購喜餅千元相贈，因相距遙遠，此款即將託黃小姐自行帶回，該款七弟無從支應，故來余處取去，余與德芳為表示慶祝，並贈送織錦緞與人造棉衣料各一件，交七弟轉交。

5月30日　星期一

體質

上午九時半依昨日陳存仁醫師之規定，到台灣療養院行手術，到時直上二樓手術室，候至十時，有醫師來告更衣換鞋，因其戴口罩，未辨誰何，因其偶然將口罩移動，始知其為陳醫師，謂開刀後仍下樓看門診，乃入手術房，在手術床上臥下後，即先行用電灼法將頭部之猴子除去，先打麻醉針時，尚不甚痛，迨灼熱時反覺難耐，但數秒鐘即已完成。繼即進行右足趾之切去指甲手術，先用局部麻醉，注射在趾甲之右後側，因肌肉甚薄，痛疼難支，正如其昨日所預料者，幸瞬息之間，即不復感覺，乃由醫師剪去指甲之一邊，據云挖下部分甚多，除去可免再發，十數分鐘即完成，用紗布包紮，右足改穿拖鞋，下樓取用藥品三種，一為止痛藥，二為Ilotycin，三為連帶的脫濕用藥脫濕靈一瓶，取到後雇車回家，始略有痛疼之感，然並非不能忍受，故止痛藥完全未用，只服用 Ilotycin 兩次，飲食照常，睡眠則多夢囈，且類為負重難行等情形云。今日在台灣療養院係用公務員保險診病證明單，初未掛號，迨取得醫師方箋前往取藥，先往辦理記帳手續時，始補繳掛號費，處方時由護士代為調到病例，均甚迅速，可見該院管理甚佳也。

交際

晚，接楊慕青先生治喪籌備處來函召集明日開會，知楊氏作古，因足疾，去函表示不能參加之歉意。

5 月 31 日　星期二

體質

昨日頭足二部行手術，係利用假期（Memorial Day），今日足趾已不覺痛，但不能穿鞋，請病假一天，在寓休息，並服 Ilotycin 三次各一粒，飲食照常。此次手術始終未有難忍之疼痛，可謂十分成功，僅晚間欲洗頭時發覺頭部所敷膠布脫落，傷口出血少許，重新塗用 Biomycin 加粘膠布，此時略有痛疼，夜間睡眠仍多惡夢，往往驚醒。

交際

方青儒兄之封翁在大陸逝世，渠今日在十普寺誦經追悼，余送花圈，並去信因足疾不能趨祭示歉。傅立平兄病故，明日開弔，余因足疾難往，函請宋志先兄代為致送奠儀。今午電力公司在中國之友社約宴，並由孫斯眉君代表其會計處長龔澐輸配電工程處長徐正方持柬來約，余因足疾固辭未往。

家事

諸子女上學均在中資乃至上資，僅有努力與不努力之別耳，幼兒紹彭亦復聰穎，但因年方十歲，特喜嬉玩，始終不能安心，余連日因病在寓，有時考課，即表現較好，德芳亦時加督責，輒有成績，余近來為之規定課外作業，即就所訂閱之國語日報上每日刊載之「方向」欄短文，囑其逐日抄錄一篇，不但學其文字，且因內容多有勵志之處，信其於修養亦必有幫助也，該報有注音符號，且可以多認生字。

6月1日　星期三

體質

頸部與足部兩處手術後情形仍如昨，由於足部穿鞋不便，故今日仍請病假一天，在寓休息，早飯後並服昨日所餘之最後一顆 Ilotycin 藥片。

閱讀

以收聽留聲片方式讀畢 Life with the Taylors，今日為第十七課 Phil Goes to Class，第十八課 The Taylors go to the Hospital，第十九課 Spring go to Mayville，第二十課 The Fourth of July，在留聲片上為第五張，其中最後二課之速度特快，共放四次，第一次只懂二成，第二次達六成，以下為靜止狀態，雖將課文細讀以後再聽第三四次，亦無何進步，其原因為連讀處太多，不能一一得到比較，又其中生字雖不甚多，然絕對不能聽懂乃一無由化除之障礙，再則年事已長，不能復以青年時之敏銳的聽覺迅速接受也。此書中練習最多，均無時間細作，翻閱之下，見只有一處談文法者，可見甚為有用，余亦由此對於年來寫作查帳報告之 Recommendations 下縱在第三人稱亦不將動詞字尾加s 之故，恍然大悟，此蓋因在 suggest、insist 及 recommend 之下所寫子句 that 後之動詞皆為 subjunctive form，此等動詞乃 “the simple form of the verb without the ‘to’ of the infinitive. The form is the same no matter what the tense of the first verb is.”

6月2日　星期四

職務

今日銷假照常辦公，同事靳君語余，關於此次電力公司查帳之範圍問題，昨日同劉允中主任與 Branch Chief A. W. Tunnell 商談結果，彼認為不必過分擴大範圍延長時間，故仍應以預定之 FY1958 為限，所謂 FY1958 指該年度開始計劃，直至今日進行之情形，用款雖尚在開始，但可注意其一切程序與制度等方面，本署查帳工作非必一一精深研鑽，只須隨時使人了解彼在被注意之列即目的可以達到矣，靳君並寫一 memo 請其核定，經劉允中主任轉 Tunnell 審核，於靳君所寫七條多有修改，余在其中曾補充一條，即 Review 其 accounting and reporting system to ascertain whether it is adequate for control on both fund disbursement and cost determination，彼則一字未改，但又深悔此一題目甚難落墨，只因為查帳之重點不可省略，故經列入也。全日與靳君到電力公司查帳，現在之範圍既已改定，乃轉而由 FY1958 計劃之形成與發展著手，故先到業務處訪問，請其查出以前在草擬 PPA 時所列 12 項工作部門之根源，加以查卷證明，首先並請其負責人將此十二工作部門內之後六項屬於業務處者將內容加以說明，由於此項說明，平添若干電學常識，由此深覺查帳工作在工業常識方面須時加補充，否則不夠應付也。

6月3日 星期五

職務

今日與靳君續到電力公司業務處查核有關FY58之計劃形成的依據，由其設計課人員負責接洽，余今日之工作為核閱各項有關文卷，對於以下各種事實得到了解：（1）業務處主管1958計劃之十二個Job的七至十三Job，原為七至十二，最近始加入一個第十三號，全部工作計劃之關係單位共為五個區管理處，此五單位之工作內容已於今年初確定通知準備，均有詳細說明；（2）在此項計劃形成之前，各區處申請擬議中之計劃超過核定各單位之數量，原因為須依照可用款數儘先由急需者施工；（3）業務處工作須透過十三個區管理處，此十三區處能否完全收指臂之效，又各區處工程用款之調撥又與財務處有關，業、財二處能否充分有聯繫配合，均為能否順利運轉之先決問題。

參觀

國大代表同人陸幼剛在中山堂舉行書畫展，余往參觀，其畫之路數包括山水、人物、工筆花卉，均有可觀，工筆尤佳，字則隸書最勤，尤其臨石門頌為多，筆力稍弱，間架尚佳，行書類康有為，亦有韻致。

體質

行手術後漸漸痊癒，但右拇指尖有發炎跡象，昨今兩日不止，上午林醫師為配方服用New Sulfa，立服一片，午已痛止。

6月4日　星期六

閱讀

讀三月份 *Reader's Digest*，其中照例刊登之 Points to Ponder，頗有名句，此期有摘 Virginia Woolf in Mrs. Dalloway 句，深堪玩味，句云："The compensation of growing old was simply this: that the passions remain as strong as ever, but one has gained - at last! - the power which adds the supreme flavor to existence, the power of taking hold of experience, of turning it round, slowly, in the light." 又在 Personal Glimpse 欄，敘馬琴來總統在競選連任時曾於一列車平台上演說，車開而揮手示別時失其極名貴之豬皮手套一隻，遂以另一隻執下於失去一隻之側，並云使人不悅之事莫過於一隻手套者。此等事最易見一人之風趣與意態也。

交際

晚，本稽核組同人以本身累積已多之 Community Fund 舉行聚餐一次，題目為慶祝余之 Jump Promotion，歡迎劉明德、陳紹華二人新來參加工作，及慶祝靳綿曾、李慶塏二人新由 Senior Investigator 改稱為 Senior Auditor，並歡送徐松年君參加生產力中心舉辦之高級企業管理討論會等，到者除以上列名人外，為劉允中、葉于鑫、黃鼎丞、曾明耀等，地點在葉君新生南路之寓所。

6月5日　星期日

閱讀

由於月來查核電力公司之帳，必然涉及若干最基本之電學常識問題，乃向諸女借閱其物裡教科書內之電學部分，此中內容皆為最基本的，但若干理論仍覺新鮮，例如閱及 Ohm's Law，使余憶起中學時期之基礎太差的原因，設余所進大學非為文法科，且入學考試須含一般自然課程，余之能否進入大學蓋成問題。所謂 Ohm's law 乃最重要然最粗淺之定律，余在中學時曾習英文本 General Science，其中有此一節，余在考試時對此等題曾不知所對，其他從可知矣，由此可知普通常識不可忽視，在平時認為無關者，至必要時則有甚大之用處，余今日所時時感到者，此其一端也。

師友

上午，閻鴻聲兄來訪，託為聯署向國民大會秘書處致函為彼交涉按裝電話，據云由秘書處申請代某代表裝設電話只收七千八百元，但須三人聯署，如自行申請則須照定價一萬五千元，余當即代為蓋章聯署，閻君聲明將來如余亦申請按裝時，彼可備函秘書處聲明撤銷余之聯署，而更易為他人聯署，故不影響余之基本權利云。

家事

七弟來訪，據談與黃小姐訂婚事，須待至星期三、四黃小姐由屏東來信，始知其家人是否北來云。

6月6日　星期一

職務

全日在電力公司繼續查帳，對象為業務處系統之各區管理處對於經辦配電美援工程用款之帳務程序，前數日所檢討者為其形成計劃時之資料來源與處理，此點已略告段落，且由靳君主辦，並須等候再與總工程師室接洽，以明業務處系統與輸配電系統聯合主辦之各項工程，如何形成於一個 PPA 內而造成一系列之某某年度計劃。今日起則開始檢討該處如何在各區管理處之上為工程會計之控制記錄，以收指臂之效，首先為明瞭其制度而向主其事之汪君索閱各項有關法規，計有五、六種之多，而基本者則為油印本之帳表傳票之規定，余翻閱一過，見與輸配電所用者大體相同，初不知有一基本異點，即總分類帳並無如輸配電工程處之按資金別分欄，從而可以總分類帳內之美援欄與明細帳之美援欄相互對照，今業務處系統下之區管理處每月所製月報表，計有二種，一種為全部收支之表，另一為美援收支之表，前者由總分類帳自動產生，後者則須將明細帳內各子目一一加以分析，然後片段的將各科目數字內之美援部分另行列成一表，以供向美援單位報送，雖借貸自行平衡，然其產生終屬畸形也。

交際

延平、中山、大同三區今日大拜拜，電力公司會計處杜聰明君約往晚宴，因菜太多，故未終席即辭出云。

6月7日　星期二

職務

全日在電力公司查帳，對象仍為業務系統各區管理處之收支制度，今日所得之進一步的了解，為業務處設有備查簿一套，記載一部分與區管理處往來之款項，雖其所涉及之科目自身亦可平衡，但因無總分類帳或其代用帳之設置，故只能謂為一種備查記錄，此項紀錄每月與各單位送來報表相核對以免錯誤，此項制度實欠缺完整，蓋其資料係根據不同顏色之美援傳票加以記載，在正式帳內各種資金完全混和，無論採何方式，均使人有曖昧不清之感也。

家事

上午帶紹彭到分署醫務室診察面頰所生之紅癬，取來脫濕靈一管，即日試行搽用。

師友

晚，張子文君來訪，謂有某君持伸鐵公司股票420元，希望在銀行押款半數，照現在習慣須有介紹，銀行始可放款，其放款所收利息包括一部分官息與一部分附加而以員工福利名之者，而借款人在負擔公定利息與上項福利的二分五釐外，實際因黑市利息甚高而尚須酬勞介紹人若干款項，此數如照半年計算大約為五釐息之數，亦即十萬元左右，其中一半酬勞彼方之介紹人，一半酬勞我方介紹人，亦即張君及其關係人士，張君因不得其門而入，詢余有無此等友人，余對此事從無興趣，故只漫應之，允明日探詢後以電話通知云。

6月8日　星期三

職務

上午，請假半天，下午與靳君到電力公司查帳，今日繼續檢討業務處系統各區管理處之工程帳務制度，已獲得了解之事項如下：（1）PPA 內預算項目包括輸配電工程處與區管理處經辦工程之二大部門，前者與後者俱各照六大類未完工程項目編列預算，但前者記帳付款時係照六大類，迨工程逐部完成，屬於費用性質之各類即逐漸歸入工程性質之各類，故在計劃結束時，不能照原預算數以比較實支數，後者則以各個 Job 為預算記帳單位，根本無所謂六大類，據云其他工程援款有按六大類辦理決算，俟援款決算完成後，再行正式將費用帳轉入工程帳以達到最後之「成品」階段；（2）現在會計處已囑輸配電工程處照六大類製表，辦理結束報告，但縱然辦成，仍無法將業務系統所屬單位者照六大類加入成一全般計劃之結束報告云。

家事

德芳胃病近來甚劇，而發時即有頭暈現象，昨日且嘔吐，發麻，手足發冷，今日同往中心診所內科由田醫師診斷，血壓、血球及小便俱皆正常，乃假定為耳水問題，囑明日看耳鼻喉，同時看婦科亦云無病，回程先在林大鵬看耳科，認為有耳水病，囑配食 Nicotinamide、注射維他命 A 等，所診似尚確當，本來疑心有他病者，至此為之澄清。

6月9日　星期四

職務

繼續到電力公司查帳，檢討業務處系統各區管理處之動支美援台幣與PIO/C款項列報方式，及綜合納入總表向美援會與安全分署造報之方式問題，所知情形大致如下：（1）各區處之未完工程科目下設明細分類帳，係以Job單位立戶，其下分美援（PIO/C）、美貸（本地款）與自籌資金等欄，各區處據此填製預算實績報告表，送至總公司後予以綜合，亦分欄得一綜合數字，其中美貸部分尚足表示各計劃與各CEA之個別累計數（除不列Job編號之支出外），PIO/C部分則根本不易證明其所含究有幾分之完整性，因PIO/C在一個年度間乃至在不同年度間常有挪用情事，且PIO/C材料之不用於個別的Job者亦不在此中列報也；（2）各區處每月之收支月報表送來後，業務處用同法加以彙總製成總表，以備與輸配電工程處者相加得全部Project之總數，製成Monthly Fund Status Report，此表事實上尚須參考總公司之結存未提數與預付數等，而得到與相對基金撥款總數相一致之結果，總之，非經過若干調節，難由帳列數製成報表也。

師友

晚，張中寧兄夫婦來訪，張兄談已至勞工保險會擔任專任委員，又其長子緒心至紐約擔任圖書館工作，長女璧玉則至伊利諾州立大學讀獎學金博士學位云。

6月10日　星期五

職務

全日與靳君在電力公司查帳，今日所查仍為該公司會計處派駐業務處主管與各區管理處間往來會計之處理情形，其表報部分前已得悉其梗概，並核對其數目，今日則就其帳簿與傳票憑證之關係加以檢討，並核對其數目，所了解之要點如下：（1）此間帳簿乃會計處所記內部往來科目之明細帳，以各區管理處之單位立戶，各戶餘額之總數與總帳內部往來內之總數應相符，但因總帳未照計劃別與 CEA 別立戶，故不能一望而相核對，必須將總帳內之某區管理處餘額與區管理處所立各 CEA 之內部往來相加之總數相核對；（2）傳票合併裝訂，白色者為該公司自籌款，藍色者為美援款，其上並加蓋 CEA No.，分戶帳即據以登記；（3）在核對傳票與憑證時發覺憑證之不能分割於各單位者，即附於此間傳票之後，其能按區管理處分割者，則均隨附於轉帳通知單之後，送至列帳之區管理處，故全般憑證須合併兩方傳票始稱完備云。與靳君與本署交通單位洽詢南部車輛事，本擬再下星期一出發，共用五天，但因星期四、五另有任務，乃決定改為下星期四至再星期三之一週間出發，當通知電力公司方面，以便配合。

瑣記

昨日颱風襲香港，並向東北進，今日下午忽有大風，分署則通告今晚有大風雨，詢之氣象所，謂下午二時在福州，晚至溫州即已漸遠，不可能有大風雨，分署通知旋又撤銷。

6 月 11 日　星期六

家事

今日例假，適因德芳胃病、耳病均未痊愈，故在寓照料家事，上午到古亭市場買菜，因晨間大雨如注，市場一片汪洋，只能在靠近外邊之攤販處買肉類蔬菜等。買菜歸後雨又甚大，延至十一時同德芳到附近之福州街郵政醫院看病，該院今日上午由王老得醫師看耳鼻喉科，上週中心診所本由內科田醫師決定看耳科，後知本市名醫王老得係在郵政醫院診病，故於今日再來，王醫師看外耳後即詳詢過去胃病與婦科等情形，認為大半係更年期現象，應以賀爾蒙治療為主，內耳似不致有病。治療上應注意荷爾蒙，余告以昨日已由婦科開 Durabolin 注射，彼云甚好，亦可服食日藥福祿命等云。在郵政醫院拜會院長孫振河君，乃山東同鄉，其夫人與德芳為同學。下午到郵政醫院再拜會孫明廉醫師，道謝其為德芳看病，並告以上午看耳科之經過，將於下星期一再看內科云。七弟瑤祥下午來告上週黃珠姬小姐已由屏東回北，謂其父母並未北來，故訂婚將託其姊與姊丈鄭君代為主持，日期定為明天，即由余在寓備席一桌，預定參加者為七弟與黃小姐，其姊及夫，余與德芳、姑母與姑丈，又將由七弟約與彼二人相知之友人二人參加，以作證明訂婚之人，如此共計十人，適為一桌，姑母處由七弟往請云。

6月12日　星期日

家事

七弟瑤祥與黃珠姬小姐訂婚事於今日舉行，由余及德芳在寓設宴一席，約集雙方家屬及接近之友人舉行宴會，計參加者除彼二人外，為黃小姐之姊及姊夫鄭克孝君、姜仁山姑丈，又七弟之中學同學現在同事之王、鄒、叢諸君。菜餚甚豐，余事先委託比鄰之方君代為籌備酒席，蓋德芳胃病臥床近始漸愈，無力自辦也。上午，因今日有生客，故將室內窗紙加以部分換補，以求美觀，若干其他較為凌亂之物件亦加以整理云。

交際

對門為銀行文具製造廠，其工程師林石濤君因割治胃病，現在住徐外科醫院，余於上午前往探望，其胃已割除三分之二，十二指腸亦割除，現已五天，云再有五天即可出院云。

選舉

今日為各里選舉里長之期，本龍匣里有呂錦江、李鐵生與陳金火三人競選，前者為現任里長，已擔任數年，毫無表現，李為黨部所支持，陳則土著，尚得人緣，余處彼曾來拜託，故余投彼之票，聞彼已當選云。

瑣記

兩月前德芳由菜市買來白雞一隻，因當時菜餚已多，未予宰殺，而自來余家後，即每日一卵，乃不忍加以宰殺，今日有客人來寓吃飯，原意用自畜之雞二隻，但因白雞為諸兒女所喜，余亦知其有充分之生長力，故主張另買一雞以為代用，此雞生命得以保全云。

6 月 13 日　星期一

職務

上午，與靳君備申請書類請 Tunnell 核定自星期四起至次星期三止，出差高雄、台南、屏東、嘉義地區，以查核電力公司輸配電計劃各區管理處，輸配電工程處所屬工程隊之工作情形與工作成果及經費情形等，經彼與劉允中主任商洽後，照案核定，但認為不可變更已定之進行程序云。全日在電力公司輸配電工程處查帳，今日所檢討之問題有二：（1）該處所營工程係以每一工作單為單位，記入未完工程帳內，在每一工程帳內所支付之款項於該工程結束時須填具竣工決算書，由會計課轉列財產科目內，此程序謂之精算，精算後即以內部往來科目轉入總公司，但在填製美援報表時，仍然列入，以為表示援款支用情形之完整；（2）預算在 PPA 內為六大類，現制第一類為工程本身，二、三類為營建工程而設立之設備，四、五、六，三類則為營建工程之費用，四至六類費用在精算時應加入直接費用之中，而轉成未完工程之財產，此六類在計劃結束時，應詳加分析而得以財產分類為明細科目之移轉於總公司；（3）四至六類費用只付不收，在分擔以後則用「已付費費用」科目表示其貸方記數，此項累計之已支付費用必須俟每一計劃之四年度結帳時，始能全部加以分析而轉入各費用科目之本身，以消滅其餘額；（4）此項費用之分配，係由會計課依定率行之，不分子目。

6月14日　星期二

職務

繼續到電力公司查帳，今日在輸配電工程處就其FY57 輸配電計劃帳之內容，以明細分類帳為基礎，核其設戶之理由，尤其對於懸記帳項，探詢其必須懸記之原因，連帶的對於其中成本轉帳之方式就記帳情形，而對其所作之若干說明加以印證。今日因精神萎頓，下午發生一事，自覺啞然失笑，緣資產科目內有未分配運什費一科目，已分配者即記入貸方，轉入未完工程科目，另有一已分配費用明細科目，屬於未完工程科目，其餘額在貸方，乃係對於未完工程下六類成本攤入工程成本時之對銷科目，以使六類費用仍能保持其借方餘額不被沖銷，以便與預算科目相比較，余本知之甚詳，不知何以造成錯誤印象，認為「已分配費用」乃「已分配運什費」，謂為未分配運什費之對銷科目，於是愈想愈不能通，最後忽然憶起，再看「已分配費用」之科目名稱，始告恍然大悟，此等事在余三年前決不致發生，現在則往往已了解之事實印象漸漸模糊，以致又須重新探詢解說，衰象日重，真不知老之將至也。

家事

上午率紹彭到和平東路二段二十一巷三號訪康先生，送其開始肄習鋼琴，此為陳崇禮小姐所介紹，今日與約定時間，每星期一、二為上午九至十時，其餘五天為七至八時云。

6 月 15 日　星期三

職務

繼續到電力公司輸配電工程處查帳，今日為查核輸配電計劃 1958 計劃之用款情形，截至昨日為止，所查皆為 1957 計劃，而此次之查帳 Assignment 應為 1958 計劃，因內容太過簡單，不足以顯示其全部內容，故以較為歷時稍長之 1957 計劃為對象，加以探討，大體在制度方面之了解已經有相當之深度，於是乃轉至 FY1958 計劃之查核。亦因同時工作之靳君切欲於此次查帳過程中，能充分參加帳務方面之了解，余乃於今日之58 計劃中的全部帳務結構關係予以解說，如何製票，如何登總帳，如何登明細帳，二者之對照關係，如何由帳而製表，製表時如何將帳內數字加以調整，以適合六大類預算之需要等說明後，由靳君以實際帳表加以印證，以獲得清晰之印象。至中午止此間查帳工作暫告段落，下午作出發之準備，但因對於此次查帳之主要對象之 1958 輸配電計劃用款之詳細內容，上午尚未及核閱，可能明日出發至各地區有正在進行之工程，乃以電話詢問輸配電工程處余會計課長，彼即詳告該處經付未完工程與材料之內容，其中與本週內有關之南部工程只有一個工作單，係屬線路測量，事實上已經完成現場工程，只餘計算工作，故明日起南部之行所能抽查工地正進行之工程，只有由其他計劃中求之矣。

6月16日 星期四

旅行

昨晚十時半乘夜車由台北出發，準時於今晨八時七分到達高雄，在車站候接者有電力公司台北來此之輸配電工程處蕭副處長，會計處孫斯眉、汪爾德兩君，及高雄區管理處會計課長胡緒鑛等，下車後至新都早餐，然後入住高雄區管理處之招待室，在鼓山二路。

職務

上午，在高雄區管理處查核該處經付之 1958 與 1957 輸配電計劃帳，仍由其制度之了解入手，並與靳君共同工作，以資了解，今日初步審核有如下值得注意之現象：（1）總分類帳無資金別亦無 CEA 別，乃其全部業務之科目記錄，每決算期之餘額加入總公司綜合資產負債表，（2）與美援有關之支出，製有支出月報表，此項月報表係根據另一套按美援有關之支出另外登記之明細分類帳編製而成，此項明細帳之上無總帳以控制之；（3）由於此項月報表之目的在顯示每一 CEA 之支出累計情形，故已完工程之轉入總公司帳者，須另由內部往來帳內分析追回查列。下午同到電力公司看正在興建中之 33,000KVA 改建 66,000 工程之施工情形，並到楠梓輸配電工程處倉庫察看保存情形與管理制度，並抽查庫存與帳面之相符情形。

家事

晚，持在台北所接聯華軍艦請柬到海軍子弟學校參觀其晚會，並與衍訓晤面，轉介紹其新舊艦長。

6月17日　星期五

職務

全日在台灣電力公司高雄區管理處查帳，並查核倉庫制度，發現以下各情：（1）因帳表之控制系統不夠完整，發現有明細帳餘額與表列者不符，記算誤記，直至今日余於核對時發現，而在核對過程中又被孫君發現帳上所記有不能互相對證處；連帶的發現記帳員誤記帳欄，並未當時改正，反利用以後沖帳之機會連帶的無形的予以改正，使第三者不能明其底蘊；（2）電表與油開關變壓器三種在區處收到總處運來後，即轉財產帳歸之總處，故區處材料帳上可謂永無此三項物資，此項處理方式係以降低存量過大為目的，然處理上發生種種困難，一為倉庫存料記錄不全，二為先成財產但於發出時仍須先作工作單，待完工精算再度加入工費，一事兩辦；（3）倉庫次序甚佳，進口物資以 PIO/C 編號為序，次為代總處所管，並不在本處材料帳內，台幣購買物資須於每一工作單核定後始行購買，故每批均有工作單編號，如不同之工作單而有規範相同之一種物資，不問一次買入或數次買入，均仍放置於各個工作單之下。

游覽

晚同靳綿曾、孫斯眉、汪爾德及蕭副處長諸君同遊高雄壽山公園，係乘車沿盤路而上，至忠烈祠而止，須拾級而上，時值雨後，山中清新明朗，為之一爽，俯瞰萬家燈火，港口隱約在望，景色佳極。

6月18日　星期六

旅行

上午九時由高雄乘自備車出發，十時到屏東，住信義路電力公司屏東區管理處招待所。下午與靳君及電力公司孫斯眉股長及電力公司屏東區管理處會計組林澤先組長一同乘自備車南行，赴四重溪休假，於五時抵達，初到清泉旅社，因數人嫌其地太荒涼，乃又改至景福旅社，但房間被定一空，只餘兩間有床鋪之房間，彈簧床凹凸不平，但已無法，只好將就，以後又發現若干缺點，如人多池小，樓上無盥洗用水，以及服務生呼喚不靈等等，余因最初係主張住清泉者，故亦不便多表示意見云。

職務

上午在電力公司屏東區管理處開始查帳，因時間所限，只先為形式上之初步了解，發現之事項如下：（1）以總管理處所開之資料，FY56 計劃在 FY58 年度無台幣用款，但區管處表內則有之，詢之同來之總處主管汪君，初謂帳戶上或有出入，繼謂須加詳核，余料為該項總處資料有所遺漏，後知果然；（2）屏東區處內部往來分列三戶，其中有兩戶經常為貸差，乃分示所受總處材料及一般款項者，另一戶表示供差，乃示財產移轉總公司者，其作用適與高雄區處所用之借差戶相同，但因數戶有不易與表列數字明顯核對之缺點。

6月19日　星期日

游覽

上午，與靳君、孫君、林君由四重溪出發，五公里到車城，轉而南行，三十公里至鵝鑾鼻，途中所經地點，一曰恆春，余曾到過，現在因曾受地震之損失，市容更為不佳，二曰香蕉灣，此地有屠鯨設備，但因不值捕鯨季節，故無可參觀，三為熱帶植物公園，聞道路已損，未能入內展觀，但公路邊有部分之熱帶林，樹下掛有樹名，其中且極陰涼，見有樹名咬人狗者，聞如以皮膚搽之，有奇癢，故名，稍事流連即行續行，鵝鑾鼻到達見有縣府所立總統銅像，又有燈塔，經洽妥管理人員，拾級而登，凡五層，須脫鞋，在塔頂遠眺太平洋、巴士海峽、台灣海峽，胸襟為之開朗。歸途在路邊有帆船石者，乃一天然巨石，聳立海邊，遠望如一船帆，可謂奇觀。余等在鵝鑾鼻計盤桓一小時餘，此地有賣貝殼珊瑚者甚多，有自然形成之盂形物，可作煙灰缸用，余初以為亦可作水盂，見其漏水，乃證明即煙灰缸亦不可用，然其形狀殊難得也。只買有花瓣形圖案之石二塊，以作鎮紙，並留紀念。北返途中因遇海軍演習，對岸上發砲，斷絕交通二小時，故延至二時始到潮州，午飯後回屏東已下午三時半矣，傍晚到袁經理家參觀所植蘭花，晚到市街瀏覽。

6月20日　星期一

職務

上午，續到屏東區管理處查帳，下午繼續，所引起之問題如下：（1）會計方面無現金科目，或銀行往來科目，以致其所記之帳不能本身平衡，現金記載於總務組人員之現金帳，但條理不清，且亦不應以此相代，蓋該處所記之輸配電工程帳雖為其全部帳務中明細分類帳之一部分，但就其本身言，已為一總帳性質之記錄，本身不可無法試算也；（2）在 1957 配電計劃內，1959 用款有未結束之工程，在應結束之限期以後支付第二期工款，經總公司糾正後又改列入 1960 用款內，後又以為不妥，則改列自備款帳內，於是此一工程即由兩方面負擔各半，在支付之過程中，所用支付傳票以及轉帳傳票皆往返周折，使核帳者眼花撩亂。今日在屏東區管力處所核之帳本擬由1958 年度內擇一計劃為之，後因該計劃無支出，乃改變方式，將 1957 計劃內之 1959 與 1960 年用款者加以查核，與靳君各任一個年度，直至下午六時始完。午後察看倉庫及屏東變電所，此為一新建之由 6.6KVA 變 1.1 之變電所，但目前暫用於由 3.3 變 1.1 之變電所。

旅行

下午六時由屏東出發北行，晚八時到達台南，宿電力公司台南招待所，到達時孫經理及總務與會計組長均來晤談。

6 月 21 日　星期二

職務

上午，開始電力公司台南區管理處之查帳工作，上午先到大林新建變電所看正在進行中之建築工程，此一工程為 FY1957 計劃內之工作，大約下月即可告成，此變電所為由六萬六千 KVA 變為三萬三千 KVA 再變為六千六，故較一般者多一程序，現在由輸配電工程處施工中，竣工後將交台南區處使用。今日陪同參觀者有業務處鈕處長，輸配電工程處主管副處長蕭炯昌君，蕭君為解釋各點甚詳，並試將 Oil、Circuit Break 與 Air Circuit Break 之操作加以試用焉。下午開始查核帳表，因帳內未將 CEA 嚴格劃分，月報表反能按 CEA 填列，發現製表不依帳簿之現象，已囑整理重登，明日再核。

遊覽

下午，同靳、蕭、孫、汪諸君往遊安平古堡，此為余多次來台南而未能抽暇一遊者，此地為鄭延平王與荷蘭爭戰之古蹟，聞昔在海濱，現在則距海尚有數里之遠。

娛樂

晚，電力公司區管理處孫經理約赴南都戲院看復興劇校來南公演，戲目為葉復潤之黃金台，沈復嘉之小放牛，及沈復嘉、陳復秋、孫復冰、曲復敏、徐復玉、岳復霞、程復慧、程復琴合演之八五花洞，後兩齣較好，飾包公之張復衡與八個潘氏中之二三均尚可聽，十一時半散。

6 月 22 日　星期三

職務

上午，繼續在電力公司台南區管理處查帳，仍為 FY55 計劃下之 58 年度帳，所得情形如下：（1）昨日所發現之內部往來科目記載未分年度，以致滾計發生相反方面之餘額，經囑會計人員連夜整理，將混雜一起未分戶名、未分年度，乃至計劃亦未全分之帳，重新劃分，已得到結果，證明尚無錯誤，但每月造送之表不據帳產生，以致總公司無由發生其帳內記載之情形，至今始行發覺；（2）由於此項分析工作之結果，發現有以 PIO/C 材料用於維護工程，亦即非資本支出之目的者，此與 PPA 規定原則上殊有未和，但 PPA 如何規定須待整閱始能有所決定。下午察看倉庫，其保藏方式與高雄及屏東又自有別，此處之分別不依 PIO/C 別，而將各同類者放置一起，再分別標明 PIO/C 號數；又發覺各物品之材料卡片雖每種均懸掛一冊，但一律只有第一筆，即本年六月十八日之盤點數量，顯係為應付此次之查帳而臨時趕工者。

旅行

中午將北返一應事項準備齊全，下午五時六分由台南乘柴油特快車出發，同行者靳綿曾、孫斯眉、蕭炯昌、汪爾德諸君，現在之柴油特快車似已不甚擁擠，故途中甚為寬適，依新時刻表於晚間十時二十二分到達。

6 月 23 日　星期四

職務

本分署此次支配之電力公司查帳工作，外勤工作第一階段已告完成，今日同時工作之靳綿曾君語余，聞之同往之電力公司孫斯眉君云，該公司當局對於此次余等所採之和平作風深為感激，蓋以前曾由徐松年君前往查過其他計劃，徐君之作風為尋根究底，不厭其詳，非至被問者語塞，絕不休止，以今視昔，余等使彼等自有大不相同之感也。然此次所以如此者，亦另有故，緣此次所查輸配電計劃名為1958計劃，而此計劃迄今為止支出猶甚單純，為明瞭此計劃之一般情形，難免涉及其他計劃，然因不屬於此次之範圍，亦不免淺嘗即止，加以時間所定甚有限制，欲在此時間內對全部支出均有了解，事實固亦不許也。與靳君計劃下次出發事，余主下星期即赴中部，靳君則認為來不及，乃定為再下星期，而再下星期一為七月四日，美國國慶，出發工作應自星期二開始，則實際工作只有五天或四天半矣，但既已如此，亦只好將就從事矣。

體質

昨夜回寓後，突於深夜腹瀉，所排出者為不消化之食物，今晨又有一次，上午在醫務室就診，配方為Sulfasuxidine，今日已服用三次，計藥片各八片。

6月24日　星期五

職務

與靳君續到電力公司查帳，今日之對象為該公司材料處外購科與運輸科對於PIO/C進口材料之一般程序。在開始接洽之初，其主管副處長王君及外購課長孫君竟不由分說，謂一切均由中央信託局經手，如有短交或海運損失則案卷均在會計處材料會計課，似有置身事外之意，開始之後又云該公司對於一切採購無權決定，均由美援會與懷特公司作主，經靳君不假詞色，而與糾正，始稍稍就範。事後據陪同前往之孫斯眉君云，該處對會計處向來亦是此等態度，聞骨子裡係因在對外採購工作上，工程單位直接與投標者接洽，彼等之暗中的利益已經漸漸消失之故。今日與靳君分任外購訂約以前與訂約以後之各項程序的調查，前者由余擔任，所了解者大致為：在 PIO/C 與 Specification 經擬訂由美援會與懷特公司審核後，美援會即函中信局指定為購買之 Agent，中信局即進行招標，標單經該處核閱後，至開標時並參加監標，開標後先由懷特公司對各廠商加以分析，作成 recommendations 送中信局，該局作一決標單，送台電材料處，轉工程單位簽字，送還中信局，中信局與訂約後再將契約副本送材料處云。上午，劉允中主任託查詢公民營企業資本重估價法案，經以電話分別與張景文、馬吉甫二兄洽詢。

6 月 25 日　星期六

閱讀

余於 *Reader's Digest* 所載之文字，有若干認為不經意者，每每有極重要之金石之言，六月份所刊 Points to Ponder 有二則：(1) I. Silone in "Bread and Wine"：Liberty isn't a thing you have been given as a present. You can be a free man under a dictatorship. It is sufficient if you struggle against it. He who thinks with his own head is a free man. He who struggles for what he believes to be right is a free man. If you live in the first country in the world and are lazy, callous, apathetic, irresolute, you are not free but a slave, though there be no coercion and no opposition. Liberty is something you have to take for yourself. There is no use begging it from others. (2) H. James in "The Art of Fiction": Experience is never limited, and it is never completed; it is an immense sensibility, a kind of huge spider web of the finest silken thread, suspended in the chamber of consciousness, and catching every air-borne particle in its tissue. 此二則皆沁人心脾之言也。

6 月 26 日　星期日

閱讀

昨記六月份讀者文摘所刊之 Points to Ponder 語錄，猶有未盡，續記如下：Dr. Wernher von Braun: Many people seem to feel that science has somehow made "religious ideas" untimely or old-fashioned. But I think science has a real surprise for the skeptics. Science, for instance, tells us that nothing in nature, not even the tiniest particle, can disappear without a trace. Nature does not know extinction. All it knows is transformation. Now, if God applies this fundamental principle to the most minute and insignificant parts of His universe, doesn't it make sense to assume that He applies it also to the human soul? I think it does. And everything science has taught me - and continues to teach me - strengthen my belief in the continuity of our spiritual existence after death. Nothing disappears without a trace.

瑣記

晚，故人之子張彪來辭行，暑假將回善化，渠現已讀完台大一年級，其二姊與弟秋季升大學與高中云。

6月27日　星期一

職務

今日在辦公室複閱有關電力公司輸配電工程處所用會計制度之資料，以檢討有關此次查帳所獲得之了解是否完全正確而與事實相符，結果對於其六大類成本之四至六類的分攤率一問題，似乎仍有難以解答之疑點，此或為不經過核閱傳票憑證便不能得到深刻印象之證，緣該項制度之具體帳項尚未甚實際接觸也。與靳君計劃下月之查帳日程，準備於七月四日開始，九日終了，至中部彰化、台中、嘉義、南投一帶，本擬將新竹列入，但因時間或不許可，將視情形如有必要時，再行單獨以兩天之時間前往一次。此次查核電力公司之帳，因靳君欲乘機為試行由調查工作轉入查帳工作之探索地步，處處希望以共同工作方式出之，因而不能如過去之採分工合作方式，故時間上多有浪費之感，靳君亦知其然，故於補充會計知識一事，屢屢不肯忘懷，今日更向余詢問若干問題，要求講解，余乃以最簡捷之方式，由傳票至帳簿，分錄方式與借貸原理加以說明，惜此次所查之電力公司帳務多有變態，未能充作最好之例證，靳君所能了解者仍不多耳。晚，本稽核組同人公請美援會與農復會稽核人員於河邊烤肉苑，凡到四十餘人。

6月28日 星期二

職務

今日上午與靳君在孫斯眉、汪爾德二人陪同下，到電力公司松山倉庫檢查，此倉庫為該公司之集中性倉庫，由材料處主管，所保存者為集中材料，亦即由會計處材料會計課記帳之材料，工程材料原則上不屬於集中管理之材料，但有時輸配電計劃下之進口器材不能遽行斷定為輸配電工程處主管抑業務處集管，亦往往先在該倉庫暫管，然後移轉於其他倉庫，因此等 PIO/C 下之進口器材係由總公司管理，故移轉時並無帳簿記載，反之如為本地購買材料時，則於發給時用撥料手續辦理，亦須記帳矣。下午，到輸配墊工程處內檢查其台北倉庫，此為該處所屬台北、楠梓、楊梅與豐原四庫中之一，所存只有零星材料，備必要時常用易於領發者。與材料會計課主管 PIO/C 材料之杜聰明君談其進口材料之價款問題，發現一項可注意之事實，即該項 PIO/C 器材在 1954 年度以前係由材料處外購科辦理，1955 以後依政府規定委託中央信託局辦理，在材料到達時會計處之材料會計課依據材料處所轉送之發票等件記帳，但云此項發票並非由銀行遞送而來，其價格未必即為有效之價格，惟該課係依此價格記帳，如終不發現真正價格，則此一 PIO/C 之淨額將與公司欠還之金額必發生差額云。

6 月 29 日　星期三

職務

上午八時半，電力公司輸配電工程處蕭炯昌副處長及會計處孫斯眉君一同到署，乃如約派車開赴楊梅大金山輸配電工程處倉庫視察，此處為該處之主要倉庫，體積龐大者皆存於此，有一件達二十頓者，據云火力發電所有一件達一百二十公噸者，其笨重可知，此處敞庫為美援款所造，長達一百二十公尺，容積極大，關於點核帳面與實際庫存由靳君任之，余只就其設立卡片之方式加以查詢，移時即竟。在該倉庫與孫斯眉君談短收問題，據云 PIO/C 進口物資遇有短收者，具驗收報告人之短少報告，會計處材料會計課本應由在途材料內轉入短收材料帳內，但該課從未如此辦理，以致在交涉中之短收材料究竟係何項目，無法由帳內記錄得之，而材料處之外購科則只對於各案有往來文件，又並無賅括性之記錄，於是欲知短收之一般狀況，捨查卷外無他途可循；又談另一問題即業務系統之各區管理處美援帳，係持重於 CEA 之各個劃分，但余發生一新問題，即在有的計劃下特別為某一計劃購買易貨器材而單獨簽一 CEA，但在工程上實為另一 CEA 工程計劃之一部分材料，在 CEA 各自獨立處理之原則下，其預算實績報告表如何造送，實大費參酌也云。下午三時事畢北返。

6 月 30 日　星期四

職務

今日本預定續到電力公司查帳，但因連日由 Program

Office 送來會核之 Fund Application 太多，原支配二人處理，因應接不暇，余與靳君乃臨時留助。余今日只看高雄港務局之 Application 一件，為高港擴建計劃用貸款三千萬元，第一期一千萬元早已撥付，現在正待發出另一千萬元，尚餘一千萬元則移至下年度續用。余細核此案前後經過，發現如下之事實：（1）E-1 內只有三千萬總數，並稱台灣省府另撥國款三百十五萬元以應付養蠔補償金與工程管理費；（2）此項 Application 前曾送來簽註，由葉君簽明若干改動之處，現已照改；（3）另有 PPA 者亦曾核定，余詢之 Program Office，則不之知，謂此乃 Technical Office 之文件，彼等不問，因之余亦未加調閱核對，準此乃簽註意見，認為 Overhead 既已規定由省府負擔，則各工程預算內加列 15-19% 之所謂 Overhead Charge 內如將來有管理性費用在內，即應剔除，以為約束之計，送之劉允中主任，則又改為凡 Overhead Charge 均應由省府負擔，除非經美援會安全分署事先核准者，其意全失，余解釋此中區別後，彼仍是其已見，故亦聽之。

交際

會計長 Shamburger 在寓舉行酒會，為副會計長 Dunn 惜別，於六時十五分開始，余等於七時半辭歸。

7月1日　星期五

職務

今日會同靳君到台灣電力公司台北區管理處查帳，因時間限制，於一天內完成，尚餘用援款所造之大安倉庫及所藏材料待將來有機會時間再行續查。今日由帳務處理得到以下各種資料：（1）該公司區管理處接到由總公司撥發美援款，係用內部往來科目處理，但其中所含有現金，代購材料，又有從屬於 PIO/C 之特別貸款用於運雜費者，由於 CEA 不同，故皆在內部往來科目之下一一設立各種子目，每月對帳，係由會計處抄單至各區管理處，故實際上此等分戶之龐雜情形既不為總公司所注意，亦不見有何必要；（2）各年度之電表由總公司撥交各單位，即同日辦收料發料轉入總公司財產，其後且附有竣工決算書，財產所在地無法填列，只好以「備品」二字了之，此等方式係由總公司所定，極不合理；（3）各帳係以年度為界，逐年結轉，故每年度之帳內有在此期間之各個計劃的收付，各各切斷，詢以能否按 CEA 別之期間記載至此一 CEA 之結束，不換帳頁，據答因為此部分美援傳票帳簿為全部帳目之一部分，公司全部帳目之制度係用分年結轉制度，如此一部分另為起迄之標準，難為一致之裝訂，更不易合併於一冊之內；（4）每 CEA 終了時無結帳之手續，故必須重複填製若干月份之月報表，已囑加以改進云。

7月2日　星期六

閱讀

七月份 *Reader's Digest* 今日方到，在 Points to Ponder 欄載有名句，出自 Maj. Andres Robert Burton Cavendish，曰："If I were to introduce a motto for the use of leisure hours, I think I would say this: If a thing is worth doing, it is worth doing badly. If you get fun out of a thing, it does not matter if you do it badly. I play tennis and - though I do it no longer - I used to ride. But I do both abominably. I broke the heart of a chap who tried to teach me tennis, and I frequently fell off my horse. If I had said to myself, 'you are no good at either, so don't do them', I should have missed an enormous amount of pleasure. So I say, if you like to do a thing, do it as hard as you can, and you will get fun from your pursuit."

交際

分署會計處同人為副會計長 W. J. Dunn 將任滿調離，在華都食堂公請餞行，被請者尚有會計長 H. F. Shamburger 及 Tunnell 與 Nolan 等，計三席。此等場合本有致詞之舉，自陶聲洋君赴美援會後，無人為繼矣。

7月3日　星期日

家事

上午，同德芳到中和鄉姑丈家探姑丈手疾，蓋上週表妹姜慧光曾來談及姑丈之手因指甲旁撕去肉刺而致發炎，經外科診斷須行手術也，今日見已大致痊可，只待解去紗布矣。

職務

國民大會今春第三次會議通過成立憲政研討委員會，條例尚在立法院在極不友好之空氣中為無限期的審查，但大會曾決議本會於七月一日成立，於是奉准總統指示先行成立，前日並有限時專送信通知已經成立，今日又來通知謂分組研討辦法已經奉主任委員核定，附送認組表，請即圈填見復，此項分組辦法為分兩組，一為創制複決權之行使研究組，二為修改憲法一般問題研究組，余當圈創制複決權行使研究組，蓋余於二者皆欠研究，則所研究之對象應以愈狹愈好也。

瑣記

余之羅斯福路居室因空地太小，幾乎難為花木遂其生存之所，余移來之三數年後牆為竹籬，原植有樹木五、六株，不久靠兩端之不知名小樹即死亡，其後磚牆砌成，樹木皆漸漸更為不暢，自水泥地打成後尤然，去年福祿桐被伐而去，今年則最近又夭折杜鵑一株，此樹幾乎每年開白花十餘朵，寂寞嬌豔，得未曾有，今日始知枯去，深為憾惜也。

7月4日　星期一

旅行

上午九時由台北乘分署自備車出發，同行者本署靳綿曾君，電力公司蕭炯昌、孫斯眉、汪爾德諸君，司機陳淵，因路上略有休息與延擱之時間，下午一時半始到台中，住電力公司台中區管理處，此處招待所共可下榻六人，因已有三客人先在，故蕭、汪二君轉赴第二招待所居住，台中似較台北空闊，入夜且有陣雨，但室小且近客廳之紙門須關閉，夜間極為悶熱，因車行較倦，提早就寢，亦不覺展轉之苦矣。

職務

今日為美國國慶，乃係假期，上周申請出差獲准，或由於 Tunnell 之大意，或因在中國同人間不作為放假，只作為可以免予到班之故。下午四時在台中區管理處開始查帳，因該處似非待總公司之汪君來此不知範圍如何，故準備甚遲緩，今日只將各個與 FY1958 有關之 CEA 台幣用款加以核對，由各 CEA 五月份之月報表餘額與明細分類帳（實為總分類帳性質）之餘額相核對，除所犯通病即將與總公司內部往來科目之借貸兩方餘額分記兩戶，而在表上則將借方餘額改用永久性財產或未完工程外，其餘均屬相符，惟因每年底必須結轉一次，故區區不滿一年之帳而跨過元旦日者又須換帳，故檢查時又多一重麻煩，此亦為各區處之通病也。

7月5日　星期二

職務

全日在電力公司台中區管理處查帳，上午為帳務本身方面，重點如下：（1）以一個較大的配電工程為目標，即 57 計劃 58 年度之 407 號全市線路工程，共用款六百餘萬元，其中美援台幣及 PIO/C 材料占三分之一，該公司自籌款占三分之二，在美援款中尚有普通貸款及兩個 CEA 之關稅特別貸款，此一工程之資金別極為複雜，所占記帳篇幅有六、七頁，而時間亦在將近一年半之久，經將表報單據帳簿加以審核，大體上無何問題，只有數百元之消耗性享受性開支如茶葉等，經囑當面注意；（2）由工程使用 PIO/C 材料之轉移，運雜費之負擔等手續問題加以檢討分析，以明此項 PIO/C 材料帳與費用帳之現行程序。下午視察倉庫，其貯藏方式在進口器材採 PIO/C 別，本地採購則只按存品性質分類，CEA 別與 Job 別另見於其料卡，與總帳卡可以核對。下午視察新落成之配電中心，為該公司土木處設計，計四百餘建坪，用款二百萬元，建築方式多有出奇制勝之處，包括倉庫、技工休息、車輛及裝卸等設備，又視察台中變電所，此二者皆含美援。

旅行

下午八時由台中乘自備車出發南行，十時一刻到達嘉義，住垂楊路電力公司招待所，同行者靳君及電力公司蕭、孫、汪三君，原定於五時起身，因下午工作完畢已遲，故晚飯後始行，沐浴休息時已夜分矣。

7月6日　星期三

職務

全日在台灣電力公司嘉義區管理處查帳，核對各年度之表報與帳簿，發現一項不由帳製表之事實，即其 FY1955 配電工程用款，只按計劃別未按年度別劃分，亦即該計劃在 1956 及 1957 年內用款係逐年累計，然其所製月報表則係按年度別劃分，故各年度分製之月報表上所列數額須逐表將同科目者相加，始可與帳上者對照，詢之總公司同來之汪爾德君，謂事先不知，因其送總公司之月報表既係劃分處理，自然推定其帳簿亦然也，而區管理處會計人員則在當時根本不知計劃別年度別等等特殊規定之原委，因區管理處以配電業務為主，美援經辦只此一項 Project，而且事先無詳密規定或指引也。下午續查，由內部往來內發生一筆用材料往來部分單獨記帳之二千元，得知有此數額之 PIO/C 進口材料被運輸公司損壞賠償，即以應收之運價相抵，經總公司向該運輸店收回列帳，詢以此項損壞者應如何繳還援款，孫君云均隨時辦理，作為提早償還貸款，此點應與總公司自籌款核對始可也。下午並視察倉庫與仁愛變電所，倉庫本地採購所用帳卡係按 Job 別分欄，甚為精細，貨價則亦分，但有少數新到材料據云尚未接轉帳通知單者，又有電表尚不能知屬何 Job，則不以 Job 分欄，而 PIO/C 材料則為總公司記帳，料卡格式亦異。

7月7日　星期四

職務

上午，在嘉義電力公司區管理處繼續查帳，先到倉庫繼昨日未竟工作查詢其料卡記載方法，並摘記二種材料之六月底續存數量，於到管理處之時與會計組之材料明細分類帳卡相核對，發現皆尚未登六月份帳，其原因為材料在倉庫雖已辦驗收或發料，且登入卡內，而會計方面則尚未接代購之總公司轉帳通知單，於是存以等待總公司之單證以省略先記暫欠科目之繁，於是滯壓不轉，因而非在次月半後不能製完先月月底之傳票，此種習慣殊大不合理也。由一個工程精算之經過情形，以覘其實績報告表與帳列數是否相符，發現不符，原因為一部分原料器材為舊料新裝，本已折舊，此折舊數未能在表上表示，但在表送總公司後又不能發現，因總公司不核此等情形，且無其他 Control 之記錄故也。下午到虎尾看輸配電工程處所作變電所，據云為 FY57 計劃 FY60 預算內用款，又查虎尾服務所一般接受配電工程情形並沿途看線路新改工程情形。

旅行

下午五時由嘉義乘自備車出發，晚飯在員林由汪君及其戚屬汪君招待，因途中耽擱，九時始到彰化，住八卦山下電力公司招待所。

參觀

在員林參觀魏老先生洋蘭園，計有一千三百餘盆，云一千一百品種，目前無開花者，氏已六十七歲，深有頤養。

7月8日　星期五

職務

上午，在電力公司彰化區管理處查帳，此處之會計聞考績向來列優，上午先核其所製表報，先由列項之方式著手，為一新發生之問題而費去甚多之時間，此即工程編號問題，蓋各區管理處之工程凡大項者按援款計劃與年度別編號，尚有零星工程與電表、變壓器、油開三項則無之，其中又有用 PIO/C 材料無本地購買材料者，則不列入表內之美援款部分，而列在後段自籌款部分，惟使用 PIO/C 材料又有內運之運什費往往由總公司轉來甚遲，此時即只將運什費列在美援一段之內，即歸於本月份所用全部使用任何材料內，製一全月份綜合竣工決算書，此等零星工程項目在決算後照財產單位編號，費用含入，為求攤算不留餘額，故全數攤入，如此實際成本與應計之成本實大有距離也。又有一項問題即 PIO/C 材料之內運運什費由 CEA fund 開支，但在 PPA 向無此項預算，據孫君解釋為在編預算時已含於六大類之項目內，此說雖不無理由，然無堅強依據也。下午檢查倉庫，只有58 計劃下之 60 年預算內材料，此外則 PIO/C 材料各年度均存，似已無用。下午視察南投變電所，並順便往中興新村一游。

瑣記

下午南投之行本為預定明日工作，並順便看霧峰博物院，後有人云博物院明日或停開，乃改今日，不料去遲十分鐘，管理員已鎖門，怏怏而返。

7月9日　星期六

職務

上午，在電力公司彰化區管理處繼續查帳，發現事實如下：（1）報表保存方式，每年一冊，每月由其本身之總分類帳月計表各科目明細表起，而美援款項月計表資本支出預算實績報告表止，均依序排列；（2）所有普通貸款，402 特別貸款，均按計劃別年度別分別列帳列表；（3）藍色美援明細分類帳內之各明細科目餘額為製月計表之依據，但無銀行往來科目，據云係以出納方面所記之現金出納登記簿代之，余認為系統不同，不可以代，而該處之解釋則認為係陳奉會計處核准免除此項重複工作者，此事在帳理上大有問題，雖關係實際收支者不大；（4）五月份有關 402 特別貸款之兩個月計表與帳上之各相當科目餘額不符，據云有先轉後轉以及沖帳之不同，因時間不及，未加細核，只囑將其中有以 PIO/C 材料用於維護費用之部分查明抄寄，以供審核；（5）工程部分只就正進行中之 1958 計劃在 1960 之工程帳內容就帳列摘要加以審核，未及對照單據。下午，到豐原輸配電工程處特高壓分處倉庫視察代管輸配電之材料，數量甚少，PIO/C 料有餘料待另行處理者。

旅行

下午由東勢至谷關住電力公司招待所，凡 35 公里，此地寬敞清涼，在海拔七百公尺以上，薄暮看天輪沉沙池，如萬馬奔騰，入睡後惟聞蟲鳴，溫泉清澈而不滑。

7月10日　星期日

旅行

昨晚到達谷關後，台電招待所之幽靜環境與海拔七百公尺之氣候，使人精神為之一爽，而一周來之塵囂亦為之頓消。夜間沐浴就寢，初尚只需蓋毛巾被，半夜後即需薄被，安適得未曾有，而山間無車馬之喧，一片蟲寂，明月懸於山巔，自顧如在仙境，此處招待所建築甚大，清潔宏敞。今晨黎明即起，開窗爽氣撲入，沁人心脾，再度沐浴，泉水清澈，真有一塵不染之感。午飯後乘車先向上行，一公里餘有叉路，經前公路局梨山工程處宿舍下至山谷，有天輪發電所之大壩，猶憶兩年前曾在梨山工程處查帳五天，而近在咫尺，竟不知有此一壩，今日始知當時之孤陋寡聞也，此處之入隧道水過山後即為昨晚所見之沉沙池，再入山洞後，由天冷出隧道，始至天輪發電所云。參觀畢循原路下山，凡三十五公里而至東勢，未有停留，計今日共行二小時而達台中，在自由路新陶芳吃午飯，並買食品，下午一時續行，二時到苑裡，在帽席店買大甲草席三張，計四尺半者二張，四尺者一張，下午三時再行，在新竹休息約半小時，續行於五時半到達台北，一週間之忙碌生活於以告終，而一天來之幽靜情調亦由台北之煩囂而使人頓覺如大夢初醒，甚矣人生之不可捉摸也。今日所行之里程約計在二百五十公里以上，惟時行時停，因而費去時間八小時餘耳。

7月11日　星期一

職務

今日恢復到分署辦公，余本為步行前往者，因溽暑已至，且學校放假後公共汽車已不甚擠，故又改為乘車。今日工作如下：（1）與靳君談即將開始撰寫之查帳報告內容，其大體上包括之部分為全部輸配電計劃之援款情形，及由於報告方式之未能確定而至今未有結束報告者之原因，會計制度之一般情況，進口與就地採購之材料之收購與庫儲及記錄方式，一九五八年計劃至今為止之支用情形等；（2）處理臨時工作，協助徐松年君對於手工業中心之查帳報告的執行情形加以標註，其尚無案者則以電話詢問該中心之財務組長盛長忠君；（3）檢討退除役官兵就業輔導會存餘之 PIO/C 鋼筋變價問題，此案本係由 A. W. Tunnell 自行起稿函美援會依據抽查高雄倉庫所發生之未用 PIO/C 鋼筋數量向輔導會提出追繳七萬七千元之要求，而 Follow-up audit 即曾由余據此經過寫明此項將美金改折台幣之追繳案內容，不料該會據其曾函美援會未獲准駁之函件認為 PIO/C 材料之變賣還借為有根據，其實並無具體答復，現又來函認為 PIO/C 材料均已用於各 RETSER project 無餘，所餘者應作為償還墊借之數內的一部分，不能視為 PIO/C 材料之變賣，而仍要求豁免，實際仍為似是而非也。

7 月 12 日　星期二

職務

今日在辦公室整理兩週來之查帳資料，並複閱有關電力公司輸配電工程處以前查帳之 Working Papers，喚起回憶，以便日內到該處繼續工作。為退除役官兵就業輔導會有關追繳高雄港務局倉庫所存該會 PIO/C 鋼筋 15.4 公噸來函寫 comments 一件，首先解說該會之希望，並所持理由要點在於堅認該會已將有關五個 PIO/C 之鋼筋完全用盡，故所存者乃係備還該會曾以本地採購墊用之鋼筋，故目的在於要求免繳此 15.4 公噸之價款七萬七千元，其次說明該會提供之使用情形資料，謂全部鋼筋俱已用罄一節，乃係以原有之五個 project 之 PIO/C 鋼筋用於八個 project，其中移用之三個 project 達三百餘頓，第三說明該會雖曾就本地鋼筋買進抵用不及等待之進口鋼筋，然美援會並未加以核准，只復請該會提出妥善辦法送核，該會即執此以為曾獲核准之根據，實屬纏夾，由於以上各節，認為此項 77,000 元之追繳款應繼續有效云。

師友

蘇定遠君來介紹其友人應徵本會計處招請之稽核人員，余問之劉允中君始知須先向人事組接洽，據此乃介紹其至人事組晤姚君云。

集會

晚，出席小組會議，改選小組長，以汪焦桐兄昨晚來接洽之候選人田君當選。

7 月 13 日　星期三

職務

上午，同靳君到電力公司與會計處孫斯眉、杜聰明、汪爾德諸君晤面，談關於倉庫與材料會計之連繫問題，蓋靳君所調查之 PIO/C 進口物資在倉庫記錄上與材料會計課之記錄甚有距離也。下午補閱 FY1959 PPA，蓋此次所查電力公司 Power Transmission and Distribution Project，原指 FY1958 部分，故開始時即將 1959 PPA 加以閱覽，其中凡包括 FY1958 內之 FY55 開始、FY56 開始、與 FY57 之數個計劃，但後又知所謂 1958 計劃乃指由 1958 開始之計劃，則在 1959 與 1960

年內之 1958 計劃均應在內，而當時未及將此兩年之 PPA 加以調閱，即行出發工作，今日時間較為充分，乃將 1959 PPA 調閱。其中所列之 1958 計劃在 1959 年內用款預算，全為台幣，不似以前 FY1955 以來之各計劃，美金部分亦分配於數個年度內，再查 1958 PPA 內之美金預算係就全部四年之總數均列於第一年內，而分配於各科目之細數，則在全部四年之總數預算內列出，此數亦即全部計劃之在第一年需要數，一而二，二而一，惟非知其內情者不能貿然斷定也。

師友

于治堂兄之長女清秀今夏畢業於銘傳女子商業專科學校工商管理科，治堂兄曾來函託為謀事，今晚于小姐來訪，當將困難及當為設法一節言明。

7 月 14 日　星期四

職務

全日在台灣電力公司輸配電工程處查帳，今日所查為 FY1958 計劃用款，包括在 1959 及 1960 兩年之用款，所得資料如下：（1）帳簿按計劃別累計基礎，但每一年度之 CEA 總結一次，餘款繳還，結束報告亦每計一紙累計基礎；（2）未分配運雜費內包括有入倉前之運輸起卸費歸於材料成本，入倉後之倉庫等間接費則稱為材料費用，每按固定比例由公司款暫付帳轉來列支，進出均照千分之九計列；（3）材料科目之明細分類帳卡應與倉庫料卡相符，經以楠梓倉庫卡片所列水泥與此間料帳核對，發現此間料帳之存儲地點一欄只使用本庫一欄，其他各庫均合併在內計算，此法使某一存庫數量不能相核對，經主辦人員持各項分運憑證，說明原委，始知其事實上尚無不符之處，然轉冊實為費解也；（4）向會計課余課長再度詢問工程間接費用之比例與攤法，據云以總工費（料、工、直費）百分之二・五計列，此為由經驗上所得之百分比，此項攤算不分六大類，均只在已分配費用科目內立帳記入總數，並不另行記入各類費用之本身帳，以便已核算之工程尚可作此等同樣之表示分類云。

師友

傍晚，原都民夫婦來訪，送來託辦之火險保單，由七月一日起續保。晚，李公藩兄來訪，閒談，彼已由和平東路移住台灣書店徐州路倉庫云。

7 月 15 日　星期五

職務

同靳君到電力公司輸配電工程處竟日查帳，所查仍為 FY1958 計劃下之 FY1959-1960 用款，主要為分析其明細分類帳之內容，就其摘要抽查若干傳票與憑證，大致情形如下：（1）靳君願協同查核帳務方面，余將最基本之工作即六月三十日銀行存款帳與對帳單之查核，因支票戶名有誤，遂致 reconciliation 過程中發生沖帳及一錯再錯之轉正，雖最後無誤，然在核對過程中耗卻甚多之時間；（2）六月底為半年決算，因整理帳項不齊，故不但七月一日後之帳未記，即六月底之結數亦無，故在核對其餘額時，尚須有加減手續，此亦為浪費時間之事，據會計課余課長云，非但六月如此，即平時月底亦往往須等候十天左右，俟總管理處內部往來對帳抄寄來處時，始證明無未造帳，然後均作為前月底之傳票加以分錄記帳云；（3）明細分類帳分一般性科目的，與未完工程科目的，後者又有第一類的一冊，第二至六類的一冊，余所擔任的為一般科目的，及二至六類未完工程的，至第一類則由靳君協同審核，據云查核傳票數張，均不能立即清楚明白，非待解釋說明不可，其實此乃該處整個會計制度下之必然產物；（4）該工程處及會計處查帳工作今日完畢，提議會同舉行座談會，余等同意俟報告初稿草成後辦理。

7 月 16 日　星期六

集會

日昨國民大會秘書處通知於今日在中山堂有事商談，比往，見已到者皆列席代表同人，然仍不知為何事，移時由國大秘書長谷正綱會同中央黨部副秘書長張壽賢來主持談話，先後報告大致係因憲政檢討委員會成立，分組即將於抽籤後選舉召集人，每二十人可出一人，月來競選有出乎意外之白熱化，於是有人向谷氏詢問，如果有列席代表競選召集人者，或任何召集人得列席代表之票者，其效力為如何？其意即為列席代表之權利義務應與大會時受同樣限制，谷氏認為此事有可能發生糾紛，故擬將列席代表四十一人編為一組，庶避開此項糾紛之發生可能，於是各出席代表相繼發言，多對於出席、列席之分於法無據，而憲政檢討會之委員資格本以全體代表為之，此代表亦未分出席、列席，應無問題可言，但谷氏則因存心搗亂之分子不惜製造糾紛，為免貽社會以笑柄，故希望大家諒解，防患未然，討論歷二小時，結果採林尹代表之意見，不另編為一組，但在選舉召集人時，各各自願放棄投票，始告解決，席間發言最悲憤者為某代表，謂中央一向對搗亂分子低頭，於是氣焰益張，養癰遺患，而將益不能收拾，吾等列席代表問題，即因各人明識大體，不肯不顧顏面，給中央以難堪，乃事事委曲求全，此項政策在中央為錯誤之甚，如不改弦易轍，後患方興未艾也云。

7 月 17 日　星期日

師友

上午，鄔繩武、方青儒兩兄寫卡片介紹徐政代表來訪，謂國民大會憲政檢討會之分組事宜已於今日上午抽籤，徐君與余均抽列第一組，希望在互選召集人時為徐君投下一票，余即將昨日與谷秘書長之君子協定經過相告，認為屆時必將棄權，望勿將此票記入云。下午，孟傳楹代表來訪，係為楊揚代表活動選票為召集人者，余亦將上項經過相告。事先為同樣之情者尚有宋志先兄，詢之孟君，謂不在一組，無此問題，又有逄化文與石鍾琇兄等，不知彼等抽至何組，故亦無法知其有無此項同樣之問題發生云。下午，龔英松夫婦來訪，由於其夫人有婦科疾病，德芳曾往探望未遇，故今日特來答訪，據云是否有行手術之必要，將於兩個月內先行治療以覘之云。晚，同德芳到徐州路訪李公藩兄夫婦，原因為其遷居後曾經數次來訪，而始終未往答訪，今日乃特往一行云。

家事

上午，在烏日任連長之李楨林君由七弟瑤祥陪同來寓相晤，李君對於當前部隊內大陸人士日減之問題認為十分嚴重，可謂洞中肯綮。

娛樂

上午，率紹彭到空軍新生社看大鵬學生班公演，凡三劇，一為雙包案，二為打鋼刀，三為武文華，三劇中各有花面三花與武生之突出童伶，頗有可觀。

7月18日　星期一

職務

本日開始寫作 FY1958 Power Transmission and Distribution Project 之查帳報告，首先與靳君商定內容之綱要，已初步決定共有七大段，而靳君事先已完成其第一段 Background，所餘六段余擔任二段半，即 Fund Status 之半段，與 Accounting and Reporting System 及 FY1958 Disbursement Verification 之二段，今日余只將其中 Accounting System 中應敘述各點另寫子目數項，尚未動筆行文焉。上上週出差旅費，因 Travel Authorization 尚未頒發，遲遲未報，今日因上週五已將 Travel Authorization 收到，已有根據，故與靳君商定填報，事先余本已與司機核對到達各地之報告時刻單，其中第五天有前往南投字樣，余因其時在彰化，僅二小時即作一往返，故未將南投單獨作一區域，寫明到離時間，況其時均在出差期間，無論如何填寫均不影響 Per diem，故當日之日程只寫 On duty Changhua and Nantou Areas，靳君堅決不以為然，謂南投為另一縣區，不應混和，應另作一行填寫，余謂更詳更佳，惟太費時耳，渠乃向司機查詢彼所報之南投到離時間，司機又值外出，復請教同事李君，李君與余見解相同，乃不復言，照填送出。

師友

宋志先兄介紹楊揚君競選憲政會召集人，並來訪不遇，余據情將決定棄權以函告宋兄。

7 月 19 日　星期二

職務

開始寫作 FY1958 Power Transmission and Distribution 之查帳報告，今日所寫為 Accounting and Reporting System 中之首段及次段，子目曰 Accounting Organization 與 Accounting Procedures，前者說明電力公司為執行輸配電計劃有輸配電工程處與各區管理處之兩類單位，而最終予以綜合者為該公司會計處，另子目曰 Accounting Procedure，分輸配電工程處與各區管理處兩部分說明，前者所用為工程會計處理程序，適用於輸配電工程處及各特設工程處，後者所用者亦為名為工程會計處理程序之文件，但為適用業務系統各區管理處者，此兩部分之特色有許多完全異趣，例如輸配電工程處會計之按六大類預算出帳，以計劃為設帳單位，不分 CEA 別，而區管理處則不分六大類，卻分 CEA 別等皆是。此報告今日所成文字不多，然已儘量就兩項會計制度之特色加以說明，惟是否能使完全不知底蘊之讀者由此獲得明晰之印象，則殊無把握矣。以電話通知電力公司會計處主辦各區管理處經辦工程會計之汪爾德君，請速將58計劃之六〇年度業務系統所用援款截至六月底止之數額加以彙總見告，彼云尚未據報齊，須再等二、三天云。

7月20日　星期三

職務

繼續寫作電力公司輸配電計劃查帳報告，今日所寫為 Cost Determination，輸配電工程處所主管部分，主要為自該公司之工程會計處理程序摘要而成，但因輸配電工程處現在所採辦法對該程序有若干修正之處，故加以變通，就談話記錄予以補入。今日電力公司此次陪同查帳之孫斯眉君來訪，交來有關已經執行各計劃之 CEA 所定 Deadline 與 Final Report 作成之期的資料，並談關於此次查帳交換意見之準備，孫君並對於余等是否將訪問該公司之徐承燠協理一節，極為注意，其所以提出此一問題者，因此次查帳所涉及之該公司各處大部分係由徐君主管，如會計處及財務處、材料處皆是，而在查帳過程中，對材料處最多不滿之處，會計處亦有支離破碎之感，孫君認為如余等決定訪問時，彼希望能先行知悉，以便對有關問題有預行說明之機會，免彼倉促間不能領受云。

體質

自月初出差起即患咳嗽，現已半月，其間服本署醫務室所配咳嗽藥兩次，日間服用華德丸數天，均不見效，前數日咳出之痰為黃色，兩三日來漸呈灰色，氣管甚癢，前次咳嗽曾就診於毛松年兄，服藥而愈，今日又尋其藥方，終不獲見，保存已久，或因無用而撕毀矣，惜哉！

7 月 21 日　星期四

職務

上午，同靳君由電力公司輸配電工程處副處長蕭炯昌君陪同視察 FY1958 計劃下在台北近郊所進行之工程，先到南港變電所，此處係用 1958 年計劃下之援款擴充變壓器者，再至汐止，此處變電所亦有擴充，並加築出口線，最後到天母變電所，視察其擴充容量工程與改善變壓器工程，以上諸工程均不為甚大，因所查 1958 計劃下之用款不多，此等在範圍內之支出須加以過目也。下午續寫輸配電計劃查帳報告，今日只完成 Cost Determination 之 District Office 制度一段，文字不多，只有一頁。

體質

十餘日來之咳嗽至今不愈，西醫所配之藥水不能奏效，為恐過分拖延將引致肺部之不舒，乃於下午到南昌路勝昌藥行請方渡中醫師診察，經試脈並詢問情形後，即行處方，凡湯藥二付，今晚服用一付，並服渣，其餘一付將於明日續服。

師友（續昨）

晚，張中寧兄來訪，謂已移居和平東路師範大學宿舍，但因人多屋小，故仍有意遷回，至其今日來意係為友人拉票投選憲政檢討委員會之本組召集人者，余告以決定放棄，彼始不深談。晚，蘇景泉兄來訪，據談自學校放假後未做何種他往之準備及其他工作云。

7月22日　星期五

職務

今日暫將撰寫 FY1958 Power Transmission and Distribution 查帳報告之工作擱置，先行根據甫由美援會送來之六月底 Report of Local Currency Funds 核對各電力公司輸配電計劃自開始有美援以來之各個 CEA 及其金額，結果發現與電力公司所開送者有三種異同之情形：（1）五四年以前因該公司帳務尚無定式，所開數目比美援會所列者大相逕庭，因細數核對無充分時間，且本次查帳範圍限於 FY1958 計劃，其他只列總數以供參考，故只好以美援會數字為準；（2）五七年至五九年者因該公司已經有詳盡記載，且各 CEA 均已結束，該公司所開雖為四月底數字，與美援會之六月底數猶能相符；（3）1960 年者則改照六月底該公司重開之數目加以核對，自屬相符。電力公司主辦各區管理處美援工程會計綜合工作之汪爾德君來訪，送來各區管理處截至六月底止之收支款數額，因只開總數，故囑其另行將各單位細數亦行補開，並順便向其探詢一二尚未明瞭之問題，其一為 PIO/C 使用情形，既非有工作單不能領料，則以前孫斯眉君所謂由未完工程帳不能得 PIO/C 之全豹，意究何指，彼云係指不能分 PIO/C 之號數而言，二為間接工程費用如何分攤，彼云皆由自籌款開支，未用美援款云。

7月23日 星期六

瑣記

今日休假，靜思若干瑣碎問題，誌此以為泥爪：日昨本稽核組 Chief 之一徐松年君云，由於近中進行考選補充稽核人員，忽對於會計用之 Working Sheet 之 Heading 發生興趣，各家著作有用會計 Period，如謂某年一月一日至十二月三十一日者，有用決算日如謂某年十二月三十一日者，詢余何者為是，余意前說為是，蓋 Working Paper 之整理帳目必包括一定之期間，其中之 Profit、Loss 兩欄如不寫明期間必將無以根據之作成損益計算書也，至於其 Balance Sheet 兩欄，自然一望而知應為其期間之末日，此一事也；次之在 Working Sheet 上有寫明某某單位，某某表稱（指即 Working Sheet 之字樣），某某月日者，亦有只寫一 Working Sheet 字樣者，余意此中皆可省略，獨某某單位不可省略，因此項工作表乃會計師事務所所常用，其同時查帳單位往往不一，為免混淆或誤植，不能不加以標註也。昨日又與經常核閱美援會報表之曾明耀君討論表內之 "402 Grant for Loans" 於意何指，且在 Special a/c No.2 亦即普通 Counterpart 帳戶還款帳內發現之，彼初亦不知，經詢問美援會後，始知乃 402 本為贈款者內有一部分權充貸款，歸還之後即不歸 402，而改歸中國政府之普通相對基金帳戶云。

7月24日　星期日

師友

日前友人介紹之國大代表王昌華再度來訪，託在憲政檢討委員會召集人選舉中投彼之票，余告以下星期將出差外埠，且提名代表聯誼會同人決定自行放棄云。上午，喬修梁兄來訪，謂關於此次憲政檢討會召集人之選舉事，在前次與谷正綱秘書長交換意見後，又有發展，提名代表同人中有以第三次大會中各分組審查會之參加與召集人選具未發生此問題為理由，向秘書處表示不必顧慮者，其後又進一步由各抽籤編成之分組內加以分析，提名代表同人認為第一組內有同人六人而其中有同鄉十人以上者只有喬君，乃鼓勵其出面競選召集人，刻已開始，渠今日之來意為第一請余投渠之票，第二為請轉達宋志先兄，彼正在他組競選，該組內有提名代表同人二人，據喬兄云可以投宋兄之票，希望宋兄亦在第一組為喬兄找到二票，第三則第一組內有吳麟兄者，他人云與余有交，託余轉達一切，余允照辦，但不敢言必有效力。

選舉

今日到志成補習班投票選本區黨部內出席市代表大會之代表，余見有葛之覃兄之傳單，即照投焉。

體質

咳嗽仍未痊愈，連日並服用蜂蜜沖蛋加麻油，今日到方渡中醫師處複診，改換新方，今日先服一劑。

7 月 25 日　星期一

職務

繼續寫作台灣電力公司 FY1958 Power Transmission and Distribution 計劃之查帳報告，今日所寫為 Accounting and Reporting System 內之 Job Completion 一段，此段主要在說明輸配電工程處與各區區管理處經辦工程於完工後轉入總公司財產科目內之程序，大意為闡明輸配電工程處於精算成本後，一面以內部往來科目記入借方，同時以「已分配費用」科目記入貸方，此科目為四至六類成本之對沖科目，所以如此者，有二目的，一為簡化成本轉帳之手續，二為不沖銷四至六類成本之餘額，以便根據其餘額與預算數相比較，至於在各區管理處則亦轉入內部往來科目，故各該處用款之情形須由未完工程與內部往來兩科目內綜合觀察始知云，此外有一例外，即區管處之油開關（Oil Circuit Breaker）、變壓器（Transformer）與電表（KWH Meter）之立即轉為總公司財產是也，以下並略述決算時剩餘現款物料之處理。

師友

宋志先兄來談昨日余代喬修梁兄以韓公佛、李錫五二代表在第五組之票向宋兄交換第一組之票一節，因第一組內宋兄無票可以提供，目前彼在第五組內與另一競選人正勢均力敵，如喬兄改與其敵方交換，宋兄之勢危矣，商討結果只好請喬兄量力為宋兄助而已。

7月26日　星期二

職務

繼續寫作 FY1958 Power Transmission and Distribution 之查帳報告 Accounting and Reporting Systems，第四段為 Reporting Procedures，第一節為 Basis of Fund Status Reports，寫輸配電工程處與業務系統各區管理處因所操會計制度不同而發生之表報方式之不同。因準備第四段之資料而涉及本稽核組所定之 Standard Operating Procedures 問題，緣電力公司開來之資料，謂每次 CEA 結束時間依 SOP 之規定為年度終了後之七個月，該公司之四年週期計劃在第四年結束報告已請准再延六個月，余查 SOP 似無七個月之規定，詢之同人李慶塏、葉于鑫、靳綿曾諸君，均檢閱 SOP 原文不得其解，與靳君往美援會探詢，初問財務組瞿永全，謂無規定，再問稽核組趙既昌與劉溥仁，則指出實載明於 SOP，視之即余等四人所注意之一條之次條也，乃不禁啞然失笑；又 402 Fund 之 Deadline 聞為發出 CEA 之一年內，但查各 CEA 則均如 CPT Fund 之定為十二月底，初詢計劃組周君，謂此是具文，事實上皆知為一年也，再詢張君，則云如非請經特許，十二月底應結束帳目，如經向 CUSA 請求，則在一年範圍內可多延長也，此二答案實有偏差，主管方面之無共同了解，以至於此。

7月27日　星期三

職務

繼續寫作 FY1958 Power Transmission and Distribution

之查帳報告，今日所寫為 Accounting and Reporting Systems 內第二至四節，第二節寫 Report of Budgetary Control，敘述電力公司工程會計程序所定之資本支出預算實績報告表不包括預付懸記款與未用材料，非美援計劃所需要之預算實績表，依據 1956 一次本署查帳報告，囑該公司自訂一項可行之預算實支按年比較之表報，該公司曾規定一種格式，報美援會核備，並自 FY1959 年度內各用款計劃開始實行，但本署另有一函提示報告之要點，該公司正研討改進中，第三節寫其他報告，包括每月試算表與年度終了之平衡表，此表實有相副而行之用，但美援會已囑不送，另一為 Project Program Report，乃根據 SOP 所定，注重工程進度者，其中且將用款情形列入，但只供參考，每與會計表報所列不符，實因所用基礎不同，第四節為該公司全部輸配電計劃歷來之各 CEA 實際造送 Final Report 之情形，列成一表，特別指出其中有五個計劃已屆造送之期，而至今延未照送，乃進而分析其不能完成之原因，計分五點，其中較重要者為各單位遞送彙總之繁複，與各種材料處理方式之不同等。

7 月 28 日　星期四

職務

繼續寫作 FY1958 Power Transmission and Distribution 之查帳報告，今日寫 Verification of Disbursements under FY1958 Program，凡分在 FY1959 與 1960 兩段，FY1959 部分已經結束，用預算與實支比較之方式指出其用款

內容概況，並說明總數雖屬相符，然因原預算為對於PIO/C 進口之電桿木辦理注油之經費，由於電桿木進口遲緩，而將原款用於提早購買次年之一部分電表，此乃事實上所不得已者，FY1960 年部分至今年六月底年度終了時只支用九百萬元，而原預算為三千三百餘萬元，相差過鉅，可見進度之遲緩，此種情形以預算實支比較之方式出之，亦可明瞭其概況也。在填製此二表之初，以為其事甚簡，約半天可竟，後因分成兩表，各各以輸配電工程處與各區管理處之數字相加，而輸配電工程處六月底之數除未完工程以六大類表示者尚係分年列舉外，懸記款與未用料則記累計數，乃將兩年度分別予以計算劃分，以及安排表式等事，全日時間為之用罄。

體質

咳嗽又略輕減，但仍未愈，除每日晨起服食蜂蜜沖蛋外，今日下午再度到南昌路就診於方渡中醫師，第三次處方，取藥二劑，謂痰非一日所積，故清理稍費時日云。

7 月 29 日　星期五

職務

繼續寫作 FY1958 Power Transmission and Distribution 之查帳報告，連日來所寫者為會計制度及 FY1958 計劃在 FY1960 之實支情形，今日續寫在此年度計劃以外從一般檢查所發現之以援款與器材用於維護費用，計有台南、嘉義、彰化三個區管理處，包括 PIO/C 之台幣計值與關稅特別貸款攤計費額在內，共二十餘萬元，認為應由自籌款開支，又有在本計劃內預算援款贈與計 FY1959 項下七萬九千餘元，FY1960 項下八萬一千元，用於出國人員訓練費用，支援半數，電力公司自負半數，該公司在帳上只列記自負之半數，另半數因無實際收支經手，遂不加入成本，致與預算不符，顯然為漏帳，囑其照補。今日所寫另一段為 Fund Status，將 FY1959 與 1960 之收支結存分別列出，並說明前者之餘款已經繳還，後者之結存與銀行對帳單相符。為列舉該公司自籌款與預算比較，見以前所得數字為四月底，乃分別電話輸配電工程處余君與會計處汪君，請其補告六月底數字，余君方面今日已告。此項查照報告未完成部分除上項之自籌款數外，只餘對於會計制度之批評與全部報告之 Recommendation 部分矣。

7 月 30 日　星期六

文錄

颱風警報聲中，使人彌增天道無常之感，心情不寧中憶半月前義大利傳出世界已臨末日之新聞，報載言曦所作「末日奇譚」，文情並茂，風雨中抄錄於此，以誌共鳴：

「『末日』之後，仍溽汗苦思為文，不覺抱怨這是一種『意外』的負擔。想像中的今日，我應該早成煙雲，但結果，來自義大利的預言並沒有跡象可求。世界一切照常，人無論為苦為樂，仍將繼續活下去。豈地軸如春秋之代序，已在暗中偷換？亦造物者故假卜者之言以勸善警世？則天心崇邈，非愚者可窺。

宇宙至大無外，不知其所始，不知其所終，我們所生存的這個世界，亦不過有如滄海一粟，其生命雖歷數十萬萬年，比之茫茫無盡的時間，又直似白駒之過隙。世界如果真有毀滅的一天，而我們以如此短促的生命，及身而遇，歷山崩海裂亙古未有之奇觀，雖不在七千倖存之列，也可以值回『票』價了。世界末日的想像或不自基督始，原始人類缺乏對自然災變的造因與限度的知識，一方面發生錯覺，誤認世界的生命也和自己一樣脆弱，每思覆巢之下，焉有完卵；一方面由敬神畏天而相信災變是對人類罪行的懲罰，宗教延續了這兩種想法，以致現在仍有很多人惴惴然惟恐及身而逢末日。義大利人居火山之麓，濡染於龐貝古城之往跡，那些一千九百年前被毀滅的人類化石，那些代表古羅馬文明的繁榮華美生活的遺型，貧富貴賤，才子佳人，同化塵燼於一旦，使現在的義大利人亦生活在末日的敏感中，人生不滿百，常懷千歲憂，末日恐懼與人生修短無常之憂，可能嚇阻很多人犯罪，也可能更使人耽於享樂，現在有一些義大利人頗與魏晉時代的中國人相似，唯恐明日世界毀滅，今日醉飲之不足。

英國人表現過更實際的人生哲學。二次大戰之中，德機曾有一段時間日夕威脅倫敦，英國商店在門口掛一塊『照常營業』（Business as usual）的招牌，這句話亦即成為危難中鎮定如恆的精神象徵。羅素及現代若干科學家相信原子分裂的毀滅人類，或正是另一人文主義的末日思想。我們大多數人既然無從哀懇天帝，亦不握有引發或防止原子分裂的權力，『照常營業』是唯一安身立命之所。

每一個人皆有他自己的末日，即使總的末日不足信，個別的災變病厄，亦未可前知。照常思想，照常工作，照常是其所是，非其所非，善其所善，惡其所惡，無喜亦無憂，不惑亦不懼，充實而正直的生活，盡一己之分到最後一分鐘為止，這樣一個人即禁得起任何權威包括上帝在內對他的靈魂的審判。每個人的心即是宇宙（宋人早有此說），而人類產生過若干聖哲能夠超越、無視末日的恐懼，正是人類本身的偉大之處；另外有些人的宇宙早已毀滅，卻敏感於身外宇宙與自己軀殼的存亡，徒知縱欲以迎末日，那就真正顯得可哀了。」

7月31日　星期日

颱風

颱風雪莉本稱昨日到此，因進行速度變遲，今晚七時始在宜蘭、花蓮之間登陸，今日台北上午漸有陣雨，下午則雨漸大，晚飯時風亦甚烈，但八時後又漸漸變小，不知是否改西北為西行之故。

師友

上午，訪徐自昌兄，彼原定今日登船赴美，因氣候改期。在徐寓遇閻鴻聲兄，提名代表聯誼會數日來開會彼曾參加，謂喬修梁兄之競選召集人，因拉票與楊揚兄衝突，為免枝節橫生，決定放棄，今日當有通知，希望仍貫徹初衷放棄到場投票云。

8月1日　星期一

職務

繼續寫作 FY1958 Power Transmission and Distribution 之查帳報告，今日已只餘若干較為零星之項目，如該公司自籌款數目，上星期曾電話請汪爾德君臚列六月底各區管理處數，至今未有送來，乃於今日加寫一段，即以四月底之原開數列入，並求得一預算百分比，再如根據各項 Findings 應有之 Recommendations 亦於今日寫就，再次為報告開端之照例項目，如 Scope、Project Detail、Purpose 等項，亦於今日寫就。

體質

咳嗽之治療至今進步仍屬甚微，今日再度來醫務室就診，由林醫師處方，服普通咳嗽水藥每日約半瓶，又服一種杏黃色最小之藥丸，據云有鎮靜之作用云。今日服藥水與藥片各二次。

颱風

昨晚臨睡時已知颱風雪莉於半夜前越過花蓮附近之中央山脈，並有引發新竹起一副颱風之可能，但今日消息又云副颱風未形成，原有之颱風則越過中央山脈向西北而去，台北市今日只凌晨略有風意，其後即只有連綿不斷之細雨，報載市郊低窪處所多已浸水，居民紛移入國民學校避難，又云雨量昨日以宜蘭為最大，今日則中部尤甚，阿里山雨大四百公釐，大肚溪水又沒橋，火車不能直達高雄，是災象又已形成矣。

8月2日　星期二

職務

FY1958 Power Transmission and Distribution 之查帳報告完成後，今日與一同工作之靳君交換閱讀初稿，交換之前，余先將上週所完成之自作部分加以複閱，並略加修改，此次之作雖在極不容易之狀態下濃縮而成，然自審殊不稱意，蓋查帳報告須能使第三者不費思索一看即懂，余之作固距此尚遠，且恐事過境遷，余本人重讀亦難有立即了解之把握也，然生米已成熟飯，只好將就已成之局，加以潤飾而已。在與靳君交換閱讀後，靳君費去半天之力始將 Accounting and Reporting Procedure 一章讀完，並討論數個問題，一面修飾文字，此舉對余頗有幫助，惟在遇有涉及純粹會計技術問題之時，因靳君不知其內容，余固有之文字固不盡佳，修改後難免於半斤八兩之譏也。此次所寫報告所用原稿紙，靳君為十三頁，余則三十頁，包括開端之照例項目二頁在內，在當前之報告篇幅內言之，已屬大型，但其中佔去大半篇幅之 Accounting and Reporting Procedure 仍認為敘述簡略，而內容不應更比此繁複，且與其他章節之比重上亦不容其更為繁複，甚矣撰寫報告時剪裁之難也。

8月3日　星期三

職務

整理 FY1958 Power Transmission and Distribution 之查帳報告，將余所草者與靳君所草者加以畫一編號，此報告共四十四頁，篇幅不少，整理後並將 Working File

亦加以排列裝訂，計三百餘頁。四月間余曾承編 TA Contract Service 季報三月底數，現在葉君又編六月底者，其中有一合約在 PA 4241 下，當時余曾將 PA 號數與 Contractor 名稱開出送之 Program Account Section 請開示三月底數，當即據以改正原數，今日葉君發覺此一 PA 下有二個 Contract，在報告內係分列，須將二家之數相加始為 PA 之全額，余所改正者誤將第一家之數改成全部之數，其原因固由於余所接資料如彼，但該 Section 初不知為兩個 Contractor，自然對余所開者不加注意，即以全部均屬此為當然之事，余見彼所開如彼，亦當然不加推敲加以引用也，此等事之發生在目前之事事輪流制度下，實不可免，蓋若干事均有其特殊過程，如不事事皆想到有特殊難料之情況，恐將不能放心處理任何一事也。

家事

有莊君代衍訓來索電唱機，未持證明，只有身分證明，余與德芳甚感為難，但恐失信於人，故只得令其取去，衍訓此等處事方法殊屬欠妥。

8月4日　星期四

職務

余本月份之新分配工作為會同美援會卓景輝君查核糧食局之美援黃豆，但因 Assignment Schedule 尚未排出，故尚不知其目的與範圍，今日只將以前他人所作之黃豆調查報告加以閱覽，俾知一般之程序與情形。大致近來之美援黃豆進口方式似有二種，一為由各油廠申請商業採購進口黃豆，但與糧食局定約須將豆油與豆餅價售該局，二為由物資局申請商業採購，於進口後牌售油廠、豆腐業等，此二者是否同時並存，則尚未能全知也。電力公司會計處之孫斯眉君下午來訪，談余與靳君之 FY1958 Power Transmission and Distribution 之查帳報告重點問題，並談明天將在電力公司舉行會談交換意見之安排問題，靳君認為該公司明日參加人員應不限於此次接洽查帳之各有關部分，而應在其上層人員中之有籠罩性者亦來參加，否則不必多此一舉，蓋各主管部門交換意見有素，不需再度重複也，此意與孫君之希望其主管協理徐君出面表示意見，若合符節，余亦無意於反對此項意見，獨覺不解者即何以孫君不能透過其會計處長龔澐對此事在內部有所策動，必待假外力而為之，聞該處龔處長與其主管協理平時互不相謀，則雖如何發動，恐亦難有根本解救之方也。

8 月 5 日　星期五

職務

繼續閱讀有關美援黃豆之資料，計有美援會之 PA Status 表，又有去年卓景輝君所作之黃豆狀況查帳報告，看過後對於黃豆之一般情況得粗略之了解，但今日已分發之八月份 Work Schedule，對余本月份工作規定為 Audit/Investigation on Aid Commodities Handled by Taiwan Food Bureau，徐松年君且當面說明，謂此項工作乃由 Branch Chief A. W. Tunnell 所提出，似乎注重對糧食局概況之了解，未必以黃豆一項為對象，但究竟如何，尚有待於澄清，反使人如墜五里霧中。下午，依約與靳君到電力公司參加對於此次輸配電計劃查帳結果之談話會，彼方參加人員有徐承燠協理，輸配電工程處正副處長徐正方、蕭炯昌及各課股人員，會計處長龔澐及有關課股長，材料處長副處長，業務處長及有關課股等二十餘人，由靳君說明 End-use 部分，余說明會計部分，指出將作 Recommendations 之四項，其中第一項又說明會計制度方面應注意之七點，說明畢各處長相繼發言，其中龔君說明其會計制度因遷就經濟部之統一制度而不能不委曲求全，用意在說明余所指出者非關人謀之不臧，其實文不對題，現所發生之缺點，非經濟部所定者也，又云此次余等查帳，雖為 External 而有似 Internal，彼甚感激，詞甚婉轉，然嫌擬於不倫也。

8月6日 星期六

集會

晚，到美國新聞處參加聯合國同志會舉辦之座談會，由現任美援會副主委、外貿會主委、台灣銀行董事長尹仲容主講台灣經濟之檢討與展望，渠首先聲明渠對經濟為外行，其本人乃學工程者，此乃完全辭費，或竟貽人一種印象，對於學經濟者之一種挑戰或示威，繼乃敘述十年來台灣經濟發展之情形，並依據羅斯托夫書上之分期法，認定現階段之台灣乃在準備已經就緒而尚未完成經濟起飛之前夕，於是進而加以判斷未來之趨向，一為由過去十年之國民所得的增加推算，一為仿照日本過去之實況推算，皆十分樂觀，但數字欠保守耳，報告畢有提出問題者五、六人，其中之一語調多為冷諷，謂現在當政之財經當局楊繼曾、嚴家淦等皆採自由經濟，楊部長不知有民生主義，但請問憲法所定之經濟制度是否為行政官所應了解，又對於尹之自稱為學工程者，亦云非吾人所知，亦存有加以刺諷之意，今日聽眾甚擁擠，若干無座位，然由發言情形觀之，多以有保留之冷靜態度而來也。

體質

咳嗽已近一月，昨日再度在本分署醫務室就診，配咳嗽藥水一瓶，又 Albamycin 六顆，每六時服一顆，於今日下午服完，喉頭抽搐之狀似稍減，但痰仍多，吐出則更較易云。

8月7日　星期日

閱讀

開始讀 *Guardian of Health* 一書，乃 Hubert O. Swartout 作，今日讀第一章 Six Great Killers of Mankind，一曰 Heart Disease，二曰 Brain Damage，三曰 Cancer，四曰 Kidney Disease，五曰 Tuberculosis，六曰 Diabetes，余因家無肺病及糖尿病患者，故於五、六兩項未加詳閱，其餘四者則對於其病象詳加參閱，心臟病有風濕性、循環性、梅毒性、先天性、功能性的等，腦病則指中風等由於血脈而生者而言，癌病有統計，男性胃癌占 19.3%、肺占 11.9、小腸 11.3、生殖器 12.6，其他在 10% 以下者不列，女性生殖器占 30%、乳 18.2、小腸 12.6、胃 11.0，其他在 10% 以下者不列，腎臟之病則多為慢性，與血液循環關係甚密，而治療方法幾無可採，此病之表徵為頭痛、失重、虛弱、腎炎性的視力減退、嘔吐、血液排廢機能減退、高血壓等，而小便多而且頻亦是一種表現。

瑣記

上週來取衍訓收音機之莊君，今日將原機送回，且附有另一組之擴大器真空管一套，謂衍訓係託其將此套機件改裝於此內，但拆卸後發現並不適合，故即作罷，望寫信時告知衍訓，此君來取時余本甚費躊躇，今日始知多餘懷疑，轉覺對人之熱心相加，極其慚愧也。

8月8日　星期一

颱風

上週 Shirley 颱風方過，南北交通尚未恢復，昨日又傳警報，Trix 颱風又將過境，昨日陣雨終日，但尚無風，夜間雨漸漸變大，而風勢尚不駭人，故後窗之遮雨板尚有部分未予關閉，而不致有雨水飄進。今晨廣播與報載颱風中心將於十時左右由基隆以北之海洋通過，暴風半徑達三百公里，故台北全在其圈內，於是上午充分注意準備，如臨大敵，但至中午為止，風雖略大，而不必關閉門窗，至午後一時，其勢即漸漸衰退，氣象所報告中心最大風速為六十公尺，其勢甚猛，今如此輕鬆，實出人意料之外，事後聞軍中氣象人員報告，謂所以如此，非因風速有所誇張，實因其中心轉動方向並非直上直下，而有所傾斜，有以致此，但此理詳細如何，未經解釋，故仍存疑也。下午一時半雨住，乃趕往辦公室，至則見掛有 Office Closed 之牌，謂全日休假，余事先未知消息，致徒勞往返，退出後至市面逡巡，見店招降落者絕少，多數且照常營業，是則此次之颱風未造成嚴重災害，又一次不幸中之大幸也。

師友

晚，李德修原都民夫婦來訪，送還以前取去代為核對帳目之紹南名下存單一紙，據云此次經辦人員舞弊挪用員工存款，業已分別核對清楚，存戶不受影響云。

8月9日　星期二

職務

本月份預定之工作本為 Special Audit and Investigation on Taiwan Food Bureau，最初謂注重黃豆，現在知又不盡然，而係模糊的以整個糧食局為對象，惟重點何在，則尚不知，A. W. Tunnell 對劉允中、徐松年二君語焉不詳，彼二人亦無由判斷，故只好等待而已。過渡中之工作為 Review and Comments，今日核一件美援會來文，轉台灣手工業中心函，謂前次查帳報告中之 Recommendations 均已執行，只有洋人 Garry 之 Quarters Allowance，在查帳報告中因彼照按月之最高限額領去現款，要求其依照規定填寫 Form 335，該員則將以前華盛頓本署總署函一件指認彼應支者為Quarters Allowance 而非 Per diem，照成照片附於信末，謂該信並未提出限制條件，故希望免填云。其實彼所指者乃另一問題，並不能針對此一報銷之方式問題，余當在 Router 內寫明，雖本項 335 表為 Foreign Service Regulations 與本署所定 Standard Operating Procedures 所共同要求，但彼基於不知有何限制為理由不肯照辦，能否核准，請 A. W. Tunnell 指示云。因參考上項問題，將 SOP 內有關Contract Service 之部分再加研閱，又得若干新義，一面學一面作，與只知其一不知其二，洵有大別也。

8月10日　星期三

職務

昨日所簽註之有關 Russel Wright 之洋人 Garry 所支 Quarters Allowance 意見，今日承轉之徐松年君將原件退回於余，謂最好有較肯定之意見，余乃加以考慮，余之原意為此事只爭一項手續，與動用款項，無所出入，但其所請殊無理由，而又不應輕予變更，故希望 Tunnell 如不肯多事即予以撤回，亦無不可，今既必須表示積極之意見，乃改變原稿，主張不予考慮變通，惟徐君又從兩方面考慮此一問題，其一為合約所定如何，其二為事實上影響如何；就前者而論，合約內規定須對彼方供給宿舍，其標準照 ICA 人員之成規辦理，如未獲供給時，即應准予支給此項 Allowance，其 rate 以 ICA 人員之同等待遇人員者為準，以下無文，故彼方可以解釋為無辦報銷填表之義務，但亦可作相反之解釋，即所謂 rate，須填明 335 表時始能確定，蓋其限額獨身每年 2,700 元只為一最高限度，設實支不及此數，應以實支為準，如不填此表，由何決定此 rate ？就後者而論，Garry 所送之 ICA/W 來信，係指出該員應支 Quarters Allowance 而不應支 Per diem，且 Quarters

Allowance 不應超過獨身者之限額，如有超過，不准撥還，言外似乎在與 ICA/W 合約期間似有照額准支現金如數之意，現在與美援會合約仿照前例，自亦可以照辦，有此種種，故不能不深切考慮云。

8月11日　星期四

職務

今日工作仍為 Review and Comments，所核閱者為一件由高雄市建築信用合作社承辦之國民住宅貸款，該案內二百戶有一百另六戶簽名控告該社，不依照所定標準建築圖列事，控告文件於去年十一月到達分署，A. W. Tunnell 交簽意見，當由黃鼎丞君將情形簽明，送Tunnell 後擱置至今始行交出，又詢有關此案有無查帳資料，今日余即查核此點，據悉分署曾查過該一 Project，時在該項建築貸款之前，當然不會提及此項，其後美援會又查過此一 Project，亦為 Overall 性質，戶數繁多，亦未單獨提及此事，直至今夏美援會似因報紙喧騰該合作社向省府委員謝掙強請託，轉向台南高等分院推事高嵩行賄四十五萬元，買得與此一百餘戶纏訟至二審之再度勝訴，經派員前往澈底調查，種種偷工減料，不一而足，該會即提出六點函省社會處分別處理，此案至此始正式為美援會所受理，且在轉請省府嚴密處理之中；余今日所寫意見，即為臚列該函之要點，而最後表示本分署可以暫時不加過問焉。上月與靳君所查電力公司帳，截期由四月底延至六月底，六月底之銀行結存除其中輸配電工程處部分已由靳君核對外，另有財務處與業務處二方面，則一直未有機會前往核對，該公司並云對帳單已早送美援會及本署，本署查詢不到，今日始至美援會核訖。

8月12日　星期五

職務

今日工作仍為 Review and Comments，除將前數日所作之有關 Russel Wright 查帳報告洋人不肯填寫 Quarters Allowance 之 FS-335 表一案，再加補充後繳卷，並將高雄市建築信用合作社貸款建屋案發生情弊後，美援會派員前往詳查處理情形作一說明，亦於今日繳卷外，今日所審核者為 Vocational Agricultural School 一計劃內花蓮農職所送 Revised Application，此案並不複雜，但費時甚多，其中包括二項，一為第一次所送 application 總數 151,000 元，其中有 12 萬元為建築，但未送建築預算，曾於以前會核時囑另補送，二為在前案總數核定後，曾由本分署發動根據現場視察結果，提出增加 62,000 元之給水設備，於是總預算數增為 213,000 元，今日 Revised Application 即為補送 12 萬元之建築計劃，加送水設備之詳細預算，以上事實在明瞭後甚為單純，在明瞭前則煞費周章，例如在審核時須查以前有關之文卷，此項文卷獨不在 Communications and Records Branch 之卷房內，而因在整理中間另在經辦人處保管，於是向經手調卷者赴其所謂 Restrict Area 內代為查詢，費時甚久始得檢出，由此始得獲知全部過去處理情形。上述三件之 Comments 除最後一件今日打好 Router 送出外，其餘兩件尚待徐松年君之字斟句酌焉。

8月13日　星期六

業務

上午，應約赴林務局職工福利委員會，洽談林業員工互助協會之未了事宜，緣互助協會六年前與余訂約辦理其清理財產發還台籍組合員事宜，後因財政廳作梗，經輾轉交涉會商，此財產歸職工福利委員會接管，現在此項委員會已完成財團法人登記手續，又須辦理財產過戶，該會之意似乎余對於此項過戶仍須負責，余告以此中有數種情形，一為台北市與花蓮之財產，均應取得新所有權狀，如須再度過為新名義，此係完全額外之工作，二為新竹、羅東與陽明山，申請登記手續均已由各該管地政事務所受理，只因上項枝節，該所等遲不作覆，在余之立場應作為已經辦竣，福利會如不認為如此，則余應就舊約範圍內之工作予以完成，如有新的工作，亦當另議，一切應以合約為準，該會之接洽者鍾君（？）對此事既未看舊約，聞余言後始知彼之一相情願，甚至台北市亦須由余重辦者尚有問題，公務機關之做事往往如此顢頇糊塗，最後渠云，今日下午開會彼將先為口頭報告，希望余能有公函補為聲明態度，以為根據，余允照辦，並表示余之希望為約內由於外在原因而拖延六年不決以致停頓之事項，亦希望早日賡續辦裡，不再常此拖延，該約對余訂有片面罰則，今事實適反，該局應有道義責任。

8月14日　星期日

颱風

本月份之第三次颱風愛妮絲於今日下午三時後過台北，原方向為西北西，登陸後為西南西，晚入台灣海峽，此一颱風雖正由北部過境，然未見所謂颱風眼內天朗氣清之現象，反之下午三時左右雨勢最大，至於風力則因為輕度颱風，其最大風速為 18 公尺，固不甚烈，下午四時後即雨止風停，晚間略感有風，陣雨全無，蓋颱風過境中之最輕鬆現象也。

瑣記

準備資料為林務局職工福利委員會清理事去文，因文卷自六年前即已開始，中間陷於停頓過久，檢查過去文件，遂甚感困難，例如數月來余曾數次參加該會為應付組合員興訟擬採取和解方式而召集之座談會，當時曾抽出一部分之文件帶去應用，歸後即置於外面，意為備下次再用方便，而數次會後又已數月未動，今日在卷箱內查詢此等文件良久，始憶及此節，然後始在較易尋處找到，此為記憶力衰退中之無可奈何的困難，然亦卒因此未盡消失之殘餘記憶力尚能發揮作用，而得以尋獲，退一步言之，果然記憶力衰失至近於全無之境時，將不知治事中何所恃而能不誤事也。下午風雨中率紹彭到科學館參觀，仍為平時各種設施，多一太陽能模型並表演，係用電力代太陽能，參觀畢即到植物園，荷花含苞，雨後更顯嬌美。

8 月 15 日　星期一

職務

上午，擬函稿一件，緣台灣肥料公司第六廠曾來函本分署查詢自七月一日中國政府改訂以結匯正價為官價匯率以來，該廠之外籍技術人員的 Per diem 與 Quarters Allowance 應按何項匯率折合，此函到時曾由劉允中主任查詢該廠，知外籍技術人員並非美援資助之兩家，該兩家契約已經滿期，現在該廠人員為其自聘，實無美援關係，A. W. Tunnell 批云由本署函該廠，非美援所聘外籍人士，本署恕不能對匯率參加意見，該廠之函曾以副本送美援會，望能由該會或其他中國政府機關得到解釋，該函即以此意寫就發出。下午，到手工業中心為前次 A-1585 查帳報告作 Follow-up Audit，該中心之準備毫無，故在其致美援會函內雖云九項 Recommendation 已實行八項，但今日所能核對者只有五項，其餘三項則或因文卷難查，或因傳票不全，以致不及核對，須待日內送來補核。又該中心之 1959 與 1960 兩年度帳由二人分管，1959 年度之帳雖有若干收回款項，並稱已解繳美援會，然只有數張傳票，且未登帳，尚有數筆則傳票與帳簿俱屬缺如，該中心之工作情形，可以由此得知，又有一項彼根據美援會以前特准之公文不須更正，故未更正，但在報該會函又云已更正，亦云奇矣。

8 月 16 日　星期二

職務

上午，手工業中心蘇定遠君來送資料補核，其中包括昨天余等待其查卷不及之三筆，一為1959年度之餘款繳還，二為上次查帳剔除款之繳還，此二者之美援會憑證為何，三為上次查帳發現缺少單據之查補，蘇君來時曾將其致美援會繳款函，與美援會據該中心聲明查帳事項照辦轉本分署之公函副本為證明，可謂文不對題，經說明後彼亦啞然，第三項則又送來送件簿報頁一紙，勉強作為款已送去之證明，余即勉強接受，至於前二者余見其無法查出，乃改向美援會資料中查對，證明無誤，惟有一項不解者，即剔除款之1959部分帳尚未記，不知其如何製帳，1960部分為蘇自辦，彼昨日將帳示余時，謂此係未結帳年度，故未繳還，今日來時又云實已繳還，未知其帳上如何記錄耳，又有一筆沖轉科目者，該中心公函謂已沖轉，昨日查帳又云未轉，且示余以前美援會准其如此辦理之公函，如此莫衷一是，真不知彼等係何種記帳習慣也。

瑣記

同事靳綿曾君熱心學習會計，今日將最近本會計處招考Auditor所出會計題目請余指導其製Work Sheet，費時一上午，余因咳嗽未愈，多言不耐，胸汗如雨。

業務

就前日與林務局所談共濟組合清理案，辦一函提出續辦要點，計列八項，今日以掛號寄去。

8月17日　星期三

職務

上午，將手工業中心之A-1585 Audit Report寫完，但不能作為最後定稿，因有數項因只為假定該中心已如此辦理，尚待與經辦人員作最後之交換意見也；今日該中心蘇定遠君來電話云，向美援會繳款憑證一時仍查不出，余即告以當逕向美援會核對，茲有二事請速辦，一為科目登錯一事，一面向余聲明為美援會所准，不必沖帳，一面又來函聲明已經沖正，自相矛盾，應擇一而行，依理應沖帳為是，因沖帳為正辦，而不能將已沖者又聲明再度恢復不對之原狀也，次為應依據繳還款以後之現情重造 Final Report，彼云一星期可以告成云；在今日電話中，蘇君曾云繳還剔除款之記帳情形，謂 1959 部分已經結帳，故未記帳，即以自籌款向美援會照繳，但余問其何以又有收入傳票，傳票已備，登帳否乎？彼始語塞，余當囑其將收傳票記帳，並須另製支付傳票以示繳解，帳目之餘額始可平衡，彼始大為了解，但此君思路之鈍，從可知也，由此始將其真實情形得到控制，並將以其正須製造之 Final Report 使之不能不先將未記之帳補記焉。下午從事內部工作，Review and Comments，計看 E-1 二件，現在之審核方式為不核數字，只閱讀一過，憑直覺查出其有無漏洞，此為本年度工作方式之又一轉變。

8 月 18 日　星期四

職務

昨日所審核之 E-1，今晨複核一過，發現其中不相符之處，但再過細推敲，竟知事實上仍然相符，惟如此情形設送至華盛頓只由字面上解釋，仍將不解，故此一 E-1 之缺點仍屬無庸諱言，但為不屬於稽核方面之分內事，故未予理會。此一不符之點係在敘述 Housing Project 過去之經過，前面曾提及 1959 年之台灣 Low-cost Housing 計劃係由 402 節台幣款資助者，但下面謂 FY1960 原計劃相對基金三千萬元，但 1959 款尚餘七百萬元，而 1960 年則需款較多，故移此七百萬元於 1960，共成相對基金三千七百萬元，此處未明者即七百萬元究竟係何項基金，迨再查各 CEA 之實際支用數，始知 402 未用足，而又在相對基金有 CEA 七百萬元，此項基金別發生移轉，如不是旁敲側擊，何由知之，在華盛頓無如許資料可查，將懸疑不解矣。

瑣記

著書立說，不能全無漏洞，近買翻版書 Nicholson 作 *American English Usage* ，乃紹 Fowler 之餘緒，加入較深之資料者，書內用「OED」之簡稱者特多，而書前之簡字表內無之，余以為應為 Oxford English Dic. 之縮寫，但由其所引內容以核對 Shorter Oxford Dictionary 數處並不相符，余初以為此假定有誤，後又查 Fowler 之書，知余所推測不錯，特不知何以所引竟不符焉。

8 月 19 日　星期五

職務

今日仍為內部例行之工作，擇其可記者計為：（1）核 E-1 兩件，其中一件為電力公司之 Shen Au Fire Unit Thermal，其中所有計算及內容敘述，皆無問題，故 Recommend Clearance，但標題上有鉛筆將 Unit 與 Thermal

二字互換，余當註云 “The project title on the cover sheet is correct; pencil mark seems not consistent with prior years”，送出後徐君見 A. W. Tunnell 又註云 “P/LCM may handle this”，此不過供參考而已，可見鉛筆乃彼之所為也；（2）台灣鋼鐵機械公司來函詢問美援 emblem 之 sample，又如請免手續如何，該公司為供應南韓而出此，余檢討此案，見 ICA Regulation I 與 Manual Order 皆有規定，但前後有修正處，但大體言之應由分署供樣本，請免則總署之事，但本分署則去函推之美援會，似不甚相符，勉強言之，此間 End-use 業務已移之美援會，此工作亦隨移，尚可說得過去也；（3）電力公司送達見測勘計劃之最終報告，函美援會請對於剩餘器材處理查明見復，但余審核其表，見仍有材料餘額外之餘額帳目，如預付料款之類，當與最終存料處有關，經以電話聯絡該公司孫斯眉君，孫君來後解釋謂因已知此項懸記帳非退款即索賠，將來只有修正現金結存，並無物料增減之問題云。

8月20日　星期六

師友

下午，同德芳到和平東路二段七十六巷師範大學新宿舍訪張中寧兄夫婦，為其新近始遷住也，但因其中只有二房一廳，故其子女仍住於原羅斯福路三段自有之房屋內，張兄現在擔任該校訓導長，並每日至勞工保險管理委員會為專任委員而辦公，初尚謂有公可辦，經余指出以前所見之該會情況，彼始認實無甚公事可辦也云，留約一小時而告辭，其地無正式大門，由泥濘中輾轉而過，出路殊不見佳，今日又逢天雨，幸不在夜晚，否則竟無法可以進出也。本分署 Chief Auditor 劉允中主任兩週前請病假，余原以為係事假，前數日始知非是，乃於今日下午前往探視，原因為右足在兩星期前加班閱評招考稽核之考卷，假期中無開水供給，乃照例帶水瓶，不料在車內碰倒，水注入襪子，足部全被燙傷，脫皮甚重，不能行動，故在家養息云。

體質

咳嗽已一個半月，仍然未愈，余因中西醫處方俱未見效，故除晨食沖蛋加蜂蜜香油，並於有時含華達丸略止外，旬日未加治療，連日情形又略不同，上午痰多，嗽甚輕，痰自易出，下午即愈，上午又有連帶之現象，即鼻內亦同時略出黃痰，余恐有其他症候，於今日上午到郵政醫院就診王老得醫師，診察後謂非鼻竇炎，大致仍為外感所致，配方 Allercur 及 Madribon 日二次各一片。

8月21日　星期日

體質

咳嗽與鼻塞情形未見有大改善，今日續服 Allercur 及 Madribon 各一片，共兩次，尚無何反應。左眼發紅，有前半月紹中所患之紅眼情形，亟用其由中心診所取回之藥 Ledercort Acetonide 點眼凡二次，情形見好，但因始終無痛苦感，故未以為意焉。

家事

諸兒女自修設備為燈光所限，頗多不便，下月初即將開學，彼時紹彭小學四年級亦為全天上課，自修必在晚間，故加以充實，原來紹南、紹中、紹寧均在西屋，紹因在余與德芳所住之東屋，紹南出國後，其寫字檯無用，即作為紹彭者，今日乃將此項分配予以正式化，將西屋之檯燈、吊燈完全撤除，改用40W之日光燈，足供三人同時使用，惟紹寧距燈稍遠，必要時仍可用檯燈，改裝後光亮極好，頗合理想，紹因在東屋之桌本無檯燈，亦無法加插，今日亦改將吊燈上加一插頭，將西屋之桌上10W日光燈移用，亦符合實際需要云。

颱風

上週有颱風卡門在那壩駐留三數日，週末始東北行，此間無礙，其後又有兩颱風吹向日本，另有由東沙群島發生吹向恆春西南之新颱風，已在南部發生影響，今日台北已有陣雨極頻，大致數週來始終無完全之晴天，而在本月之颱風已有五、六次警告，使人經常有提心吊膽之感也。

8月22日　星期一

職務

今日處理一特殊事項，緣上星期本稽核組之Chief A. W. Tunnell通知徐松年君函美援會在下月該會稽核工作中列入一項Cotton Comforter之查帳工作，因不能確知係何項計劃，囑余作一概略之查詢，以便備函時有所指陳，余先到Program Office之Local Currency

Management 部分詢問有無台幣，以便知其計劃名稱，蘇君云無台幣，乃又到美金部分詢問卓君，據云係在 480 法案物資援助內，但本分署平時只注意 480 內之 Title I，至於 Title II 與 III 並無 ICA 撥款關係，只有 PA 撥款作為運費，該處雖有二個 PA，但此案屬於何者，無法核對，囑余再往詢美援會陳君，與乃與陳君通電話，據云即余所見之兩個 PA 號數內，所供應之棉花，徐君又問他人知仍有台幣，但又不知其出處，只有根據已有之資料於下午草擬函稿一件。由於今日向各方查詢 480 公法內 Title II 之內容，得見一項美援會之 Monthly Report of Sales Proceeds Account，前面一個收支表，後面一個存欠表，兩表之差額互相核對，猶如一個平衡表與損益表之互相對照者，此表主要作用為表現美援物資進口孳生台幣之過程，每月數目變化之過程，余費時數小時，始大體了解，但仍有若干疑問須向經辦人請求解釋者。

8 月 23 日　星期二

職務

自 Shamburger 與 Tunnell 主持會計處兩年來，若干內部工作向來自理者亦皆交各稽核處理，人數且視前減少，故大部人員忙於內部工作，現在 Tunnell 外兼副會計長，於是內部工作又更行外移之勢，現在又對於 Review and Comments 工作規定一種不負責任之方式，其法為凡對於送來之會簽文件遇有不同意見時，須先與主管部分之美國主管商討，將彼是否同意及是否堅持該項意見簽明，其理由為如此可以明白深入，其實骨子裡在供給其核定之資料，可更不費腦筋也，而徐松年君既不能駁回其原意，只得向下貫澈，今日甚至認應由會計處做決定之問題，甚至通案須先有原則之問題，亦須採用此項商討方式，余當表示此不可行，所舉之例為原來中國受援機構之為行政人事費者，自行政院三年前加發一月後，即亦作十三個月預算，本年度起中國政府為十二個月，理應仿前案亦由本會計處自動定一原則作為審核標準，乃徐君不以為然，認為亦應採用此法向主管單位提出討論，余謂討論須先由於歧見，今本身毫無主見，如何討論，彼則仍堅持須以此方式，平添若干重複之工作，浪費若干有用之時間，意者彼不敢向 Tunnell 立刻提出稍有意見之問題，乃有此生吞活剝之作風歟，彼固未嘗不知與主管洋人討論等於長他人志氣，結果只有犧牲己見，然則亦係不可以已乎！

8月24日　星期三

職務

昨日所核之手工業中心經費，因 Industrial 與 Program 兩 Office 對於汽車費與旅費發生歧見，余本以為雙方已經明白實情，本會計處不欲介入，但徐松年君則因 Tunnell 新訂審核 Program 之程序須與 Technical Officer discuss 一番，余乃先訪其國人林君，詢問其所簽意見之詳情，大體上所知更多，歸報徐君，余雖認為不必再與洋人折衝，但不明白表示，只請徐君決定是否尚須進一步與洋人交談，彼初尚躊躇，及見無何可以挑剔之點，無法獨持異見，自然可以不再 discuss，乃云作罷，此事始告一段落，然其解決辦法仍與昨日同也，余早有預感，特不願多費周折浪費光陰耳，彼則不重新自作主張的處理一番，則似乎不足以表現高明與細密，故今日之周折亦不可免也。今日續閱 Fund Application Breakdown 一件，係新成立之經濟部工礦連繫小組所補送預算明細表，雖係本於本會計處以前審核其 Application 之要求，但又只送其中一部分，另一部分則謂待用款前再行補送，故亦聽之，但在所寫之審核意見 Router 則又不能不將此案原委簡單說明，以明底蘊，另外將其中列數有誤者指出，何者為單價與總價不符，何者為細數與總數不同，前者命請款者自改，後者則認係編列時須用整數之故，不加指摘。

8月25日　星期四

職務

今日工作仍為 Review and Comments，由於一種不可思議之制度，幾乎無法把握若干時日可以完成一件，例如昨日所核之工礦連繫小組所送 breakdown 在余已儘量求其敘述明白，認為無何問題，但徐松年君又認為有問題，謂其所送只有一半，另一半雖文內聲明續送，但未敘明是否不即開始，亦未敘明所送一半是否已經開始，須與該 technical office 之洋人Rafler 討論，余謂此件乃根據從前本會計處之意見送來者，是否認為滿意不應問人，且來文尚未經 Rafler 寓目，彼又由何談起，渠堅執不肯，口稱洋人新定制度，必須如此，固不自知其曲解政策畫蛇添足也，無已，往見Rafler不遇，余即歸告以只好等待，彼又見限期迫促，此法延誤工作，不堪設想，又自覓退步，謂先問其本國職員吳君，吳君云已送六個先辦，後送者尚未計劃妥當，渠聞言後即作為滿意，其實在本質上毫無區別，徒然枉費許多唇舌，浪費許多時間而已。今日下班前徐君慮及E-1會核明日將大批湧到，後日有加班必要，徵詢何人願自動加班，咸謂在此等新制度之下無法工作，竟無一肯應，其實此次洋人所定之制度全為減少其本身之工作，徐君習性善於揣摩，乃變本加厲，無不望而生畏，今日之反應不知彼能略加反省否？今日所從事另一件審核工作為生產力中心之1961請款書，因涉及往年，備極繁複。

8月26日　星期五

職務

今日全部工作仍為審核E-1及Application等件，每件皆有一種曲折：（1）生產力貿易中心已審核兩天，完全依照Tunnell與徐松年君之所定手續，初則等候本年度正在處理中之E-1以相核對，問Norman Wood，謂在Alex Ho處，訪Ho數次不遇，今日幸得相遇，云不在彼處，於是再行摸索，最後在本會計處Program Account部分尋得，核對時發生之疑問仍難解決，乃進一步往訪主管之洋人Warner，彼又出差，結果奔走兩天仍須照舊辦法簽註意見了事，在簽註之時將1960與1961兩年度之數目相較，及文卷內不予擴大援助之經過文卷摘述，主張應將此情歸Warner之office予以澄清；（2）基隆海事專科學校工程館建築工程，所送 Application 為數計算不誤，但有一問題即此校工程設計建工費在去年為百分之三‧五，今年為同一建築之加建第二層，忽將費率改為百分之五，余以為應予以降低，徐君謂又須照手續與洋主管人討論，但余其時未了工作太多，徐君乃囑曾君為余奔走，結果未能晤到，乃又以中國職員所告者加入意見內，變成毫無主見，謂彼等如何如何，余亦無如之何，簽字照送而已；（3）此外則處理 E-1 數件，幸無大問題，只有一點為 Program Account 部分所發現，余亦同感，但為免重複，將不再提，徐君又不以為然，謂須往問洋人，結果仍由國人處得到結論，當將文字略改，仍不復提。

8 月 27 日　星期六

職務

昨日下班前 A. W. Tunnell 與徐松年君徵求余與李慶塏君意見，為配合趕辦 E-1 文件，希望明天加班從事審核，余等因此外無適合之人選，故勉強應允，幸於應允後，Tunnell 即聲明明日加班之E-1 不必於發生意見時，先尋找各主管部門洋人討論，可仍用舊法將意見寫於 Router 上，即行送核，如此尚可不致周折重重，久久不能解決一件也。今日上午八時開始加班，原核定十小時，中午出外用餐五十分鐘，於七時十五分下班，計工作十小時二十五分，此二十五分即為無報酬之時間矣。全日工作未停，亦無午睡，計共核過 E-1 六件，其無問題者即寫 Recommend Clearance，會計部分已註明意見，本稽核部分無其他意見者即寫 No further comment，在此六件中發生問題者為：（1）投資小組所作計劃，文字特多，余只注意其由文字多而易造成之首尾不能相顧處，結果發現送日本菲列賓考察人員之期限，一處作三個月，一處作四個月，故註明請其將不對者改過；（2）防吸血蟲計劃內美金部分為以治至無存為止，台幣部分則謂以 FY1967 為止，顯不一貫，請其改為前後相顧之文字；（3）民用航空局計劃外籍顧問預算三人為美金六萬八千元，比一般按每人一萬五千列者超出過多，經余指出，寫於會計部分所註只云台幣部分支出太多，其 router 之後面，以示補充。

8月28日　星期日

體質

咳嗽與鼻塞已一個半月，始終纏綿，今日上午再到台灣療養院診察，仍由以前為余看病之陳守仁醫師應診，聽前後肺部並看喉部情形後，認為仍為由感冒而起，當開咳嗽藥紅色者有杏仁味者一瓶，並小片黃色藥片六片，每天服用兩片，又看兩鬢所起之凸起鼬塊疣，據云只是皮膚表面之症候，不致為細胞有何異常，亦開藥膏一種日擦一二次，此膏為 Sherosan F Ointment，黃色略有氣味，以上藥品皆由今日開始服用或敷用。

師友

佟志伸兄來訪，談仍在財政部服務，其所住農林公司房屋則因該公司控告，法院已准假執行，極感困擾，其長子今年農學院畢業，留學考試已及格，而其長女今夏一女中畢業，升學考試尚未放榜，不知能否錄取云。

瑣記

今日看病歸來，乘坐公共汽車須換一次，乃在北門換車，便中添買唱片，余夢寐已久之「斷橋」一片，今日竟得買到，此片為大陸新品，曾數度在收音機聽到放送，而無翻版唱片可購，該片為杜近芳與葉盛蘭合唱，新腔迭出，杜似張君秋且更蘊藉，惟中氣似稍差耳。

8月29日　星期一

職務

本週工作仍將為 Review and Comments，今日無外來文件，乃臨時擔任一個他人所作 Audit Report 之Follow-up 工作，此Report 為李慶塏君所作之 Mission Telephone Charges Procedure，乃 internal audit 功能之一，緣分署租借洋人居住之宿舍約七十幢，依照美國總署 Manual Order 之規定，電話裝拆由公款負擔，每月電話費則由住者負責，以前由總務部分管理，每月電信局將收據通知送至分署，分署即先行加以區分，凡辦公室與未分配住用之房屋之電話費均由公家負擔，其餘則由私人負擔，每月通知一次繳於總務部分，待彙總之後再向電信局繳納，自本會計處查帳報告出後，主張改照新程序即由會計處內之 Cashier 管理，且目前已照此實行，乃作 Follow-up 以便結案，今日將 Cashier 李君已經開辦之新辦法文卷調來先行參閱。

師友

上午，同鄉牟瑞庭君來談，謂要求國防部准予復職，尚未奉批，但須交際請託，需要幫忙，余告以目前因即將開學，故無力相助，以待數月後來行設法，彼即表示不需向余借錢，希望余能幫助其入工商界，提及齊魯公司，託余為之介紹丘青萍君，余即為備函一件，交其持往，據云與丘君為舊識，因年數已久，恐其不憶，故再託介紹云。

8 月 30 日　星期二

職務

上週所核中國生產力中心之 Final Application，因所請數目比去年倍蓰，更與 1960 年停止台幣援款之旨不符，曾作成比較，提出問題，依規定為先向 Technical Office 美籍人員交換意見，再行簽註，但該日已至星期五，徐君不主積壓，乃書面簽註，並說明美籍主管人 A. H. Warner 出差，無從接觸，即經由 Tunnell 轉送至會計長 Shamburger，今日徐君見告，謂 Shamberger 云 Warner 現在辦公室，望余往與討論，余明知此案之底蘊，由於事後核閱該計劃之E-1 而不復懷疑，但既已如此，只好仍往與 Warner 一談，余詢以該項預算較去年超出遠甚，不知何所依據，彼云此為 Bonner Report 根據在此觀察所得，經本分署接納之意見，余詢該中心共預算四百四十萬不虛估乎？彼云然，又問該中心有新的 Function 否？彼亦云然，言下並舉出若干 Bonner Report 內所建議經採納之事項數端，余即將該項 Report 借來參閱，然後道別，旋彼又派人送來本分署與華盛頓總署往來有關 Bonner Report 之 Airgram，余由今日彼之種種反應觀之，此人非如一般所云之粗線條，且無想像中之傲岸自大情形。寫成一件 Follow-up Report，此即昨今兩天所查之 Mission Telephone Billing Procedure，經將 Cashier 李關雄所存之文卷取來檢查，藉知此項新程序已自六月份話費開始，由總務部分將六月份話費通知分別轉達各應納費人，各人接通知後即向會計處之 Cashier 繳納，另開給收據，收齊後轉解電信局，一切處理照會計處所定，並照 MSM/C Notion 之程序，認為該報告之 Recommendation 已經實行，故此報告可以結束云。余上週曾作關於 Russel Wright 之查帳報告 Follow-up 交徐松年君，彼今日始取出核閱，忽向余表示，該報告內之 Recommendation 有與 Findings 不能對照處，且堅稱余主張加強進行其約定工作，用 expedite 一字不妥，余因此項報告已早經發出，今日何必再咬文嚼字，彼云此點甚重要，如 Tunnell 問此節之所指，將何以對，余謂此中文字實甚清楚，特彼另有看法耳，彼仍謂須切實檢討，以免為之語阻，余謂別無意見，如謂余之 Follow-up 果然要不得而以為係由於原報告文字不佳，則除 Tunnell 外無人可問，該原報告實彼所 approve 者也，徐君見余出言蹈其瑕疵，乃又言不願為以前劉允中主任所核報告另作表示，以全感情，此則有類於無聊，余不作答，僅覺其幼稚淺薄，即不願再提，然自覺在談話過程中出言太過質直，且不禁形之於色，仍自責修養之不夠，一再犯此而終不能懸崖勒馬也。

8月31日 星期三

職務

余上月之 Assignment 為糧食局美援物資之調查，但因照料雜事，倏然一月，尚未進行，今日忽由 A. W. Tunnell 約徐松年君與余談話，謂下月即進行此事，並列舉重點在明瞭該局之一般營運政策，及其買進與賣出如何定價及盈餘等情形，並將採取會同美援會一同工作以不同重點從事之方式；其政策以現行者為限，但物資則不以美援為限云，此工作極抽象，須一面工作一面發掘，一面進行一面修正，故嚴格言之，非屬查帳工作，乃一種專案調查工作也。下午，同徐松年君到美援會晤其第四組稽核組負責人趙既昌，談此案之配合工作，彼方上月已將預定由卓君參加之工作排定，並先往糧食局查黃豆，現已完成，本月本預定為其他工作，現在只好改變先會同查糧食局云。

瑣記

昨日下班時大雨，余本隨身帶有雨傘，先到香港洗衣店，登公共汽車時覺傘遺忘於辦公室，今晨到辦公室，見無此傘，如非清潔人員取去，即係忘於洗衣店，下班到該店，果然索回，記憶力如此之弱，深為驚人。

師友

于永之兄之子于政長晚間來訪，謂投考美援會稽核，接通知應往面試，特詢問一般情形及查帳報告之格式，余為之介紹明日往訪樓有鍾兄探詢。

9月1日　星期四

職務

昨日開始準備之台灣省糧食局查帳工作，係與美援會卓景煇君約定明日開始，故今日只從事若干其他之零星工作，計有下列各件：（i）上月所寫之 A-1585A 查帳報告送之徐松年君處後，已積壓多日，且因其中之 Recommendation 9 亦即對於該 RWA 所定之新約內注重 Marketing 一方面，與余作文字之爭，發生不歡，今日渠將內中相似之 Recommendation 彙總說明已經執行，以代余之逐項說明，本亦為余最初所欲採用者，因此等好自逞聰明之人，余若籠統行文，彼必苛求詳細，余既詳細寫出，彼將化繁為簡，今日見之，果然不出所料，至於彼日前認為最不妥之 Recommendation 9，反而無何改動，雖屬意外而仍為意中也。此項報告而外，尚有美援會所來函件，為說明其執行本報告之情形者，因 Tunnell 交核，曾先簽註意見，實際上若此項 Follow-up 當時即作，即不須一事兩辦矣，今日則二者並行，又有新規定，即凡寫報告之人，須同時辦送此項報告之文一件，請於四十五天內將執行情形見告之；（2）目前所擬之查帳報告 A-1599A，即本分署收取電話費改變制度由 X/ADSER 與 CONT 合辦，即由後者之 Cashier 主管收繳現金，業已照查帳報告完全做到，今日初稿亦交回，無何改動，改動處實皆無關大體之處。

9 月 2 日　星期五

職務

上午，到美援會與卓景煇君談調查糧食局工作如何進行事，據卓君云，該局所掌美援物資以美援黃豆為主，其他皆屬次要而且簡單，余乃著手先看該會黃豆與黃豆油之文卷，即託卓君向該會管卷室取來。下午開始閱覽，並摘記要點。今日並校對連日所寫之兩個查帳報告之 Second Copy，此二報告皆為 Follow-up，其中一為 A-1585A，原報告為余所作，經徐松年君字斟句酌，又將極不必要之 Russel Wright 人員 Garry 之 Quarters Allowance 案內彼之來函與華盛頓本總署來往函件文不對題之原文，打成 copy 附於報告之後，畫蛇添足，莫此為甚。其次為 A-1599A，原報告為李慶塏君作，此一報告之改動不多，打成之後據徐君云立獲 A. W. Tunnell 之簽字發出。上午在樓上俱樂部與黃鼎丞靳綿曾等同人吃咖啡，閒談本稽核室工作情形問題，從前本室同人對於 A. W. Tunnell 之遇事獨出心裁，皆表甚大之反感，現在則一無怨言，談其原因則為自徐松年君與劉允中同時為 Chief 以後，一般對徐君反應不佳，此君對 A. W. Tunnell 之作法非但不能予以中和，且變本加厲，一味上下其手，以揣摩逢迎為務，其本人對諸同人則吹毛求疵，無所不用其極，談論之間皆不直其為人，此項共同批評實可深長思也。

9月3日　星期六

家事

暑假已近尾聲，女師附小已經註冊，紹因為六年級，紹彭為四年級，均將於下週開始上課，紹中、紹寧入一女中初級或高級，亦將於下週註冊上課，暑中最能按部就班從事作業者為紹中、紹因二女，紹寧與紹彭則非賴鞭策，即耗時間於嬉戲，幸二人均由德芳另行安排特殊作業，紹寧為特約到戴老師處重學萬國音標，此音標在去年暑假入初中前曾在一補習班學習一月，且由余課外督責，結果年來並不會讀，此次重溫，一月來已經結束，今晚令其試讀，大致已可以成誦，此為意料以外之事，紹彭則除余為其規定每日抄寫國語日報短評「方向」約一百餘字以陶冶其文字與助長其文思外，另由德芳為其規定須於暑中將三年級圖解算術中之練習題全部做完，最初似有困難，洎後漸漸就緒，預定每日平均三課，開學前可以做完，不料旬日來又忽然荒廢，連日乃有趕課之必要，此兒非不聰明，奈不肯用心，注意力易於移轉，以致功課做過者不能有深刻印象，未做者動輒向人詢問，缺乏自信，近來雖已漸漸改善，然尚須求進，始可有成。

瑣記

上午整理剪存上月份報紙，下午補看數星期未及閱覽之書報等。

9月4日 星期日

體質

鼻腔之發炎狀態一週來並未見輕，晨起以至早飯後皆不聞任何氣味，但亦不塞，僅喉頭有夜來積聚之濃痰，須由口腔咯出，此後即漸漸恢復，至午後即不復有不聞氣息之感覺，喉部之痰大減，除早晨有二、三次嗽吐外，終日無不適之感，故現在之問題似轉移至鼻腔矣，下午到台灣療養醫院看門診，由李蒼醫師診斷，此人看病不若王老得醫師之細心，只略略探問，然後將喉與鼻腔加以照視，即行處方，但不講係何病症，問之亦只唯唯否否，計取來點鼻藥一瓶，小藥丸九片，每日三片。

師友

晚，原都民李德修夫婦來訪，係因紹南前在中央信託局之存款由於職員舞弊，侵占多數同人之定期存款暴露後，即決定全改活期，故將活期送款簿及原存單取去，代為辦理轉存手續，又談及紹南留職停薪一年已滿，尚未完全知悉採何步驟較妥，目前查卷知早一年出國之王華曾來函續請留職停薪，其經理批謂不必再續，俟將來回國，該局仍然歡迎，並由行政院分發到局云。晚，蘇景泉兄來訪，閒談，談及義光育幼院之石清女士經過情形，多有難能可貴之處。

家事

衍訓週前回北，今晚回左營，據稱與劉皚莉小姐之訂婚事已得其父母同意，不必再經過家長，惟形式方面須再商量，但須延至年底後云。

9月5日　星期一

瑣記

上午，到國民大會秘書處參加購買海關配售手錶抽籤，計有九百餘人登記，供售手錶則只有三十一隻，機會太少，自難抽到云。

聽講

晚八時，聯合國同志會在美國新聞處舉行座談話會，由本安全分署署長 W. C. Haraldson 講 The Challenge to Taiwan Economy，台灣經濟面臨之考驗，用英文由中國人譯成中文，故費時較久，然因譯員口語不清，反不若郝氏之清楚易解也。全篇分為四段，由問題之由來，而幾個名詞之解釋，而台灣經濟之現狀，而未來之展望，其大旨為節約消費，縮減軍政支出，發展投資，提高利率以導資金運用有利途徑，等等，其主旨曾被美援會之主管人尹仲容大體採用，且形成當前之緊縮信用政策，然郝氏所講則似乎比尹為冷靜，亦因其自身為非中國人，遂貽人以旁觀者清之印象也。

體質

德芳因余與衍訓行前一句叮囑，望其用功讀英文而大為不悅，引起口角，語多傷人，余為之痛心，而左膊與左腿忽如針刺，可見潛伏之風濕甚重也。

9月6日　星期二

職務

昨日美國勞動節休假，今日恢復辦公，甫到辦公室，徐松年君即來查詢工作情形，余告以本月工作為查核糧食局之物資情形，因余向未接觸此事，故須先行閱覽由美援會調來之文卷，徐不加思索，衝口而出，謂此種文卷絕無用處，凡此中所看之內容，縱有有關係者，亦可由糧食局人員口中得之，余謂余對此事一無所知，欲由卷內採擇有關資料以作往訪時之話題，乃是一種準備工作，今既謂無用，余將不知如何下手矣，余今晨對徐之武斷態度大感不快，未免又形之於色，雖事後甚悔，然余既不能全無血性，對於橫逆之來，實不能免於此等之自然反應也。既已如此，只好約同美援會卓景煇君於上午到糧食局，先行開始訪問工作，所晤為副局長何舉帆君，此人尚實事求是，表示合作，今日其本人即先行將該局所經辦之美援黃豆、麵粉大概情形加以說明，並云其業務上有盈有虧，依規定不能列省預算，均作為自己互相抵補之用，云云。下午同卓君到該局肥料運銷處探詢肥料業務情形，對進口日本肥料，省產肥料與正在進口中之美援肥料概況加以分別說明，並將其所面臨之進口手續問題提出檢討。今日因體憊神疲，上下午訪兩機關皆為勉強支持，於對方所談各項情形皆不能灌注，只在模糊印象之中度過焉。

9月7日　星期三

職務

今日因一同工作之美援會卓君有其他事務未了，而日昨肥料運銷處託查詢之進口肥料情形有待於先行查卷，故糧食局查帳工作未赴現場進行，僅與卓君討論進一步進行之方式，因糧食局第五科主管人未在，黃豆部分暫先不能進行，將自明日先由小麥部分著手焉；今日乃抽暇補看昨日未看之有關黃豆與豆油之美援會文卷，並做紀錄。與人合作查帳最不容易，余深知國人習慣為難於遇事配合，動輒各自為政，故在與人合作一工作時必以此為戒，遇事儘可能遷就他人，例如上次在電力公司查帳，向來不諳會計之靳君欲在工作中學習會計，余乃不憚煩的為之說明一切，歸後在辦公室亦曾為之作一般原理之闡釋，甚至為之逐一從事作習題，向未有難色，但在相反之場合，則甚不易有如此遇合，例如上次與葉君共同檢查油料，余因半途參加，甚表客氣，彼則獨行其是，全無分工合作之商量，余提醒之亦不置理，此次與卓君共同工作，余為幾乎初次作單純的 End-use check，曾極客氣的請其指示一切，彼只唯唯否否，凡不知之名詞與專案等，持以相詢，輒片言作答，或竟諉為不知，迫不得已，請其代為調卷，而徐松年君見余閱卷，又謂此等方法全無用處，甚矣與人相處之難也，補救之道亦只有儘量求了解對方而謀所以適應也。

9月8日　星期四

職務

上午，同卓景煇君到糧食局與主管豆餅之楊股長談供給豆餅業務資料事，因卓君上月已先行查核黃豆搾油豆餅業務，但重點不同，今日只向楊君說明進一步所需要之資料，余對於前後各點不甚接頭，故無從發言，亦因到達時間已晚，不容從容研討也。下午，同美援會卓景煇、沈熙亮二君再到糧食局第五科，下午係與麵粉股長朱股長談美援小麥一般情況，由八七水災後由美國PL480項下撥發小麥七千噸說起，蓋該局直接處理之小麥以此為始，其以前者或向粉廠購發公教人員，或代磨軍粉，皆非直接，唯此次七萬頓係用於搭發軍公實物，節省水災後減產之米穀消費，由其政策上與糧局運營盈虧上加以分析觀察，可以知其在糧局業務上之性質也，今日只談其粗枝大葉的情形，未遑作詳細的紀錄，卓君則向其索要資料，比較有系統了解之可能，彼允於下星期一交出，彼時當據以作進一步之探討也。今日索要資料，均在有意無意中涉及非美援部分，因在整個業務運用上實不能完全將二者嚴格劃分，在自然而不露痕跡之演繹中，經辦人自無從作何者為美援何者非美援之區別，如開始即向其索取非美援資料，引起反感，必將僨事，故不能不慎之於始云。

9月9日　星期五

職務

上午，同美援會卓景煇、沈熙亮二君到中央信託局易貨處第五科查詢代理美援會標製八七水災後增配公教軍用麵粉辦理情形。余一向未查過此類業務，當該科副主任黃君與孫君取出一種蠅頭細字之表格後，看讀數回，不知就裡，乃攜回再做細看之圖，此時即就一般情形加以詢問，余初問其在標製之後應有何種合約，孫君始取出數重印就之空白切結書，係麵粉廠得標者應填送該局之文件，計有此次加配軍公粉案用者一種，標買自行製售者一種，代製軍粉者一種，余認其對於余詳閱其表格必有幫助，故亦不再詳細問去，歷時約一小時回署。下午即就上午所取回之資料加以檢討，先看其切結書藍本，然後再細看各項表格，果收迎刃而解之效，余由其中對此次查帳最有關係之點加以注意，發覺此項代加工之軍公麵粉其加工費係標定者，另有麩皮則歸粉廠標購，而前者小於後者，每公噸約一百元有奇，約內並說明此二者在結帳時雖為相抵，然二款均各單獨處理，此種盈餘之款，余尚未問其歸宿如何，以余度之，此亦應為 Sales Proceeds 一種，與粉價之將由政府款內取償而得 Sales Proceeds 相同，此點當向美援會再行查詢，俾獲證實焉。

9月10日　星期六

閱讀

續讀 Hubert O. Swartout 著 *Guardian of Health* 第二章 Other Common Diseases，此章最長，約佔九十頁之篇幅，頗多發人深省之見解，茲將習見之英文病名列舉部分如下，以供參考：bunion 內趾炎、acne 粉刺、allergy 過敏症、appendicitis 盲腸炎、arthritis 關節炎、beriberi 腳氣病、blackheads 雀斑、boil 腫瘍、bronchitis 支氣管炎、canker sores 口瘡、catarrh 鼻黏膜炎、corns 雞眼、conjunctivitis 結膜炎、constipation 便結、diphtheria 白喉、dysentery 赤痢、hemorrhage from the uterus 子宮出血、hypertension 高血壓、infantile paralysis 小兒麻痺症、insomnia 失眠、mole 黑痣、leukemia 白血球過多、menopause 停經、neuralgia 神經痛、neurasthenia 神經衰

弱、round worm、pin worm 寄生蟲、sciatica 坐骨神經痛、seminal emission 遺精、syphilis 梅毒、tonsillitis & ■扁桃腺炎、typhoid fever 傷寒、warts 疣（似為猴子）、■■（多為■肉）、whooping cough 百日咳。

師友

晚，張中寧兄夫婦來訪，閒談，據云其次子緒光功課最好，原在台大地理系，已轉機械系，張兄刻任師範大學訓導主任，即將從事於本年度之新生訓練工作云。

9 月 11 日　星期日

體質

今日續到台灣療養院看鼻症，由李蒼醫師診斷，彼始終有一成見，謂余之鼻塞為由來已久的，余再三向其聲明為兩月來咳嗽後之症候，彼認為多半仍為傷風後之鼻炎，決定再服藥三天，並點藥水入鼻孔，俟下週看有無進步，再決定是否照 X 光以判斷有無其他問題，此李醫師為此地著名之耳鼻喉科，彼對於余之病狀似推斷為不至如何嚴重云。

閱讀

讀 Swartout 著 *Guardian of Health* 內處方頗有用者，記入於下：Seborrhoeic dermatitis 即 Dandruff，云 For dry dandruff on the scalp: (a)Once a week at bed time, rub in an ointment made as follows: Salicylic acid 1.0, Ammoniated mercury 5.0, Rose water ointment, 80.0, the next morning wash off the ointment with mild soap and warm water, massaging the scalp well with fingers. (b)On two other nights of the week, rub in the following lotion: Mercuric chloride .02, Phenol .2, Caster oil .6, Chloral hydrate 10.0, Spirit of formic acid 20.0, alcohol (70%) 200.0。此書內有說明頭皮之造成原因，為一般書作內所未經見者。

9月12日　星期一

職務

上午，同美援會沈熙亮、卓景煇二君到糧食局第五科詢問有關之資料，其中黃豆部分已取到，但限於卓君上月所查偏於數字方面之資料，有關政策與價格問題之部分尚未交來，至於麵粉部分則尚未備就，須待本星期三始可交到云。以所餘時間與第五科鄭科長談一般業務情形，雖以該科所主管之米以外的物品為主，然因各種物品多與米有政策上之關係，故不能不連帶及之，因而無形中得以從全盤中多得若干資料，惟談話無系統，當時無法記錄，須憑記憶於回到辦公室後加以整理，作約略之記錄。下午，三人同到糧食局會計處與會計處長耿美璋接洽調查其所管美援物資之財務情形，當經決定於明日開始，今日只廣泛查詢其一般之會計工作情形：（1）該處為七、八年前行政院會計工作視導團（AIDG）所建議設立之 Controller 第一家，亦即唯一之一家，初名曰會計檢察官，後又改為會計處長；（2）該局會計業務分為米糧、肥料、食品三部分，食品中包括豆餅、豆油、花生油、小麥、麵粉等，無法再行單獨逐一處理，故每一項之盈虧無從由帳上得知，必須再加以分析綜合之工作始可；（3）該處之會計制度由改制起實施至今數年，最大特點為表報制度推行完善，由六百個農會逐級造成之報表，均能如期綜合成總表。

9月13日　星期二

職務

上午，到糧食局開始查核其會計記錄中有關美援物資之處理，下午亦然，因三人同往，動作遲緩，全日亦僅有二小時之實際工作，故只能用於對一般之了解，實際工作並未正式開始，今日由談話中得到之有關資料如下：（1）糧食局之會計制度係幾經周折始行核定實行之英國式會計制度，所製各項表報極稱詳備，雖行政當局未必十分重視其表報數字，但就表報之內容言之，在各公營事業中確為不可多得者；（2）表報中之主要表有一個包括全部業務之資產負債表，但損益表則依米穀、肥料與食品三者分成三個，詢以帳簿組織如何，據云帳簿共有三套，損益表故有三個，至於資產負債表，本亦為三個，在此項表中係將三個合而為一者；（3）現在之查帳工作為由食品部門著手，今日已將食品帳取來，惟因記載摘要極為簡單，故查詢與解釋實不可免；（4）食品中之豆餅與麵粉均立專戶，其原因為此二項均為代辦業務，為求明瞭其資金情況，故於買進時先由糧帳內墊付，以短期墊款與代收款二科目互轉，並計利息，迨粉餅賣出收到現款即存此專戶，以便隨時軋算買入食品用款若干，便計盈虧，故此專戶乃各該專案物資會計系統內之現金，此數與存貨相加應即為代收款之餘額，倘有差額即為盈虧云。

9月14日　星期三

職務

本日繼續到糧食局查帳，所得之資料及所了解之情況如下：（1）卓君昨日即力主查核其豆餅運雜費情形，余對此雖不認不須查核，然究非此次查帳之重心工作，不必如此重視，今晨彼始告余以過去美援會曾准該局每片豆餅支用運什費 1.98 元，但只係根據該局申請，實際是否此數，無由得知，最好由帳上予以分析，俾知實際需要如何，余由此始知此事之就裡，上午即向其陳股長詢問如何可以得到此項資料，經陳君解釋，以豆餅只為食品會計內項目之一，一切費用皆由各糧食事務所以旬報表報送到局，該表上並未登明該旬何費屬何物品，故欲知豆餅項下若干，從總局資料中無從獲得，若由全部食品之總數，比例攤分，則無論從價從量，皆有失實之虞，因有若干食品如豆油係就廠繳貨，根本不需運雜費也，無已，只有將來在一個豆餅業務較多之事務所作個案研究矣；（2）陳股長取來其製成資產負債表與損益表之試算表及附屬工作表，顯現其明細分類之食品售出與成本記載，以明自去年七月至今年四月底止之累計數額，乃擇出其中與美援有關之數項加以摘錄，並將據以推求其逐一之盈虧原因。

9月15日　星期四

職務

上午，到糧食局繼續查詢有關其所主管之物資，今日為接續昨日開始檢討之米價問題，所得資料如下：

（1）關於收購方面，各種米之記帳價格將來歷已一一問明；（2）關於出售方面之米價，重要的計有軍糧價、公糧價、出口米價、民糧價，前二者以成本價記帳，但中央撥還之數不及成本價，則作應收帳款，實際與呆帳相去不遠，出口米價按所得外匯結售台銀所得台幣入帳，民糧價則大體上照軍公價，只有拋售米一項係隨市價轉移，銷售利益不大，在糧局售出之糧食中，係以出口米與拋售米二者較有盈餘；（3）肥料部分因係用於換穀，換來之穀即以肥料之成本為成本，故雖有一張計算表，實際無盈餘可言，此點與糧食與食品二項之計算表有盈虧者不同。

交際

晚，會計師公會理監事在航聯保險公司請全體國大代表與理監事外之立法委員宴會，由王庸代表報告公會亟待進行之案有二：（1）向政府提出建議書，力言稅理士制度之不需要與不可行；（2）政府正準備依據新公布之獎勵投資條例開始辦理工商業資產重估價，此事應由同業爭取之；繼起立致詞者有三人，大意為主張堅決反對稅理士制度，並加強合作，健全自我云。

9月16日　星期五

職務

全日在糧食局查帳，今日著眼點及所獲悉之資料如下：（1）本日繼續研討食品會計部分之各項食品內容，其中與美援有關部分前已將銷售收入與成本加以紀錄，今日續將非美援部分之品類與銷售收入及成本累計數達百萬元以上者亦加以記錄，將與前者綜合比較二者在全部食品中之比重；（2）美援中較重要項目之豆餅費用，前欲加以統計，因會計人員謂各項物品之費用完全混合處理，不能分析，正感納悶，今日複閱四月底試算表附屬各工作表之內容，見有該表 Adjusting entries 係將豆餅費用加以估計，在表上分錄，詢以此項估計之來源，始知係每月由各事務所用電話或表報報告累計之豆餅費用數，乃加以彙計，作調整分錄，並不記帳，其數目細至角分，可見並非估計，然則其各單位可靠性如何，俟出發檢查時由各單位之記錄內加以核對便知，經囑其抄錄各單位數，以備出發時應用；（3）向楊樹木組長探詢其一般會計原則，知糧食局之餘絀並不作分配，均如數轉入特別公積，作為周轉資金，物品售價有盈有虧，互相彌補，代辦性質之豆餅、豆粉則另行計算，向美援會報帳，又該局之預收貨款與應收帳款混合在應收科目記帳，預收而未正式轉應收者，即表示紅字，在應收內全體數內抵除，此法可省卻千餘戶預收立戶之繁云。

9月17日　星期六

閱讀

續讀 Hubert O. Swartout 著 *Guardian of Health*，第三章 Ailments common in warm countries，此章所寫為若干在熱帶常見之病症，但事實上多為美洲所發現之病例，可用於台灣者絕少，故未加細讀，只將病名略加瀏覽；第四章 Some popular remedies，寫藥品之進步情形，由傷風止痛說起，至 Sulfanilamide 之不利於腎，一再改進，至抗生素發明而在醫藥上起大革命，但藥品治療，必須顧慮其不良之作用，故不能亂用，即醫師在不明病人之全部體質前，亦不可輕易處方，以下又談物理療法之優點，但亦必須在冷熱水之使用方面絕對無誤，否則效果亦將適得其反，末論精神療法，特加強調，並實以宗教觀念，余疑此書實為一教會之出版物也；第五章為 Simple treatments in the home，即係以水療法為基礎，談家庭所可自行施用之療法，以及應有之設備，其中所述冷熱互用法至為簡單，但施於何病，以及施用之部位，頗不易完全明白準確，此則易談而難做者也。

參觀（補昨）

到中山堂參觀曾其女士畫展，作者師事溥心畬，但臨寫似更廣闊，書法在題畫中相映成趣，不類閨閣手筆，大幅者如設色之臨秋山行旅圖、山水與水墨壽春留犢圖人物，尤其不可多得。

9 月 18 日　星期日

體質

鼻炎一周來繼續點藥，但仍未痊愈，今日似對嗅覺略有進步，故仍到台灣療養院由李蒼醫師診察，並說明此點，渠亦認為有進步，上周彼本謂如再不愈即用 X 光檢查，余認為多用 X 光無益，故亦不再提起，仍取回點鼻與服用藥二種，擬再試一星期看其後果如何。

師友

晚，王慕堂兄來訪，談已調動職務為交通銀行稽核處副處長，仍將相機赴港籌劃接眷，又彼近兩月患右臂風濕，醫治不甚見效云。

閱讀

續讀 *Guardian of Health*，第六章 Atom Bomb Explosion，此章甚為簡明，但讀後不能記憶，故只涉獵，備將來有機會時再行細讀，第七章 When there is but little time，此章全為 First aid 之事，包括綳帶作法、酒毒、狹心症、灌腸法（enemas）、冷熱敷、吸入劑（inhalation）、中風（Apoplexy）、哮喘症（asthma）、狂犬症（rabies）、破傷風（tetanus or lockjaw）、抽筋（cramps），等，第八章 The early years of life，此章對於育嬰方法指陳甚詳，自孕產以至二周歲，余因無此需要，故未細讀。

家事

為紹寧、紹因、紹彭三兒女規定週末作文，今日出題為「壽春留犢圖」，囑寫時論公私分明之故事，紹因作學校命題「有志竟成」，交卷見均尚通順。

9月19日　星期一

職務

上午到糧食局一方面洽詢會計處所備各項資料，請其於周內交來，一方面到第五科繼續詢問有關七萬公噸麵粉一案之經過情形，首先依據日前在會計處傳票後所見之簽呈，向該處調閱有關之美援會呈行政院文，會計處已通知第五科檢送，故今日第五科即逕行將文卷交余核閱，並於核閱中向經辦之鄭科長吳稽核等詢問，由此更多獲知此案之內容，尤其關於盈虧方面。蓋此項麵粉成本每噸約 4,100 元，換回之軍糧定價只三千餘元，而國防部由於軍糧價款向來只付二千五百元，發生兩個差額，其他關係機關主張以省出之米出口，所獲善價可以彌補，而所獲麵粉廠以麥麩抵作加工費尚餘之一百元餘，國防部力爭作為軍眷福利，糧食局對第一差額認為有著，對第二差額則否，故一面表示可以盈虧相抵，放棄麥麩差額，一面仍以為虧空太大，問題不易解決，其癥結在此。此外又知一項長久存在之事實，即上項差額一百元餘尚須扣除監製費照投標底價百分之五計算，大約十八元左右，此數軍粉部分歸國防部豆麥小組，公教粉部分則歸糧食局云。下午續到糧食局第五科，與鄭潤生科長談該局自己經營之花生種子、花生與花生油，及省產小麥等情形，為時間所限，尚只略知其梗概。

9 月 20 日　星期二

職務

糧食局查帳工作，預定將於下星期赴台南、台中、高雄等單位，作對於支分機構與農會處理該局物資情形之考察，昨日將出差申請填送 A. W. Tunnell，渠今日約徐松年君與余詢問所以有此必要，余告以因有若干物資係由分局透過農會加以買賣，故須前往觀察其實地情形，彼云目前所應注意者只為糧食局本身之購銷政策，設無各地自定之政策，即可不必往看，余謂美援物資部分皆由糧局主持其政策，少數自辦物品有由各地行決定者，彼云如此已足，只須明此分野寫入報告已足，不必往看云，於是決定作罷，其實彼所見者亦有其理由，余本無可無不可，力主出差者為卓景煇君，且已與糧局交換意見先作準備，如此當通知延緩，俟至將來再說矣。近因內部工作加多，未到糧食局，今日所作者共四件Review and comments，一為美援會請發礦勘團一職員之喪葬費，認為應照以前分署所指出之限制核發，二為美援會之修正 Application，改變科目間支配，總數如舊，三為台大醫院與錫口療養院合作訓練經費，為數不多，皆分別簽註意見。

集會

晚，出席小組會議於潮州街七號，討論縣市選舉之改善問題，余發言時主張中央對於地方惡勢力如郭國基之流，早作對付與防範，非必至選舉始警覺也。

9月21日　星期三

職務

上午，審核內部文件，其一為 E-1 修正本，關於對中國政府之 General Budget Support，原本只為關於480法案內匯率差價溢算退回部分七、八千萬元，修正本另加關於以前美援物資進口關稅等，本須繳納相對基金帳戶之數目如數撥回中國政府作為一般經費，大約每年一億五千萬元，此舉目的在彌補由於實行獎勵投資條例所發生之財政短收；其二為華僑教育計劃下之 Pre-Orientation and Post Orientation 經費，此為第二次之修正，其中各項費用預算比第一次大致相同，但有計算錯誤者，須加改正，另有教育資料一項，未有細數，須予補送云。下午，同美援會卓、沈二君到糧食局繼續採集資料，值第五科鄭科長在辦公室，乃與其詳談該局自己經營之物資，今日所談為蕃薯粉、蕃薯簽、小麥及所製麥粉、豆粉與台糖飼料、食鹽等項，其中台糖飼料一項，其主要原料為台糖之酵母粉與糧食局之黃豆粉，前者非美援物資，後者為美援物資，在糧食局買進與賣出之間均略有盈餘，據云台糖飼料雖養分甚佳，然豬隻不甚習慣，但試用結果，已漸受歡迎云；最後關於下週出發各縣之事本已由糧局準備，昨日未經 Tunnell 核定，故今日告以因下週另有其他工作，無期展延云。

9月22日　星期四

職務

上午，與卓景煇、沈熙亮二君到糧食局查詢有關食品方面之資料，昨日主辦麵粉之朱股長交余所製分析表數張，余將其內容先事加以研究，今日將不甚明瞭各點向朱君面詢一切，大概情形如下：（1）因七萬噸搭發軍公糧米與五千五百噸貸放換穀之小麥，換出後可得米五萬頓以上，可用於出口，惟五千五百噸部分由於自九月起，已將原定按實物折算比例收回之辦法改為按明春之穀價折還稻穀，究將抵作若干米糧未能事先預料，可能有所出入；（2）軍公兩方本為四萬噸對三萬噸，此只為估計數，由於換米比例軍方為一比一，公教為糙米 1.1 對 1，若軍公兩方有所增損，將由比例之不同而影響將來換回米糧之數額；（3）此項以麵換米，在糧食局發生虧損，如能出口，即能彌補，惟軍粉部分軍方所付之價款比公教部分所付之價款尤低，該局仍為虧損。

（此項軍方低付之數自非由於換麵而生，但糧局喜將此帳總算。）下午，助徐松年君檢查 Development Loan Fund 有關文卷，以明是否對於部分用款人之月報內所填還款情形實還與預定不符，而又不加說明之情形，本會計處已經有通知致主管部分予以通知改正，結果證明未曾通知，Tunnell 決定應辦一通知云。

9月23日　星期五

職務

上午，到糧食局與會計處第二組食品會計股陳股長討論其昨日交余之有關數字：（1）美援豆油因今年上半年收購價每公斤十六元而配售價十三元，致造成虧損，帳面一百餘萬元，但因此項豆油價按批計算，尚有一部分未在六月底收帳，依第五科統計為六百餘萬元；（2）美援豆餅亦因配售價格有高低，費用部分前後參差，而該股造表表示各批互有餘絀，此項分批餘絀歸之最後，或餘或絀，四十九年度總計為絀，往年則大體有餘，據云至去年底止均已解繳美援會，惟詳細數字尚未開來，經囑其補做；（3）往年糧食局曾經由收購麵粉高價售出一次，盈餘一千餘萬元，因此項盈餘竟應誰屬，莫衷一是，該局作保管款處理，近年來因中央公教人員搭配麵粉，歷係以現款向僑泰興議價購進，其換省之米穀係成本較低之徵購糧，於是糧局發生虧損，遂以此項積存之保管款抵付其差額；（4）省級本無搭發麵粉，現在因七萬噸麵粉案內搭發省級麵粉二成，此項麵粉袋上依規定須印公教麵粉字樣，品質比中央級相差甚多，故欲以之發給中央級而未獲同意，設將來一千餘萬保管款抵用完畢後，恐糧局無來源可以彌補矣。下午在辦公室整理糧局所獲資料。

9 月 24 日　星期六

閱讀

續讀 *Guardian of Health* 第九章亦即全書末章 How to keep well，此章在寫養生之道，頗多可採之原則，如：（1）體型與遺傳為導致若干致病原因之一，如結核病、精神病、糖尿病、高血壓等，再如癌病、心臟病、中風亦有類似情形；（2）防病首要為防蟲與細菌之侵入，故應有良好之氣候，適合之衣食住條件，手指保持清潔；（3）對某種細菌，預防針與血清應加使用；（4）營養為防病之最重要條件，蛋白質須完全而充足（含奶、蛋、馬鈴薯、綠色蔬菜等），但過多易變熱量，且廢料之排除加重腎臟負擔，脂肪不可過多，而維生素 A、D 須在動物油內攝取，醣類在澱粉內已多，不可過度用蔗糖，礦物以鈣、鐵、碘、磷為最重，維他命以B為首要，其他亦不可缺；（5）體重過肥或突減均不適宜；（6）素食甚佳，但須以奶補充完全之蛋白，蛋亦可用，但過多有肉食之害；（7）通便；（8）烹調蒸勝於煎，烤勝於炸；（9）保存食物不宜太久，冷藏至少須 50°F 或 10°C 以下；（10）起居宜有規律；（11）戒煙酒；（12）睡眠休息務充分；（13）經常運動；（14）少用咖啡與茶；（15）食勿過量，飯間勿用零食；（16）世事雖險，而情緒須穩定，明是非辨善惡。此外有數個常用字，記此備忘：typhoid fever 傷寒、hemoglobin 血色素（與吸收氧氣關係最深）、goiter 甲狀腺腫。

9月25日　星期日

師友

下午，同德芳率紹彭到新店碧潭訪崔唯吾、張志安兩師，緣前數日曾為劉皚莉小姐希望到台北一女中旁聽事去信託為轉向校方設法，旋接來信謂，如為本校畢業生，尚有例可援，他校學生尚不知如何，經回信道謝並託再為設法，今日為星期日，因紹彭欲到碧潭一遊，德芳與余亦因久未到崔寓訪謁，乃決定同往一行，據張志安師母云，一女中對於他校學生旁聽尚無其例，在此等環境中絕對不能開例，此與余所想像者正復相同云。

游覽

下午與德芳率紹彭在碧潭泛舟，台北入九月以來已秋高氣爽，在碧潭山水環境之中，涼風颯颯，清爽宜人，舟子由崔寓之崖下啟碇，溯流而上，至游泳場折返，前後歷一小時餘，潭內紅男綠女，或划船，或游泳，或雇船漫遊，一片熙攘景象，回憶前次往游，又已一年餘矣。盤桓至下午六時，乘公路汽車返台北。

娛樂

上午，到空軍新生社看小大鵬星期早會表演，凡京戲四折，一為徐龍英之空城計，尚佳，凡四十分，二為鈕方雨之拾玉鐲，無劉媒婆，凡二十分，三為古愛蓮之金山寺，凡三十五分，末為鈕方雨之董家山，由尹來有為老周，詼諧動人，凡二十五分，計共二小時整。

9月26日　星期一

職務

上午，到糧食局續與會計處第二組楊組長及食品會計股陳股長接洽其所準備之各項資料：（1）食鹽售價均單純，而向鹽務總局買進之價則極複雜，因在撰寫報告時不須列舉，故不復加以詢問；（2）糧食局所掌握之糧食大致在全省所產糧食三分之一左右；（3）該局出售糧食內之民糧一項，今日由該科加以分析將資料交余，在四月底時之年度收入為六億元，其中平價糧食一項在五億元以上，在售糧收入內亦占一甚大之數字，此數字為與民間最有關係；（4）該局之豆餅盈餘已經解繳美援會，計清繳至去年底，今年豆油、豆餅兩項盈虧參半，該局對於盈餘係記入保管款，如過去掃解，現在變虧，此科目將發生借差；（5）余向其索六月底售糧數字，據云日內可以開出，但決算須於一個月後始可完成云。糧食局之查帳工作至此已經初步完成。四個月前所寫基隆港務局倉庫存美援物資延不提出之糾正查帳報告的 Follow-up Audit，經 Tunnell 積壓至今，未有發出，經彼交出，主張往核對已否提出，使此項查帳報告能反映現狀，余乃於今日到美援會查詢，經與范愛緯君處相詢，知其中電力公司部分已允提出，而製鹽總廠部分則不肯提取，尚待擬定解決辦法云。

9月27日　星期二

職務

開始撰寫糧食局購售業務調查報告，首先決定大綱，準備寫三段，一段為該局業務三大部門之概述，曰糧食、曰食品、曰肥料，前二者各設一套帳簿，各記盈虧，後一者亦另設一套帳簿，但因肥料係用於換穀，肥料帳本身收支適相抵無餘，故本身不計盈虧，其盈虧實隱含於米糧帳內；二段為美援物資；三段為有關之非美援物資。今日已將第一段寫完，繼寫第二段，分述各項物資內容，由較重要之黃豆加工製油與餅及粉後分別配售因而發生盈虧說起，為時間所限，本段豆油、豆餅部分尚未寫完。下午將以前所寫之基隆港務局倉庫所存 Idle equipment 查帳報告之 Follow-up 改寫，原因為四個月前初寫此 Follow-up 時，該項物資仍然未經提取，當時 A. W. Tunnell 曾將草案留置，先函美援會對此特別指出（該報告之範圍大於此），希望趕速處理，美援會即復函謂一部分屬於電力公司者正在洽提，而屬於製鹽總廠者，則因該廠拒提，尚無善策，Tunnell 或以為為時又已兩月，或已有相當結果，故主將此項 Follow-up 之實況補予查明，補入報告，經將電力公司情形於今日以電話詢明正待處理者希望月底前可以辦到，各節加入報告文字，重新交卷。

9月28日　星期三

閱讀

今日為孔子誕辰，休假一天，上午閱讀書刊，天主教出版慈音月刊九月號載有「我的職業」徵文多篇，其第一、第二與第三篇余均細閱，各有所長，余與德芳最欣賞其第二篇「白衣天使淚與汗」，陳一凡作，寫從事護士之甘苦，入木三分，而借護士長口中演述護士應持之風度，實為一般人所皆應具有，初不限於護士或天主教徒也，如寫初次為一極骯髒之病人擦身，護士長云：「當你做時，不要表現勉強或不愉悅的神情，同樣是做，何必讓病人不安，減低自己工作的價值呢？」又如寫某次病患要求作者唱歌未遂，在退出病房時，竟聞不堪之穢語，十分生氣，適遇護士長，察覺其情，便云：「你不進去質問他們是對的，受辱如泥土之沾衣，乾後自落，世上有些事要認真，有些事卻要帶三分糊塗，斤斤計較，有時還要找來更多麻煩，他們這些無聊的話，值不得認真的。」作者最後因輸血給一病人而造成一段姻緣，是此文之最高潮，作者有名句云：「把愛施給別人，其結果往往會回到自己身上。」又云：「愛情有時像寫文章，幾費推敲無一字，妙手偶得之。」亦甚見智慧。

家事

表妹婿隋錦堂率子方舟來訪，此子頑皮特甚，不易約束。瑤祥弟來，余託其代為詢配電唱機。

9 月 29 日　星期四

職務

續寫糧食局業務調查報告，今日已將豆油、豆餅、豆粉部分完成，此不過物品十餘種之一種，已占篇幅七、八頁，好在美援物資中此為比較重要而複雜之一種，其他各種不需如此繁瑣，當可不費若干筆墨也，今日所寫之豆粉、豆餅部分要點如下：（1）豆粉係用於售諸台糖公司配製台糖飼料，及配售養豬農戶，就最近年度情形以觀，盈餘不足彌補配銷費用；（2）豆餅全用於配售農戶為養豬飼料，雖原則上進價低於售價，但有時亦不足以差額彌補配售費用；（3）配售費用係由糧食局視過去情形估定，經美援會同意由售價收入內支付；（4）真正之盈虧須分析糧食局之實際支用費用始可得知，分析之方法為將該局所支豆餅豆粉費用，對於全銷售收入之百分比，與該局食品帳上全銷售收入與全銷售費用之百分比相較，適各為百分之五，因而證明此項估計費用數之與實際需要極為相近；（5）豆餅盈虧不由糧局負擔，過去至去年底為止之淨盈已經交美援會，但如現在之虧多於盈，應如何處理，則尚無前例可考，不能預見如何處理；（6）豆油廠違約罰金已由各廠陸續繳解糧食局收帳，至48 年度完畢時已有六十餘萬元，該局係列事業外收入帳。

9 月 30 日　星期五

職務

續寫糧食局查帳報告，今日所寫為美援物資部分之二，小麥與麵粉，首先敘明該局並無小麥麵粉之直接屬於美援者，直至今年二月由 PL 480 內提出八萬頓小麥作為八七水災後補足並節約食米之用，此項麥粉之分配有三目標，一為軍粉四萬公噸，以軍米一比一之比例換發百分之十五，二為省級公教麵粉三萬噸，以公教米 1.1 比麵粉 1 之比例換發 20%，此二項在糧食局用於交換之米價皆低於粉價，故在該局構成一種損失，又軍米部分一向財政部照每公噸 2,500 元給價，比成本價又低數百元，雖為應收帳，然無歸還限期，與呆帳無異，但此等損失如在所省之米得以出口或拋售省內時計算，因可獲善價，尚可轉虧為盈，由於此項計算之無固定價格與數量可資依據，故在報告內只舉出單價之損失情形，其餘數字則未加列舉焉，三為貸放農民一萬噸，此部分乃在貸放農民時以低於市價之價作價，復規定照四個月後償還時之時價折還稻穀，免計利息，此部分最後為盈為虧，無法預定，須視換回稻穀情形而定，最後對於糧食局自負盈虧之業務之撥補方式加以說明，謂麵粉方開始承辦，尚無何決定，依過去情形觀察，當統一於其全部食品盈虧之內也。

10月1日　星期六

集會

國民大會第三次會議後成立之憲政研討委員會係採分組討論方式，余為創制複決權討論第一組，但自選出召集人並舉行會議後，余皆因與辦公時間衝突，未往出席，今日舉行第五次會議，值余休假，乃到中山堂中興室參加，小組有代表百人，而到者不過二、三十人，然云超過法定人數，余因未見議事規則不知其根據如何，遲半小時開會後，先報告有關事項，然後討論，今日議題為本委員會秘書處所擬之研討大綱與研討進度等項，此前本小組已通過一項研討大綱，雖與本會秘書處所擬者大同小異，然舉例不同，並聞其他各組亦並無自擬者，本組對二者之去取，乃煞費周章，經決定為一致起見，即以秘書處所印送之一種為主，此項大綱曾在召集座談會上作初步討論，並略有修正，乃以此為藍本，今日予以討論修正，其中因涉及憲法本身之創制複決權問題，討論時間甚長，此事在理論上應列入討論大綱，以示包羅無異，但在事實上不宜在本大綱內討論，因修憲之程序規定甚嚴格，不必再事重複也云。

交際

晚，本稽核組劉允中主任在寓約全體同人十三人聚餐，似係為其明日生日之暖壽，事先合送蛋糕、食品等。

10月2日　星期日

體質

兩月來所患之鼻塞，仍不斷的用台灣療養醫院取來之藥水，每日點鼻二次，日來已覺嗅覺漸漸恢復，但有時仍然不通，今日再到該院由李蒼醫師診斷，仍取來服用之小藥片九粒及點鼻藥水，藥片處方為每日三次，余為其使人困倦，只服二次。

閱讀

讀 *Reader's Digest* 七月號，其中有一篇最值得欣賞之文字為 "To change is to live"，Ardis Whitman 作，其主旨為主張關於人生態度之時時變遷，如有停滯，即不是人生，然中年以後之人，往往已成定型，不輕易接受新的見解，此即非了解真實人生者所應有也，茲錄文內警句數據如下："Keep the past as a treasure in your heart, but don't waste time longing for its happiness. Changes are sure to come, and it is possible to prepare oneself to meet them." 又引羅斯福夫人之言曰（在人誇其何以有如許精力時）："It is not that I have so much energy; it is just that I never waste any of it on regrets." 又引紐約中央鐵路公司 A. E. Perlman 之言曰："After you have done a thing the same way for two years, you should look at it carefully. After five years, look at it with suspicion. After ten years, throw it away and start over."

10月3日 星期一

職務

今日續寫台灣糧食局查帳報告，今日為非美援物資部分之第一項，「米」，余就該局最後月份即本年四月份之財務報表內的米糧計算表，與成本計算表內所列之米之買進與賣出各項方式加以彙總，共得米之來源四類，米之去路六類，前者一曰田賦徵實與隨賦帶購，二曰公地租穀與耕有田地價分期納穀，三曰肥料換穀，四曰貸款收回之穀，後者一曰軍糧，二曰公教人員糧，三曰特種專案糧，四曰出口糧，五曰拋售糧，六曰其他米糧，然後將收進價格之核定與付出糧食收進價款計算方式加以敘述。大體言之，凡收進之糧食其徵購徵收者由省府與議會定價，肥料換穀以肥料成本折合穀價，貸款收回之穀，以貸款額與收回額之比例定價，至於售出方面，則軍糧與公教糧，專案糧與其他糧等，均照省府核定價算收，亦即參照成本價為之，惟有拋售米價照市價之九五折以內出售，目的在平價，而出口米之價則照台灣銀行結匯出口價計算，此二種收入超出成本，為糧食局主要收入來源，該局米帳在本年度略有盈餘，但盈餘數不及應收帳款之大，而應收帳款之數又為財政部所欠軍糧差價，收回無期，故雖省政府規定盈餘不分，留為周轉資金，實際上該局之資金仍賴向台灣銀行息借也。

10月4日 星期二

職務

兩月前所寫電力公司 FY1958 Power Transmission and

Distribution 查帳報告，本在徐松年君處作初步核閱，但因積壓太久，A. W. Tunnell 向其索去，逕自核閱，亦已數日，今日彼已閱完，初約徐君討論其不明白處，初彼尚擬自己作答，後因對內容所知太少，乃約余亦往參加，余乃前往，其中所畫記號計有十餘處，多半為對於文意不清或用字欠妥所生之疑問，經解釋後彼始恍然，然前後已費時二小時餘，彼加以改正之處並不甚多，至少若先由徐君核閱，其改動之處將多此十倍，余由此處對於年來寫作方面自審確有許多進步，惟仍覺所操之文字為 Chinese English，此點非有長時間之磨練不易做到也，最後 Tunnell 云，此項報告雖已甚長（黄紙四十四頁），但對電力公司內容仍不能謂已觸著全貌，此則為人力與時間所限，無可奈何耳。下午為 Review and Comment，共有 Fund Application 兩件，一為一月前送來看過，其後遺失再補，今日原件又突然出現，乃將經過寫一 Router，未費太多時間；另一件為美援會投資小組所送全年經費預算五百萬元，其中薪俸仍定十三個月，余將十三個月之來歷予以說明，謂此項來歷已成陳跡，中國政府改為十二個月，故主張其中年終獎金一項刪列云。

10月5日　星期三

職務

將糧食局查帳報告之本文寫完，今日所寫為 Other Commodities 內之食鹽、花生與油餅、麵粉、台糖飼料、甘藷等，最後並提及肥料，此肥料本身無盈虧，其成本完全轉入所換得之稻穀，作為稻穀成本，故在肥料帳內之損益項目歷皆平衡，並無損益可言，惟肥料之結帳年度為每年十月與四月，與該局之七月制會計年度不同，而肥料帳又似為半年一結，並無每月數字，余不知其如何加入總資產負債表也。昨日所作 Review and Comment 投資小組一案，余本主張不能預算十三個月之人事費，今日徐松年君又云須與主管業務部分之洋人先行討論，余謂此是純粹 Financial 方面的技術性問題，乃本會計處所主管，何以往問他人，徐君則謂本處洋人堅持如此，余謂此為完全規避責任之不通之詞，且原則應如何決定，乃職責以內之事，何能反去問人，此理如講不通，余只有自嘆才盡，對於已做之 comment 主張十二個月一點刪去矣，於是以最簡單之方式加以簽註，認為計算無誤予以通過，但徐君之心不死，下午又往與業務部分洽談，惟治絲益棼，愈益不得要領，但余對於徐君之揣摩功夫，勝於「城中好高髻」者，不能不致其欽佩之意，因到傍晚，余聞彼告余已得到另一 Officer 發表意見，不愁無文章可做矣云。

10月6日　星期四

職務

今日複閱糧食局查帳告之初稿，將文字不妥處再加潤飾，凡細閱兩過，每次均有所改正，惟內容方面則均照初稿，定稿後送美援會卓景煇兄處，請其明日細加閱覽，並考慮是否用會銜方式分送兩機構首長。昨日經過再三研討之投資中心所送請款預算簽註意見，余本以為既無標準可以決定為十二個月薪抑十三個月薪，當將此點意見撤回，且對於 P/LCM 所擬不准支給交通費之意見亦不表贊同或反對，只至主張予以核簽了事，但徐松年兄仍不謂然，彼與曾明耀君二人輪番與主管業務部分之 PIT 接洽，堅請彼方表示意見，以符所謂凡事儘量與Technical Officer 磋商之意，結果 PIT 有意見寫於 Router 上，云對於 12 個抑 13 個月薪一案，主應援美援會例辦理，但最好為請該會查明是否支領援款人事費之機構須適用中國政府之法令，至於交通費應否支給一節，則認為除非本署有不准之根據，否則應予支給，此等意見仍然不著邊際，徐君以為大有收穫，主張重新簽註，即交美援會將此兩點查明議復云云，余乃重寫此項 Router，經彼再加補充，更有加倍囉唆之特色，打出送主管部分，此本 Urgent 文件，三天始行出門，如對於每一 Application 均如此浪費時間，將來本稽核組之正事將無何可為者矣。

10月7日　星期五

職務

全日為編製糧食局查帳報告之附表，此表在余之原擬為正表三，各有一附表，計正表為：（1）Net Assets Statement，附有一張 Breakdown of Inventories，（2）Revenue and Expenditure for Rice，附有一張對於進貨成本之說明表，（3）Revenue and Expenditure for Sundry Food，附有一張各種食品分別列舉之銷貨數與成本數，此項計劃後因不得已之原因而修正，原因為 Rice 之成本表有其特殊複雜處，例如在收進時全為稻穀，須折成糙米，又有貸放收回穀，與貸放時之數相抵，亦列入收支之內，尚有其他特殊項目，如此加加減減，始得到一個最後之 Cost of Goods Sold，數量方面須再度加以調節，始可與銷貨相對照，余為免外國人之不易了解，決定簡化，只在 Revenue and Expenditure 內用一總成本數表示，好在只有米之一種商品，亦尚能一目了然也。日昨徐松年君費去極大時間蒐集資料囑余寫成，彼又大加修改之有關投資中心的預算，自以為得意之作，向 Tunnell 表功，不料對方冷淡，且謂何以為此等瑣事浪費如許時間，余對此固在預料之中，然不願在其頹喪之中更加以刺激，只表示外國人亦太任性，且多一相情願之思想，彼等之真意在對於中國政府不為已甚，適可而止，然又不能明言也。

10 月 8 日　星期六

閱讀

讀丁福保著靜坐法精義，此書僅為數十頁之小冊，然博大精深，今日只讀其佛學叢書自序與第一章總論開端，即覺由無限啟發得無限受用，如云「嗚呼，法海無涯，偶嘗一滴，管蠡之見，所得幾何，率爾操觚，安敢遽為定本。未能自度，先欲度人，以盲引盲，人己兩失。甘露不善用之，而翻成毒藥，是余之所大懼也。然必得自度而後度人，恐度人終無其時，今以箋注十餘種與學佛門徑書，合而名之曰佛學叢書。或謂西來祖意，無說可說，無聞可聞。所以拈花微笑，授受相傳。言語道斷，心行處滅。法尚應捨，何況箋注。余曰，譬之以鏡照花，花不在鏡，而緣鏡可以見花。以水映月，月不在水，而借水可以指月。余願世之學人，如緣鏡照花，得見真花，並無花可得，方可打破其鏡。借水映月，得見真月，並無月可得，方可傾去其水。……嗟乎，名利恩愛，世諦中畢竟成空。生老病死，真體上本來無有。終日喫飯，何曾嚼著一粒米。終日著衣，何曾掛著一條絲。然則終日注經，何曾說著一句話。」又錄郭蒙銓先生詩云：「近名終喪己，無欲自通神，識遠乾坤闊，心空意見新，閉門只靜坐，自是出風塵。」大抵作者之功夫雖以釋氏為本，而徵引反多儒家宋明之理，間亦參有黃老之成分，宜乎其能收融會貫通之效也。

10月9日 星期日

閱讀

讀 *Reader's Digest* 七月號，Charles Henry Hamilton 作 The Most Unforgettable Character I Have Ever Met，作者為 News Leader 之 Managing Editor，描寫 News Leader 發行人 Douglas Southall Freeman 氏之生平，氏為一名記者、名廣播評論家、名作家、名教授，每日工作十七小時，由於特知珍愛時間而有兼人之工作與貢獻，在中年時即已戒煙，因計算每星期需消耗八小時於此，其晚年為寫華盛頓傳記而辭去其他職務，但因心臟病突發，此工作並未完成。此篇內所記載氏之生活情態，偏重於待人接物方面，對人之觀察，往往明察秋毫，而尤有知人之明，作者謂之為一 Iron disciplined yet warmhearted man，引其名言曰："Boy, just remember that most of this world's useful work is done by people who are pressed for time, or are tired, or don't feel well. There is only one way to get a job done - just shove your belly up against it and do it." 氏又自述其性格曰："The word to describe Robert E. Lee is 'duty', and the word to describe George Washington is 'patience', then the word to describe Douglas Freeman would be 'discipline' ". 其自負也如此。

10月10日　星期一

國慶

今日為國慶節，放假一天。先是，因今年政府有盛大之閱兵式，本分署之聯合大樓適為瞭望最佳之所，乃有發出通行證屆時可以來大樓參觀之辦法，在每人一張之原則下抽籤，余抽到屋頂上者，由於德芳不願來，紹中須預備功課，紹因、紹彭年幼，不肯一人前來，乃決定由紹寧來此參加，余則另有國民大會送來之入場證。今晨八時率紹寧一同前往，本擬穿過新公園分別入內，而新公園已為觀眾所塞，無門可通，於是率紹寧進入總統府前之北一區，伊即未再赴聯合大樓，十時開始閱兵，因連日陰雨，今日雲層始略為升高，預定難以參加之空軍分列式，亦得以照預定參加，甚為圓滿。陸軍、海軍之地面分列式則費時一小時餘，直至十一時四十分始畢，包括徒步與各項重武器如戰車、大砲等之行進，極耀揚之至，於是休息十五分鐘，聽訓部隊在總統府廣場前集合，由總統訓話，並由軍人讀訓，十二時禮成，今日民眾參觀者更眾，夾道擁擠，盛況空前，人心之鼓舞，良有足多，晚間有焰火及儀隊表演等。余家栽有曇花一棵，去年九月七日紹南赴美之前夕盛開，今年數度含苞，未成而落，德芳用農藥施肥，一時有十餘蓓蕾競相滋生，不料未及成苞，紛紛脫落，只餘一朵發育完全，於今晚國慶節怒放，嬌豔欲滴，彌可喜也。

10月11日　星期二

職務

上午，複核糧食局查帳報告之附表，其中正表共三，一為 Net Assets Statement，二為 Rice Revenue and Expenditure Statement，三為 Sundry Revenue and Expenditure Statement，附表二，一為對於正表一之Exhibit One: Breakdown of Inventories，二為對於正表三之附表，Exhibit 2: Breakdown of Sales and Cost of Sales for Sundry Food，今日在複核時發現正表一下端之餘絀一欄不能直接與二、三兩表之 Net Profit/Loss 相對照，其原因為正表一只寫一總數，此數包括前期純益及本期正表二之純益與正表三之純損，該局原表係用另一分析表表示之，余現在無如許零碎之附表，故將正表一之餘絀一項分成三個細數加以排列，以便對照云。下午，到糧食局訪會計處二組長楊樹木，對於以前該局所送余之資料有不能核對者，請其解釋，大致已經解釋明白，其重要者為：（1）黃豆粉帳列四月底數字比另開六月底之累計數為高，顯不符事實，經說明係因另開之部分豆餅係由豆粉折合，未經註明，經註明後加以複核，已相接近；

（2）肥料之決算年度為四、十月底，與會計年度之為十二、六月底者不同，據解釋，仍係根據每月份之決算合併，故不致有互相錯綜之虞云。

10月12日　星期三

職務

將已經寫好之糧食局查帳報告做最後之核對，以期其中有涉及數字敘述與數字表式之不致在無意中有兩歧現象，在核對過程中發生一項極有趣之問題，證明查帳工作有時為抄捷徑而圖節省時間，效果上適得其反，緣在上月查核該局食品帳時，因其財務報表上只分食鹽、食品與飼料三大部分，經主管之陳股長將原表底所附工作表取出，得見每一細數之真相，當時只將美援有關者抄下，後以為不妥，又將其他部分抄下，而為省時計，將零星不滿一百萬元者未抄，但若干日來由各細數不能兜成其財務表上之總數，昨日又將不滿百萬之部分補抄並逐項一一核對無誤，以為總數必不致再有問題，不料回辦公室後仍然不能以散符總，無計可施，乃以電話詢該局經辦人劉君，始知其中飼料部分於帳列銷貨額以外，並估計豆餅可能虧損之數亦加入銷售收入內，以示此項虧損應由美援會彌補之意，余聞言後查以前曾做過之有關紀錄，果然相符，其實此種情形如不是在抄細數時先後割裂，而採一氣呵成之方式，此問題早應發覺並了解，無須如此周折矣。

師友

晚，訪同事李慶塏君，參觀其電唱機、收音機、錄音機等，以立體身歷聲唱片為最真切。

10月13日 星期四

職務

繼續複核所寫糧食局查帳報告，因日昨重新喚起其每月終對於豆餅盈虧不自行負擔之整理分錄，乃引起一新問題，緣昨記之虧損數在月底整理分錄，在性質上乃一項應收未收利益之分錄，余連帶的憶及該局代辦豆餅既不負盈虧，而係按固定數每片向美援會算收若干費用，則每月底之調整分錄實應以此項應收數為主，不應以其現在之方式，只計算其實支費用不足以由所獲售出差額挹注時之差額，加以分錄者，如每月如此分錄，至六月底決算時分錄而又記帳，彼時美援會將應負擔之費用實際撥到時仍然再記帳一次，必將造成重複記帳之缺點，余對此百思不解，乃用電話詢問陳振聲股長，始獲解答，據稱每月底之調整並不記帳，而向美援會算收費用，則在決算時始為之，此時須製票登帳，而平時每月所做者，在決算時則不需再做，故並無重複之弊云。今日又發覺該局開送於余之美援麵粉付美援會價款資料，至四月底止已付八千餘萬元，而進貨帳則只有三千二百萬元，以電話詢問劉君，據云此項資料凡付款皆列入，而正式進貨帳內則必須為已成麵粉者，故上項差額四千餘萬元係在預付款項帳內待轉，致有此項難以對照之現象云。

10 月 14 日　星期五

職務

此次所寫糧食局查帳報告原擬於本週內必須定稿，但至今日為止，仍不能謂為完成，其原因為：（1）共同工作之卓君，自上週即將余之初稿留閱，然只謂有許多意見，意見如何又遲不表示，前數日余因製成之附表須與文字核對而取回，彼今日又來取去，謂須修改，余希望其從速完成，蓋彼下週即須公出也，然至晚尚無消息；（2）豆餅盈虧已與美援會結算至去年底，然該局開余之全年度盈虧係至六月底止，內有時期錯綜，為證實其真相，曾數度以電話詢問其主管人，由其他職員通話，口稱待詢明後即回電話，事實上過時即忘，必須再行自動電話相詢，如此輾轉遷延，尚有未能得到答復之點。今日之其他工作為 Review and Comments，計核閱請款案 application 一件；另外處理一件極繁瑣之事，即退除役官兵輔導會高雄碼頭久存 PIO/C 鋼筋一案，久經在查帳報告內 claim refund，初為美金二千餘元，後改為台幣七萬七千元，皆 Tunnell 所主張，但該會一再以全部鋼筋全用於一切 project 為理由，表示並不剩餘，而 PIO/C 到達太遲，實際上等於先買用後以 PIO/C 歸墊，故不承認此項 PIO/C 仍為美援性質，今日 Tunnell 對李君再駁復其要求一函稿，始則主張先將來函全譯，待全譯後，又囑查核其內所用 PIO/C 與本地鋼筋之相互關係，因而擾攘竟日。

10月15日　星期六

師友

上午，到交通銀行訪王慕堂兄，雖在開始後之十時，然辦公室內人員寥寥，王兄亦不在，乃留字，並將紐約寄來之信插入其已鎖之抽屜內。

參觀

下午，到中山堂參觀永生工藝社之陶瓷出品展覽，除一般花瓶等外，有數件仿宋窯之出品，尚有特趣，但不能細審，細審則台灣陶瓷之粗糙現象將畢露矣。上午到華南銀行樓上參觀蘭花展覽，出品者以台北蘭友為多，包括胡緯克、劉啟光，以及其他出品者，另有嘉義、台南等地之愛蘭會送來者，大體言之，以洋蘭為最多，石斛蘭次之，蝴蝶蘭則絕無，余最欣賞劉啟光之數盆素心蘭，最饒古趣，且花瓣嫩若水蔥，嬌豔無比，而王者之香，比之多種之有色無味蘭花，又不可同日語也。上午，到歷史博物館參觀十人書展，此為第二次，去年為第一次，十人者，陳定山、丁翼、李超哉、張隆延、朱龍盦、曾紹杰、傅狷夫、陳子和、丁念先、王壯為等，余今日最欣賞者為傅之臨伊墨卿大中堂，曾紹杰漢隸，陳子和行書章草，丁念先秦權，王壯為漢隸，此皆為諸人平時所不經見，然方之其行書、篆書、楷書、小篆、行楷均勝一籌也，張隆延兄多為臨黃庭堅，自大結構難免有鬆懈處，小件臨漢碑者則佳絕，又展出山谷字卷與文房四寶，亦佳。

10月16日　星期日

師友

上午，于治堂兄與賈文課科長來訪，于兄由大甲來此，據談其長女謀事問題已經初步解決，刻已至高雄煉油場會計室工作，賈科長在經濟部工作，據云其所屬各公司已有用招考方式招用人員之趨勢云。上午，李德民君來訪，談其服務之殷台公司根本無盈餘可言，最近如非已承受新船訂單，勢將陷於危境，但在財務上又似不甚困難，薪俸規定不低，李君地位不甚高，已支月薪三千九百元云。

閱讀

九月份 *Reader's Digest* 內 Points to Ponder 一欄，載有 Elizabeth Gray Vining 名言曰："The word humor, according to the Oxford Dictionary, originally meant moisture of juice and only fairly recently, that is to say from the 17th century, came to mean that quality of action, speech or writing which excites amusement, or the faculty of perceiving what is ludicrous or amusing. As anyone who has experienced the lubricating effect of even a small joke in a household well knows, humor still has an element of juice. It keeps life from drying up, gives it freshness and flavor." 此語對中國人最有用，因中國人最缺乏幽默感也。

10月17日　星期一

職務

今日將糧食局查帳報告作最後之修正，並於定稿後交徐松年君先行核閱。先是，此稿於上星期五交美援會卓君閱覽內容，彼取去後至晚猶未交回，余因事忙亦未能往索，今晨到美援會訪問，知已出差，十天後始可返回，因上星期彼曾有放置於抽屜內之說，曾將其抽屜打開尋找，毫無蹤影，其抽屜有一鎖起者，無法可開，謀諸徐君，彼云不妨向其寓所詢問，或尚未成行，亦未可知，乃亟乘車前往，在其寓門相遇，謂即赴車站，路過余辦公室時將原稿送回，彼對此報告始終有意見，但又不言明，余亦不再相問，即將認為不妥之處再加調整，作為完成交卷焉。上星期五對於退除役官兵輔導會之高雄倉庫存 PIO/C 鋼筋不用要求退款一案，曾將其中文函副本全譯交 Tunnell 參考，彼研究後又發生新問題，即該函附送之全部 PIO/C 鋼筋用途表內有三個未經計劃使用 PIO/C 鋼筋者，其預算內容如何，有無使用鋼筋必要，有無自備款等項，囑加以查明，余乃將該三個計劃之歷年 PPA 與 Application 等項逐一核對，作成一個分析表，列明各個 PIO/C 內皆無鋼筋進口，而台幣部分只有建築費預算，需否鋼筋，無從得知，自備款則皆無云云，列明後送其參考。

10 月 18 日　星期二

職務

數日月來所作之兩件查帳報告，因修改斟酌，期於至善，直至本週始告完成，昨日曾將糧食局查帳報告作最後之核閱後交卷，今日則將 FY1958 Power Transmission and Distribution 之報告依據 A. W. Tunnell 之核閱意見加入數項 Recommendation 後，依頁數先後加以編排，並與正文相為引證，最後再複閱一過後，即交打字小姐準備打成清稿後送其他部分會稿後印發。今日另以半天時間助徐松年君核閱公文，此為一件在兩月前經余提供意見之來文，乃美援會為礦業勘測團副團長林斯澄要求由相對基金支付喪葬費，當時因有例可援，擬予核准，Tunnell 以至 Shamburger 亦欲核准，但因送各部分會核，意見孔多，但仍將復文擬就，只內容措辭較為嚴格，但送之署長簽字，又生問題，認為此等支付應有原則，枝節應付不是道理，原件退至 A. W. Tunnell 處，囑對於林君之大概情形再加調查，余乃以電話詢問經濟部張景文兄，經渠轉詢礦業司後，答云此人原為工業委員會專門委員，該會裁併後轉任此團副團長，原來在經濟部任職，該部對於部外人員亦無此等喪葬費之支給云，當用 Router 將要點寫出送之 Tunnell 以做答復，不知其將如何處理云。

10 月 19 日　星期三

職務

本週起余之 Assignment 為 Follow-up audit on Retired Servicemen Projects，但並未指定應由何項查帳報告作起，只謂愈早者愈先開始，余乃今日先就已經發出而尚未結案之查帳報告加以統計，此項統計因最近有五月底一項清單，詢問後知六月以後並無從事於此者，故即由此清單可以確定究有若干報告尚未結案，統計結果共有九件，大部分為余以前所查，均為兩三年前所辦，其間有接輔導會來信申述執行情形者，有未接者，文卷亦復不全，余因此次之 Assignment 共有六週，如九件全做，為時不及，擬擇其中一部分為之，此一部分希望為執行情形比較良好者，則在送華盛頓之查帳統計中可以有較好之反應，因此須先將各件報告全文與有關之 working file 加以複閱，始可做較切實際之決定，今日全日工作即為此項複閱，兼以核閱自各報告發生後所有附卷之各項往來公文。美國公務人員做事不講原理原則，並不在中國人以下，例如本稽核組為查軍援顧問團託辦之件而添用新稽核二人，尚未到職，聞其中有可以按第四級敘俸者，此第四級即以前之第二級，向來未有到職即支此級者，目前各稽核最高亦只此級，只有主任稽核始敘三級，現在一改前例，殊可異也。

10 月 20 日　星期四

職務

上週曾為審核受援人之 Fund Application 而發生若干關於行政費之應如何限制問題，當時徐松年君曾向 P/LCM 主管方面借來一本有關政策性文卷，余於今日加以檢閱，其中雖多為 FY1956 至 1957 間之文件，但有若干現在尚有效力，故將案內加以摘錄，以備參考，由此中文件之對於行政費苦無一定標準，得見歷來對此問題所受之困擾不一而足，今日仍在此種無秩序之所謂 Piecemeal system、Ad Hoc system 中討生活，非有睿智之士，勇斷之策，不足以蘇此大困也，蓋此中癥結為人事費與所謂 fringe benefit 之標準，目前有照美援會者，有照各中國政府機關者，亦有折衷其間，非驢非馬者，現在之會計長更無勇氣對此予以全盤檢討也。由今日看卷得一無意中之重要收穫，緣數日來由於對於受援機關申請喪葬費正準備核准而正副署長不肯簽字，提出不同意見，會計長、副會計長均無法解決，余今日在卷內見喪葬費之先例尚非此次美援會所援之 1959 年該會一例，而係 1956 年工業委員會一例，當時美援會一請不准，二請則轉至華盛頓總署請示獲准，以八至十個月之待遇為限，可見此事並非分署任意所為，而實有手續完善之根據，徐松年兄見此大喜，立報 Tunnell，又轉報 Shamburger，諒彼等正在束手無策中有大旱欣逢甘雨之樂也。

10 月 21 日　星期五

職務

此次在 work schedule 內之工作為退除役官兵就業輔導會之有關查帳報告的 follow-up，但未明訂係全部的亦局部的，只云儘量的先查較早的，初步預定時間為六個星期，除本星期外，為五個星期，余乃今日將以前之 Incomplete 報告加以審閱，以確定工作份量。審閱全部八個報告後，對於 A-1554 一報告之複雜內容詳加斟酌，其中最大問題為全部 PIO/C 物品記錄之重新核對，費時太多，乃將此一報告除外，另有一件秘密報告為吳文熹建築師對於美援工程之評價，余亦將其除外，故最後決定六個報告為範圍，此六個報告所需時間余再加匡計，大約為外面工作兩星期，內部工作四星期，除已過一星期外，尚有三星期，此已為最大限度之工作效能矣。上項範圍確定後，即以電話與輔導會會計處連繫，初其會計處長王紹堉不在，接電話人謂將俟其歸後通知來電話，余等候至下午五時將近下班，乃再去電話告以將於下月一日開始查帳，請通知各有關人員單位於下星期預作準備，以便配合，而免臨時多所周章，王君在接電話時似尚不知余先去電話，若非彼故意如此，即係原接話人怠忽所致，此等情形在一般行政機關，真數見不鮮矣。余之休假原定下星期三至五，現將星期一加入，以便照料家事。

10月22日　星期六

家事

次女紹中在省立台北一女中高級三年級肄業，其本年秋季旅行含有畢業旅行之意義，故去更較遠，為時較長，今日下午乘慢車於夜半到台南，再轉高雄一帶游覽，德芳近來宿疾漸痊，亦有興為南部之遊，故亦託紹中之級任教師應允參加，同時因今日之慢車到台南太晚，而余春間出席國民大會時所發之台北高雄間火車換票證，尚有台北往程者未用，故於前日前往車站換領今日之柴油快車票，於今日下午四時五十分德芳率紹彭南下，余送至火車站之月台，如時開行，現在之柴油快車節數已由四節改為八節，儼然亦成列車矣。年來因店鋪存款常有風險，故絕不敢再存，略有餘款時即由德芳送至南昌路之台北合會儲蓄公司，該公司所採利率與銀行相同，但有隨時可以商洽提出之便利，近來積存略多，鑑於又有信用合作社不穩之傳說，為分擔風險起見，決定提出二萬元轉存聯勤收支組之同袍儲蓄會，昨晚曾通知七弟瑤祥將補給證送來，今日到該會送存，首先填申請書印鑑票，迨出納收款時，則須到其附近之台灣銀行國庫部，在該部點交，復由樓上取到收據，再折回儲蓄會換取存單，其時已經十二時後，部分人員下班，幸尚有負責人員未去，乃要求其將存單開給，取回時已十二時半矣。

10月23日　星期日

家事

昨日德芳率紹彭並紹中南下游覽後，人口頓形減半，入夜甚為冷寂，蓋紹寧與紹因共寢德芳之床，與余同室，原來紹中與紹寧共寢之室及客室皆無人住內之故也。德芳臨行曾煨滷菜二色並蒸饅頭二籠，昨午並煮飯一鍋，食去甚微，故食物之存量超出實際需要，今日余未添買菜蔬，晨起以昨日所餘之乾飯煮成稀飯，與紹寧、紹因共食，午飯則將昨日之乾飯用蛋炒食，但仍未用完，晚飯則另行煮成菜飯，菜為德芳所買之菠菜、蘿蔔、小蔥等，中、晚兩餐並有衍訓由淡水回家參加，至晚乾飯部分始告清理，然饅頭全日只食去二個，尚餘十個，斷非明日三人所能食盡，乃囑衍訓於回其兵艦時帶去三個，滷菜則蛋與肉已完，豆干則尚有殘餘也，全日四人食去之物，殊不為多。上午並到寧波西街取來紹因、紹彭二人在女師附小制服上應繡之學號，另送去一件加繡。

娛樂

上午，到空軍新生社看小大鵬平劇公演，共二齣，一為武文華，只角色多而熱鬧，主演者陳玉俠，年雖幼而功力頗佳，二為宇宙鋒代金殿，由王鳳娟主演，王亦年幼而嗓音甜潤，唱來抑揚有致，行腔上有獨到處，為該劇團後起宗梅者之第一人，水袖功夫亦佳，惟身段與頭部均尚不夠工穩耳。

10月24日　星期一

閱讀

本年八月二十九日之 *U. S. News and World Report* 刊載英國倫敦大學教授 Hugh Seton-Watson 長文一篇，題為 Neither War Nor Peace - A Survey of our times，此題即為一書之全名，本篇乃書之結論章也，全文對於當前西方國家應付蘇俄同床異夢之處描述甚為清楚，對於低度開發國家在亞、非、南美三洲之覺醒情形，與英美及蘇俄爭取此等地區民族之不同的技巧，亦詳盡的加以分析，其精闢處如謂西方所恐者並非只限於 Surprise attack 或 total nuclear war，如謂 “Arms are not the causes of wars, they are instruments”，如謂 “economic aid will not put an aid to communism”，如謂 “Soviet aim in talks: not agreement but propaganda”，如謂 “growth of racialism is ‘horrifying feature of world politics’”，如謂 “poverty creates greater discontent than ever before”，如謂 “democracy needs leaders not afraid to give orders”，皆一針見血之語，尚有對於雙方外交政策之分別，謂集

權政治永循固定外交政策前進，只有緩急，並無停留，西方國家則長期目的概屬茫然，遇有問題發生，只求能得過且過，苟安相當之時期，彼即認為可以接受，而誠心誠意的接受妥協條件，此亦將西方外交刻劃入微也。

10月25日　星期二

閱讀

續讀丁福保著靜坐法精義總論章下半，大部為引高忠憲公所作詩，此種靜坐境界以詩寫出更能見意會之妙，茲亦摘數首如下:（1）弢光靜坐云，偶來山中坐，兀兀二旬餘，澹然心無事，宛若生民初，流泉當几席，眾山立庭除，高樹依岩秀，修篁夾路疏，所至得心賞，終日欣欣如，流光易差跎，此日良不虛，寄言繕性者，速駕深山居；（2）蔡觀察貽余禪衣成夜坐詩寄謝，長林寒風厚，斗室霜氣優，珍重故人惠，有衣亦可衾，中夜每起坐，春溫解重陰，明月入我戶，流光照鳴琴，念彼世中人，異調難同音，頓使羔裘賢，難執道路襟，思君三嘆息，付之一悲吟，萬感既刊落，一息自深深，乃知人心妙，晝夜當溫尋，感君衣被意，示我禪定心，獲此領中珠，不啻腰纏金，欲悉此中玄，何時來盍簪；（3）弢光山中和友人韻，禪坐秋逾寂，泉飛夕更涼，映山池帶碧，對菊酒生香，客去鳥啼歇，月來詩興忙，飄然塵埃外，身世欲渾忘；（4）次劉伯先閉關韻，在在名山寂寂峯，淵泉深處有潛龍，非於太極先天覓，只在尋常日用逢，當默識時微有象，到明言處絕無蹤，洗心藏密吾曹事，長掩衡門獨撫松；（5）休言雜念苦難除，自是心君無地居，一旦豁然仁體現，方知吾自有吾廬。但此等著力處更皆是理學家見地，禪意甚淡也。

10月26日　星期三

閱讀

讀*James Hemming: Mankind Against the Killers*，著者為一曾在WHO（World Health Organization）工作之傑出人物，此書主旨在敘述人類與有害之微生物之間的關係，並如何由發現與研究進而撲滅之，今日已讀完第一至五章，其章目為：(1) Man the Conqueror、(2) Unseen Enemies、(3) The History of the Killers、(4) Detective Story、(5) Germs on the Move。敘事生動有趣，雖主要為醫學之觀點，然所採資料則為多角的，故作者所採之廣泛立場乃此書最生色的特點之一，在此一至五章中有值得摘記者如下：（1）人類與生俱來之本能為征服，現在已將征服月球，然對於微生物尚未能完全控制，惟已具此遠景；（2）人類所以必須對付有害之微生物，乃因生命有必須藉其他生命而養命者，他種生命亦有必須藉人類而生存者，人類為免於被害，只有以全力抵抗並謀消滅之；（3）顯微鏡之發明，使細菌可以被發現，厥功極綿；（4）微生物之繁殖極速，採分裂折斷等方式；（5）Pasteur與Koch分別發現細菌之存在，並試驗注射血清，得能救回無數之生命，實為歷史上之人類的救星；（6）瘧疾、鼠疫、霍亂、黃疫為人類至今尚未克服之大敵，病源已知，尚須進一步努力始克肅清之。

10月27日　星期四

參觀

到歷史博物館再度參觀十人書展，流連二小時，於各家法度略獲端倪，玆記要點於下：（1）王壯為最博，曩只見其行楷，纖秀而乏剛勁，今日展出有篆書隸章，見其書隸並佳，且過真行，又草書臨王右軍哀禍，孔侍中，喪亂，二謝，得示（日本藏）何如奉橘，修載（故宮藏）等帖，亦有工力；（2）曾紹杰，隸最佳，源何蝯叟，小篆尚好，頗散漫，但以題款用之小字行書為最佳，惜無作品，另展出石庵清愛堂筆，王福厂治印等；（3）傅狷夫善畫，書則只一種草書，並不驚人，獨有大字臨伊墨卿「淵明不求甚解，少陵轉益多師」對，不但神似，且無一敗筆，如此擘窠者，他家未能也；（4）丁念先臨漢碑最多，工力最深，然似失之拘謹，獨有臨秦權最佳，跋云世誤為篆，其實為隸，余意大抵為八分；（5）張隆延數幅皆臨黃，只有橫牓「長洲縣西……」為最好，篆書瓦當小品亦佳；（6）陳子和行書有骨，且出入章草，甚耐看，隸書太鬆；（7）朱雲專臨爨寶子，且能解作大字，然用筆甚滯，余極不喜；（8）丁翼小篆纖巧，行書尚未脫俗；（9）李超哉只一種摹于右任書，極不耐看；（10）陳定山只行書，雖有書卷氣，而工力不稱。又展出各家文物，有吳昌碩八十臨石鼓，朱竹垞隸書，文徵明行書卷（73 歲），王虛舟臨褚聖教（含歐法，妙絕，65 歲作，有跋自云褚書出漢韓勅孔子廟碑），何子貞小楷心經，趙子昂行書卷，王鐸吟閣帖卷，拓本有宋拓孔廟碑，宋拓十三行，宋拓顏大字東方贊貴字未剜本，米南宮行草卷等，皆精絕，硯石亦有數方，曾紹杰械履硯張妹未銘云：人生能著幾兩履，人生能磨幾斛墨，人不磨墨墨磨人，笑冷空山一片石，南州高士攜硯來，敲門踏破蒼苔色，作詩作書兼作畫，無數山青與水碧，若聞子弟捷書音，會見東山高齒折。亦有意味。又王壯為筆墨硯與北平成都詩牋，此間亦不可多見也。

10月28日　星期五

閱讀

續讀 *Mankind Against the Killers* 第六至十章，第六章論微生物有大、中、小三種，最小者為 viruses，即顯微鏡亦尚未能看清，以下述 Jenner 發明牛痘以及繼起之白喉血清、破傷風血清，次述藥物直接殺菌之奎寧、磺胺類以至抗生素之發明，極為精簡；第七章論食物營養乃抗病所最需要，由壞血病發生之原因進而敘述各種維他命，腳氣病等等之關係；第八章敘目前世界地區之營養差異，以熱量、每人所得、能量消耗、教育、醫藥、平均壽命等，表現低度開發國家之有待於幫助，進而以中國印度為例，說明何以農人終歲辛苦而不得一飽，實因各項資源之利用程度尚屬不夠；第九、十兩章敘 WHO 之工作情形與所遇困難，亦有現身說法之妙。

10月29日　星期六

交際

楊紹億兄上午十一時在豐澤樓嫁女，余於十二時前往，尚未行禮，余在二樓將喜份交帳房，並照例簽名，但坐定後聞坤宅肅客在三樓，但因其禮堂在二樓，故等候觀禮，將近一時始行禮，在主婚人致謝詞時，楊兄云坤宅客人請上三樓，後聞係兩家對於籌備工作未能充分合作，以致各行其是，其間楊兄見余到後始終在二樓，疑余與新郎皆為山東人，或早相識，於是在來賓致詞時曾堅約余致詞，謂與雙方有關，余力辭始免，然已顯見甚不自然矣，行禮後入席，二時始散。

閱讀

續讀完 *Mankind Against the Killers*，今日讀第十一至十六章，十一章敘述在 WHO 工作時所遭遇之困難，主要為欠缺了解與不同之風俗習慣；第十二章論婦女兒童保健工作之重要，及 WHO 推行此項工作之成效；第十三章述 WHO 如何與傳染病搏鬥而使人能增長其天年，此平均天年在美國為七十，在落後國家為三十至四十；第十四章述 WHO 之面臨的重要工作；第十五章論富庶區必須協助貧苦區之理由，因目前世界已經成一整體，斷無一國可以獨善其身者；第十六章論各民族間之了解乃一最後之重要事務，隔閡乃吾人之最大敵人云。最後錄 Pasteur 名言以結此篇："In the fields of observation, chance only favors the mind prepared."，猶謂妙手偶得之也。

10 月 30 日　星期日

集會

明日為蔣總統七十四歲生日，革命實踐研究院將慶祝節目安排於今日，以便各同學在假日內參加慶祝。余於上午九時偕德芳率紹彭到革命實踐研究院貴陽街辦事處搭車上陽明山，首先在大禮堂簽名並拜壽，然後參觀展覽國防研究院之出版物，其中以新出版之國父全書與蔣總統集為最生色，因該兩書皆用二十四開大本，前者一冊約千頁，後者二冊約二千頁，即已全部容納，較之以前分成若干冊體積龐大者為便於保藏，參觀後又至陽明館與圖書館參觀，圖書館庋藏雖不甚豐，而條理次序最為井然，下山至大禮堂更乘車到後山陽明公園游覽，雖無春日櫻花杜鵑之盛，而荷塘曲水，亦復引人入勝，至十一時半即乘車下山。下午再到貴陽街搭車到木柵革命實踐研究院分院參觀，首先在中興堂簽名，然後參觀各項展覽，計有院史圖片展覽、新聞照片展覽、台灣歷史文物圖片展覽、台灣省政圖片展覽等，又在大餐廳舉行游藝會，由電影界之黃曼、錢蓉蓉表演歌唱，陳惠珠之舞蹈，歌唱皆甚低級，而陳惠珠之舞蹈則較有功夫，又有張小燕之舞蹈，亦尚可看，歷一小時而畢，繼為電影，因俱係新聞片，且廳內擁擠已久，空氣污濁，令人難耐，遂改至圖書館閱覽書報，五時搭車而返。

10 月 31 日　星期一

職務

休假後今日恢復辦公，靳綿曾君上週曾將以前會同所查之電力公司 Power Transmission and Distribution 查帳報告經郭小姐打成 Second draft 後校對一遍，要求余亦複校一遍，今日全日幾全用於此事，因全文打成後雖由 44 頁縮為 29 頁，然數字甚多，必須從詳核對也，今日核對結果如下：（1）Recommendations 十二則均經靳君將其在 Findings 內之頁數與章節查出寫於逐一之後，以便速檢，余加以核對，全部無誤；（2）余之 Job Completion 一段內有敘述區管理處對於電表、油開關、變壓器之不經工程階段逕作總公司財產轉帳一點，認為十分特殊，靳君所寫部分內亦提及此點，但前次 Tunnell 對於所作有關之 Recommendation 予以刪去，余因如此即不必多言，故將余所寫一段刪去；（3）靳君部分有因標點不當而使意義不甚明晰者，經建議予以改正；（4）在 Recommendations 內靳君曾用一 less，初看似通，細看則否，詳細參閱，知為lest 之誤，靳君看數次未發覺，余指出後始為之悅然；（5）打字小姐對於打成之稿有細微錯誤，均經發覺，後見有整個漏去一段，幸亦發覺照補；（6）全文經數週來之冷靜後再度細閱，仍覺有若干不夠明白之處，但亦無法補充，只好聽之矣。

11月1日　星期二

職務

為準備退除役官兵輔導會之六個查帳報告之Follow-up Audit，今日繼續查閱有關之Working File，並將各報告之Recommendation加以列舉，分註其執行情形與核對地點等項，以為工作時之準繩，至今日為止，業已大體完成。今日臨時工作為對於來文之Review and Comment，計辦理二件，（1）前次已經閱過之教育部僑生計劃內Pre and Post Orientation用款六十餘萬元，月前本由余辦理，簽註後在Program Office不知緣何積壓至今始行辦稿，故余加註云，此件前已閱過，現在函稿與前次所擬意見相同，故可以會簽云。（2）電力公司FY1960年Primary System Improvement在FY1961年用款之PPA，經與E-1核對無異，故加以簽註認為可以會簽，另有Program Office加入之一段文字，即須參考另一前函所提注意事項辦理，為查明該另一函之內容，曾至收發部分加以查閱，並在簽註紙上寫明云。

瑣記

晚，同瑤祥弟到武昌街買電唱機，曾看過數家，最後在能昌決定，因該號將內部用料全部啟示，且所裝之西德Dual馬達轉盤係用原裝之件，立刻啟用者，比較放心，又收聽證由該號代請送贈以表優待云。

11月2日　星期三

職務

今日開始到退除役官兵輔導會會計處，與主管人員接洽正在進行中有關退除役官兵計劃之六個 Follow-up Audit 之安排問題，至則發覺事實上該會雖於旬前由余通知準備，然除將原來之 Audit Report 加以檢出外，其餘完全無著手模樣，故全日之工作只為與經手人持 Recommendation 之內容，逐一商洽如何集中資料備閱，今日只將此中之一個報告研究完畢，然何時準備完成，尚難預料。該會會計處長王紹堉與余又談另一問題，即高雄港倉庫查帳報告內，有該會之進口 PIO/C 鋼筋 15.4 公噸未經使用問題，本分署一再主張該會應將款繳還，該會則一再來信表示不肯，王君謂其最後一次來函要求係先得本分署會計長 Shamburger 之核准者，但函到署後，主管方面又表示不肯，現在該項文件，計美援會轉該會之英文函，該會中文函余代為譯成英文之全文，李慶塏君所擬不准之函稿，以及再度經余查卷研究之各計劃內 PIO/C 鋼筋情形摘錄等，均在王手，諒係由 Tunnell 轉 Shamburger 又轉入王手者，王君云只須以後不至於 15.4 公噸後再進一步要求繳還其他 PIO/C 移用之件，彼可照繳，余告以本署之要求亦只如此而已，將作為結案云。

師友

上午到合作金庫訪隋玠夫兄，取代存款息。

11 月 3 日　星期四

職務

繼續到退除役官兵輔導會查帳，因該會未能將任何一個查帳報告之資料全部準備完成以待查核，故只能就其已經提供之事項加以核對，不問其為何項計劃以內之資料，緣是今日只為一種廣泛之接觸，數個查帳報告一齊開始而皆未完成，摘記其內容約如下述：（1）Industrial Center 計劃，由曾君將其所調集之資料逐一送閱，已將原 Recommendation 1 內之四項資料加以蒐集，結果已知其兩個工廠之成本會計制度已經實施，但日期不能肯定，須問其工廠人員，又在實行之初所應先行辦理之原料成品盤存，亦已經辦理，但何時所辦亦不之知，再則該兩個工廠應實行Job order 制度，現在已知桃園工廠有成本分析表送輔導會核定，類似一種 Job order，但如何運行之實況，亦須問工廠人員，至於第四項關於會計報告亦查明由何年何月實行編送。（2）RETSER Hospitalization 計劃原經辦會計人員祁君已改就他事，經該會約其前來接洽，當與其就原查帳報告之建議事項一一加以檢討，就其須檢送審核者逐一開出，預定於下星期一繼續補核。

交際

晚，同德芳到雙城街訪李德修原都民夫婦，因其子三周歲生日，送贈玩具一件。

11 月 4 日　星期五

職務

上午，續到退除役官兵就業輔導會查帳，今日繼續查核 Industrial Center 之查帳報告中應執行事項之執行情形，已大部完成，尚有兩項較簡單者因下午未能前往，故未能照預定進度於今日查完。新 working schedule 已印出，余之本月份工作為第一至三星期到輔導會查帳，月尾之 25 日及 28 至 30 日則為公假四天，此為照老 schedule 排在下星期者。本月份第一週已於今日終了，第二週則將仍為在台北查帳，第三週須赴各地出差，日昨葉于鑫君曾因彼亦將安排出差請車，連帶的向旅行部分請指定自十四日起高雄林炳煌所開車歸余使用十天，但正式 request 亦不宜久延，故余今日將出差之 request 與派車之 request 並同備好，送徐松年君轉請 A. W. Tunnell 核定，徐君謂葉君請車事遭其否決，今日須特加充分之準備，乃主張對於必須出差之理由進一步的由各項查帳報告之 Implementation Status 作扼要資料，備其窮究時不致茫無頭緒，余即將此次 Follow-up 中之六件報告的 Recommendation 各有幾個以及依據輔導會所告之執行情形，再證實必須現場看過之理由，列成一表附原報告交徐君，徐君恐屆時或有不明處，囑余在辦公室勿外出，但至下班為止，尚無談此事之機會。

11 月 5 日　星期六

家事

下午，到武昌街買水果二式即送中和鄉姑母，姑母下星期二為生日，乃在台之最近親屬也，姑母約於下星期二在家相聚。

瑣記

余在台買水果向以為對各處之價值虛實了解甚深，今日始知不然，而情況之變化為不可捉摸也。最高貴水果為梨與蘋果，皆日本進口，余數次皆在桃源街國福土產行購買，該行包辦國防部福利社之水果部分，若干本地水果有時確索價不高，又寧波西街與南昌路口有五、六家攤販，距余家甚近，有時價亦不昂，今日先到攤販處詢問，據云梨每兩二元八角，再到國福行，該行無梨，只有蘋果每個十三元，余因大小不齊，欲購又止，轉至武昌街一家大水果店，此店之索價向來甚高，但先問其梨，每兩只二元（市秤），並讓至每台斤三十元，蘋果視國福所售為大，每只只十二元，於是迅速成交，且果實均鮮豔美觀，可見購買物品，不可拘泥於一隅也。

集會（續昨）

晚，舉行小組會議，主旨在討論台灣黨務問題，然依近來之風氣，小組會議皆只以談天方式出之，甚至對於題目大綱並不涉及，完全漫談，今日即以此方式出之，至於交卷方式則公推一人負起草之完全責任。

11月6日　星期日

師友

上午，郵政醫院孫院長夫婦來訪，孫氏乃一郵政界人，然管理醫院亦甚有條理，其夫人與德芳為山東女子師範之同學，德芳曾前往訪問，茲來答訪。據談其家庭生活共有三子與三女，長子去夏赴加拿大習電機，次子在工專肄業，幼子則尚在一私立高中，長女在銘傳女子商專畢業，刻在宜蘭教書，次女、幼女則在靜心小學肄業，又談其醫院現在尚不能擴充，由於未參加公教保險，如能參加，業務必視目前倍蓰云。

參觀

報載僑務委員會主辦香港中國自由人士書畫展覽會，在國立藝術館，下午與德芳前往參觀，此項展覽號稱百餘人，其實尚不及半，而作品之堪以寓目者，不及什一，僑委會之所以為此乃在對於香港之自由人士有所表示，況其中有若干作品富於宣傳大陸共匪暴政之作用，政策上不肯加以忽略也。

瑣記

中國人使用英文字典之通病為不肯先將其卷首之各種緣起、說明、範例等詳加省覽，以致在檢查字彙時有若干不求甚解處而無由進一步予以釋明，例如英國牛津大學出版社之 *Advanced Learners' Dictionary* 余昔曾有一本，用之不久，被他人取去，最近復買原版一本，常常發現解釋內有 U、C 等符號而不知其意義，最近詳閱始知為名詞之 uncounted 與 counted，此極有用而昔所不知也。

11 月 7 日　星期一

職務

繼續到退除役官兵就業輔導會查帳，上午為對於 Industrial Center 之最後兩個 Recommendation 之查核，其中之一為剔除款之繳還與請免剔，包括打字機13,500 元請免剔與剔除款之實際繳還帳項，前者剔除係因在預算內本列有打字機，但在修正預算內明白經本分署剔除而該會仍照支，經剔除後又要求免剔，所持理由為該項打字機雖經進口，然不含關稅，可謂驢頭不對馬嘴，而美援會亦就該會提出之關稅問題加以引伸，向該會查詢關稅詳情，此中經過又不能全部文卷內看出，使人如墜五里霧中，乃囑曾君再度查卷，以作判斷之根據；至於其他已繳還款，又係與各計劃之決算餘額一併繳還，及查核其餘款究有若干，帳上數字與美援會 Local Currency Monthly Status Report 之最後一份亦與其繳款數不能互相核對，原擬根據其計劃終結數與前次查帳餘額相較，即知其繳還數是否相符，至此已不能達此目的；下午與衛生處祁兆琬君核對該計劃之已繳還款與應補單據等項，只有數筆可以核對，其餘尚須等候進一步之資料。

師友

晚，原都民李德修夫婦來訪，因其公子生日，擬約余與德芳參加宴會，經婉謝，謂將不定日期前往。

11月8日　星期二

職務

續到退除役官兵就業輔導會查帳，仍採數個計劃齊頭並進之方法，但已儘量集中全力於一個報告之 Follow-up 之完成，此即為石牌榮民總醫院之水管工程的缺失的補救，雖已為三數年前之舊案，然因查帳報告發出後始終未作 Follow-up，故只得設法結案，報告內之事項為工程方面的，今日自然已全無留痕，今日之 Follow-up 只好完全由文卷內經過為對象，今日全卷閱完，已將此事全貌得悉，總結言之，工程上在無人負責之狀態下造成公家數萬元之損失，緣該會在興建榮民總醫院之水管工程內係由該會自備材料，料由台灣唯一之鋼管廠供給，並由英德古公證公司試驗其壓力，然試驗合格者安裝後仍有漏水現象，該會初將責任歸之英德古，後因英德古根據台灣工業試驗所之試驗，認為壓力試驗不足即為防止漏水之手段，須另作其他試驗始可，於是英德古免於負責，而鋼管廠則諉之於運輸與使用時對水管發生不利，亦不負責，最後該會乃委託台北市自來水廠壓力試驗，不合格者另外採購補充，壞管則以廢鐵售之鋼管廠，損失數萬元了事，好在此項 Follow-up 只重技術狀態，故此項問題亦不深究矣。

家事

晚，姑母生日，余與德芳前往吃酒，所約七弟未到，諸兒女有功課亦均未令往。

11 月 9 日　星期三

職務

續到退除役官兵輔導會查帳，在所從事之數件 Follow-up audit 中，若干 recommendation 均准該會函告已經執行，比詢及實際情形，則只能含混答復，再詢以具體事證，則又云正在執行中或準備執行中，例如今日在A-1520 查帳報告中有一項建議為請輔導會將由甲計劃移至乙計劃中之財產設簿登記，以便控制，該會復函云已設專冊登記，迨請其將專冊出示，則又云全部財產均在大規模清點，因全體同時並舉，故不能單獨提出此一計劃之事證，余知完全為遁詞，故亦不再深究，只好請其趕辦，以便下月初寫報告時得有資料將以往之 recommendation 加以結束而已。按預定計劃下週起到各單位調查，計有台東、岡山、彰化、桃園、埔里五處，輔導會將不派人同往，但須辦公文致各單位，俾知準備，為免其不知底蘊，乃又請余將各單位之具體待核事項一一開出，以便屆時順利工作，現正在辦稿中。半年前所作之美援會華盛頓技術代表團用費 1952-1956 查帳報告之 Follow-up Audit，因當時資料太缺，改為一項函稿請美援會補充資料，該函稿送 Tunnell 後積壓至今，係因口頭商洽諒無結果，乃決定仍然簽發，今日 Tunnell 向余與劉允中主任對此函稿內容多所口詢後，修正發出。

11月10日　星期四

職務

續到輔導會查帳，今日主要為查帳報告 A-1531 之 Follow-up，此報告為計劃中之較複雜者，包括 1957 年度與1958 年度之 Job Training and Placement 兩項，報告中建議事項包括一部分剔除款項，一部分工作情形，經逐一討論結果如下：（1）剔除款有為岡山榮民就業講習所者，輔導會認為該所所辦之代訓班為職訓會與該所間之契約關係，只須不背合約規定，即可免剔，余因該所該會皆為輔導會之附屬機關，而陽為契約關係，實牽強而取巧，不肯同意其見地，尚無結論；（2）剔除款有照繳還者，經以該會帳目與美援會之 CEA amount 核對，最初發生差額，後發覺主辦蔡君所提供之結束報告不與其帳目相符，始知枉費時間，實無差異。余下週即將出發視察，計五個單位，今日向輔導會索取五單位主管人與會計人員名單一紙，並該會所辦通知五單位公文之副本一件。綜合兩週來在輔導會查帳之觀感，大致如下：（1）主辦人員根本不知如何準備資料，故須一面查核，一面推動，因而事倍功半；（2）若干負責人趨避不遑，例如前岡山會計將單據取去一部分不辦移交，現在雖允送來，而一週來終無確期；（3）輔導會對各單位之管理鬆弛之極，尤以財產控制為然。

11月11日　星期五

交際

同事劉明德君下午五時半在空軍新生社結婚，如時前往參加，典禮後舉行茶會，時間頗經濟，約一小時即完成，禮堂布置甚雅致，證婚人介紹人皆中央銀行人員，劉君本在中央銀行服務，到本署只半年餘云。

瑣記

學習外國語文最難為習慣語法，此非自幼年習知，中年後無由得而明之也。夏間所作之台灣電力公司輸配電計劃查帳報告，初由 A. W. Tunnell 先閱初稿，比以打字打成清稿後，仍依序先送之徐松年君，徐君再閱，重點在避免 Tunnell 未加改動之處，以免抵觸而亦足表現其細心有餘，其中有靳君部分所寫一句，初用 less，余見其為筆誤，囑改為 lest，下接 they should 如何如何，徐君望文生義，認為lest 說有唯恐之意，何得用 should，只可用 would，並堅執其己見，後余與靳君查各種字典，包括 *Advanced Learners' Dictionary*、*American English Usage*，以及梁實秋編實用新英漢辭典等，所舉之例句皆為

should，似為定式，余初對此茫然，今始稔知之以。徐君又提及一句法為 It was advised that TPC attempt...，徐君認為此 attempt 應加 s，或改過去式，其實皆非也，此處有建議之意，不需如此也。

11月12日　星期六

瑣記

今日為國父孫中山先生之誕辰，本署本為休假之日如落在星期日即須補假，但在星期六即不補，又如為美國假始補，中國假亦不補，此點在規章內未見詳細規定，聞云如此云。上午到車站買下星期日出差用之車票，便道至中華路買唱片，以前余所買之音樂唱片俱為衍訓取去，故最近買新唱機後有再補充之必要，現在唱片行出售者已逐漸多為軟質塑膠片，價格略昂，而發音比較清晰，如所據之原版片毫無瑕疵，直可與之不相上下矣。今日出門於乘坐公共汽車時深感現在青年之應付處事的教養太欠缺注意，緣余上車時，車門塞滿乘車人，車掌不予提示，後面尚有數人未能上車，而車之前端則甚為空曠，余將趨往，而正在路之衝要處一小姐堵塞其中，余乃以商量口吻請其稍讓，以便後面者可以上車，彼在余欲示意越過尚未開口時已表示抵拒，全身堅立其地盤，聞余言後非但不向前移動，或略讓使他人得過，反更以全身抵抗，余乃不顧一切，排擠而過，余至今不知其如何存心，蓋亦無知之輩，遇事只知直覺的反應，並不考慮與人在公共場所尚須顧到彼此禮儀或他人之餘地，尤其余雖非甚老之人，然以年事貌彼，可為其父執而有餘，而如此無長幼之序，亦可驚也。

11月13日　星期日

師友

晚，蘇景泉兄來訪，閒談，涉及其西北同鄉國大代表張世賢之患癌病故，單身在台，遺產處裡困難情形，雖處處避嫌，然照料後事者猶難免於有欠清白之猜測，至於廁身其中者，甚至竟利用友人之不起而渾水摸魚者，則不顧清議，固有其應得者矣云，實慨乎言之，蘇兄固遠於名利者，尚不能免此，則今日之處事之難，可以概見也。

瑣記

本頁日記乃二天後補記於高雄旅邸，何以故？本日晚間本擬於八時至九時之間為之，因來客而將時間延過，九時後由洗澡以至聽收音機星期日平劇特別節目等，不覺倦極，雖預知明日有他事，絕早無暇為此，又計劃明日午後為之，迨午後稍稍休息午睡，起身整理行裝後，距動身南下之時間尚有一小時，預定為寫作之時間，忽憶起當日上午到林務局開會時頗有雨意，隨帶雨傘，散會後天已放晴，遂遺忘於會議室，乃亟趕往該局請林慶華君到樓上尋回，往返費去時間適為一小時，而預定之時間又須改變，由此一事而生兩感想：其一，凡事往往因延宕而坐誤，故凡能抽暇處理之事，應儘量抽暇為之；其二，對於因延誤而後果全然不同之事，尤應早有警覺，抓住時間也。

11月14日 星期一

業務

數年前承辦之台灣省林業員工互助協會清理台籍組合員財產事，今日上午林務局有召集會議，余準時出席，到者尚有汪竣律師及省府各有關廳處室之代表，今日討論主題為最近高等法院更審判決該局與協會應返還組合員新台幣六百餘萬元，為數太大，經呈報省府，省府飭召集會議商討行政解決之方式，今日會場發言者以財廳法治室及汪律師為多，首先提出法院已經更審判決是否尚有行政途徑可言，咸以為林業員工之享有年金乃根據前日據時期之台灣總督府令，其共濟組合並非法人，故今日政府所承諾之發還組合員權益，純粹為公法之關係，基此立場，則在向最高法院上訴期間，行政上有適當之處理必可以影響最後審判之為如何，於是乃進而討論應支負若干，林務局依據農林廳指示為支付至今年為止之年金以13.2倍折合可支付六十餘萬元，經即照此通過，並說明並不照年數支付，此後永無再請求之權云，凡一小時半而散。今日之議決完全為片面的，而訴訟被告林業員工互助協會固曾為法人，其中仍隱含有若干矛盾，且為數相差十倍，此案之結束將更遙遠也。

旅行

下午四時五十分由台北乘柴油特快車南下，十時二十分依定時到高雄，住車站前高雄旅社。

11月15日　星期二

旅行

晨八時半本分署司機林炳煌來旅社相見，即面交為其帶來之款項，並因即須出發，囑其回家準備，余則赴市場買水果，就市食西瓜一大片，甘美而取值比冰店低三倍，大快朵頤。於是由高雄出發赴台東，動身時已九時半，在屏東加油後續行，過枋山後即為石子路面，過楓港分路東行，此路余在五年前為林產管理局財產估價業務而來過一次，一路無甚市鎮，下午一時到大武，此地距高雄 135 公里，距楓港四十公里，距台東六十公里，飯後續行，全沿東海岸，有時有山路，塵土甚重，不如山中之一段（實際未至大武十公里即已出山，故海岸之距離有七十公里也），至知本溪橋左折單線公路駛向知本溫泉，此處有旅社二家，今日赴新開之一家，皆為小池，水極熱，招待亦不周到，並茶水而無之，浴後問索值若干，良久始回三元，余疑其因見余穿制服褲，此地習慣或軍人免費歟？猶憶兩年前來此在舊溫泉沐浴，設備招待俱佳，當時係沿大公路而來，須攀索道過溪，現在則有步行吊橋矣，沐浴約一小時乘車續行，薄暮到台東，住新開之金城旅社，甚安靜清潔，惟值稍昂耳。

娛樂

晚在台東劇場看電影，為 Frederick Marsh 與 Kim Novak 合演白髮紅顏未了情，黑白片，尚佳，買票時有五、六歲著學生制服幼童索錢，必係大人所教，可怕也。

11 月 16 日　星期三

職務

上午九時到馬蘭榮譽國民之家，查核該榮家之前身馬蘭榮民就業講習所所用美援經費在前次查帳時認應補正之事項，首先晤面者為榮家主任范欽，為敘就彼曾任講習所副所長所知之當時情形，歷時凡一小時，極為簡單明瞭，比即準備開始查核，范君云該榮家正在開會，資料尚未集齊，乃商改自下午開始，由此回台東休息，下午再往，文卷等即已調齊，凡應查詢者，大致均有稽考，但亦有部分習藝組紀錄因該組已無人在榮家，致未能完全查出，然其大概情形亦略能推測而知，計今日所獲結果如下：（1）A-1550 RETSER Hospitalization 1958 用款內該所短報修繕費五千餘元，卷查已匯 VACRS，文號均全，VACRS 經手人竟不知此事，帳亦未記，其帳定有誤漏；（2）A-1531 訓練計劃內對於訓練材料成本之管理似只有各自為政的紀錄，會計方面只有收支，習藝組則有片段之領料製品紀錄，雖有控制而不充分；（3）該所結束時之財產一部分轉交岡山講習所，一部分自留，均有文卷，但財產帳卡以前似無，最近輔導會規定清查財產辦法始有動作云。六時竣事，范君並約到軍友餐廳用餐，八時始散。

參觀

到台東社教館參觀文物展覽，主要為全省各縣市名勝古蹟，山地同胞服飾器物等，有仇十洲長卷，甚佳，但由文徵明跋，觀之似不真，又有子昂八駿圖，則逼真。

11 月 17 日　星期四

旅行

晨起早點後，於九時由台東乘林炳煌司機之自備車出發回高雄，由台東至大武之六十五公里為沿海行，有時有山路，但塵土飛揚，且陽光下甚感炎熱，過大武後約十公里入山，漸覺涼風習習，夜來雨洗，滿山青翠，殊為宜人，行二十公里至壽卡，為最高處，且有寒意，嶺上有界碑，台東者一面寫祝君事業成功，一面寫歡迎開發台東，屏東者寫祝君平安，及歡迎指導，皆別開生面也，由此逐步下山，又二十公里至楓港，即為西海岸矣，兩海岸在此路上相距不過三十二公里而已，由楓港至高雄為九十公里，全程一百九十五公里，雖為兩岸間交通線，實際大部分在兩端之沿岸也，今日由台東至楓港行三小時，中斷及休息一小時，楓港至高雄二小時，於三時半到高雄，住神州旅社。

瑣記

在潮州時同林司機到省立瘧疾研究所探詢瘧疾疑症報告方式，當交林司機一套玻璃片，可以回家取血寄驗，其紙盒係特製不虞跌碎，封套且貼好郵票，報告後發現瘧原蟲時且有獎金，此為滅瘧措施，甚有意義。在高雄體育場看巡迴商品展覽，十餘家廠商以大卡車為貨架，臨時設桌發售，取價不高，聞今日為第一天，由台北出發月餘始抵此，為六天之展覽。

11月18日　星期五

旅行

上午九時由高雄乘自備車赴岡山燕巢，中午岡山用餐，下午五時離岡山赴台南，住公園路四春園旅社。

職務

在岡山榮民就業講習所作 Follow-up Audit，包括三個計劃：（1）Report TW. 1383 關於診療所建築時之缺點已否改正及供水問題，前者已事過數年，無卷可按，只得就其建築之現況加以推斷，大致當時建議事項俱已執行，惟診療所用途已大為改變，則為另一問題，供水問題則已協助燕巢水廠合力改進；（2）Report No. 1531 關於榮民就業講習所之器材成品設備的管理事項，經檢查各項紀錄與卡片皆已有所改進，惟該所奉到之輔導會以及自訂各項章則雖甚詳明，而並未完全實行，尤其製造方面之不與現金有關者，即無會計記錄，與馬蘭之情形大同小異，而成品只有料價，不計工資，亦為特點，至於訓練班結業人員就業情形，雖有統計表，但不能明瞭所習所就之相關性；（3）Report No. 1550 關於支用醫療經費所缺大數四個月單據，現在經辦主計人員由所接管帳內不能查出，余雖前次來過，然事過境遷，非回署核對全部查帳文卷難明經過，此地已證明無能為力矣。此地之主任王君顯然為一過去軍政界打滾之過來人，對事以粉飾為主，對人則以應付為先。

11 月 19 日　星期六

游覽

上午，在台南市區名勝古蹟作半日遊，蓋數年來雖到此無數次，然絕無逢週末住此無事而等候他往之事，今日可謂忙裡偷閒，而閒適之情益覺瀰漫也。南市勝跡前已觀過者有赤崁樓、鄭成功祠與安平古堡等處，今日首至孔子廟，所謂「全台首學」，原來興建規模甚為宏大，現在雖尚由地方政府量力保養，然荒涼單涼之氣氛殊非處處用劣質紅粉之油漆所能文飾也，廟內全無畫塑等象，全部牌位，正殿中間為至聖位，兩旁為顏曾思孟四配及十二哲位，東西兩廡為先儒先賢數百人位，並有樂器等庫，側面有明倫堂，今為國民大會憲政研討會與光復大陸設計研究會台南區所借用辦公，至廟前泮池與空坪，則已改為足球場矣。再至開元寺游覽，雖在市郊平地，而其中古榕參天，花木扶疏，亦有世外桃源之感，寺為明代所建，已數度改建，現在新修者為入山門後最前之彌勒殿，第二進之三寶殿，而最後進之觀音殿則破損不堪，框柱為蟲蝕將盡，傾圮堪虞矣，廟後有鄭經並與鄭夫人由中州移來之七絃竹，甚暢茂，又云有千葉蓮，已萎死，而鄭成功墨跡則已藏而不露矣，廟內匾對無一工者，書法尤俗，只有彌勒殿旁開山堂所刻石門字用泰山經石峪體，極肖，居其中猶鶴立雞群焉。

11 月 20 日　星期日

旅行

上午九時由台南出發北行，中午到員林，午後到台中市，住五洲旅社，今日共在途一百六十公里。

參觀

下午到霧峰看故宮博物院定期展覽，展品書法最少，僅有宋王份、蔣之奇尺牘與董香光金剛經心經冊頁等，其中董為正書，自謂法顏歐，然形神極似黑女，畫最多，計有唐李昭道春山行旅，宋李成寒林圖，宋范寬行旅，宋閻次平四樂，宋李松聽流圖，元倪瓚遠岫樹石等中堂，明文徵明空林覓句，陸治天池石壁，唐寅函關雪霽，沈周古松，吳偉北海真人等立軸，又有邊文進栗喜圖，戴進羅漢圖等，冊頁小幅有五代關仝兩峰插雲，李昇岳陽樓圖，宋夏珪觀瀑圖，夏珪山水卷，趙子昂甕牖圖卷，明人出警圖精工卷等，帝王象有大幅禹王立象，氣象萬千，不似一般畫工之惟求工細，此外文物則有宋本通鑑左傳，明緙絲仙桃圖，七十四件之木套杯，甲骨文碎片，而銅器玉器例最多，宋瓷亦不鮮，玉器中之玉荷葉池，乾隆用玉章二對，青玉瓢，並皆名貴，銅器中大件者有春秋鎛，漢銅鼓，至春秋之獸帶紋鼎雖非甚大，而製作精細，為鐘鼎中所罕見，瓷器中精品有乾隆窯蟠桃尊，款式色彩俱妙，另有金器，光彩如新，昔所未見，彫漆器亦佳。

娛樂

晚看電影 “The Unforgiven”，恩怨情天，畢克蘭斯卡與歐得利赫本主演，甚佳。

11月21日 星期一

旅行

晨乘自備車由台中出發，赴埔里，台中至草屯二十公里為柏油路，草屯至埔里四十公里為石子路，其中最後之二十公里完全為傍山而行，自去年八七水災受損，至今尚未完全修護，頗多地處在河下行車，設非冬季枯水，恐仍有受損或受阻之虞也。十時半到埔里，全日在埔里工作，中午在噴水食堂吃活魚，下午五時離埔里，抵草屯後改循土路赴員林，此路十五公里，向未走過，因路面不平，過一山嶺，車行甚緩，今日全程五十五公里，共行二小時半，晚住員林華都旅社，為新建，屋型布置均極求與一般不同，雖有若干耳目一新之處，然空間浪費，光線不適，室內有柱，皆為其缺點，惟大體言之，在市鎮中有此，殊不易得也。

職務

在埔里榮民醫院作 Follow-up Audit，原報告A-1550涉及該院者為：（1）須補單據事項一筆 9,983.30，經該院查卷尋出已報衛生處奉復，如不經此次再來查催，恐仍將上下推諉，不肯澈底究明，另有 60 元則再度檢查傳票，仍無單據下落；（2）藥品管理改進事項，新任衛材主任董瑋璋不但有經驗有辦法，且肯負責，在新定制度之下，對於管理保養等刻意求精，此乃輔導會所屬單位中所見之唯一人才，惟詢以輔導會簽復美援會函內謂藥品帳務應由會計人員處理一節，彼則不知其事，亦為核議討論及之，可見輔導會公文實係以意為之者也。

11月22日　星期二

職務

上午乘自備車由員林赴下水鋪榮民工廠從事 Follow-up audit，員林至二水十八公里全為柏油路，據云今春始行建好，自二水至該廠六公里，為土路，較為難行，然較之前度來此由北斗蜿蜒而至者已不可同日而語矣。四十分到廠後即開始工作，中午在廠便餐，下午工作至五時全部完竣，今日工作為：（1）Industrial Center Project 之該工廠查帳報告 A-1520 建議事項對廠房蟲蛀應加滅除，並保養防範，該廠已經做過在木樑上塗蟲藥之工作；（2）該報告建議美援車輛不應露天放置，經察看其所搭竹棚，亦已足用；（3）關於成本會計制度之實行，在前次查帳時方始規定，尚未照辦，現經核閱其帳簿傳票表報，已悉該項制度原則上在 47 年 6 月 30 日開始實行，有關成本之原料，在產品、製成品，以及各項費用科目均已使用，惟廠房機器不計折舊，而仍然虧損，此則因工作效率太低所致，而廠址交通不便，原料成品皆為笨重不堪之貨（草袋、草紙、竹筐等），亦為推銷成本過高之致命傷也。至於其會記制度之對於經營上應備之基本分析資料，雖然已能提供，然因若干由製造方面所提供之資料不夠精確，因而尚難謂已達理想之境也；（4）該廠加設一紙廠，用廢草製草紙，出貨始數月，亦尚未能孳生盈餘。

11 月 23 日　星期三

瑣記

兩天來均住於員林華都旅社，因此地往往只是路過，此次尚屬初作停留，此旅館建築不久，房間不多，而其建築圖樣與內部陳設頗多獨出心裁之處，例如其房間內有小寫字桌一張，黑色髹漆，桌面甚光平之退光漆漆成，為旅客之須料理文墨者增加甚多方便，僅其檯燈竟用桌頭燈式，全以紗罩封住，不能透光，夜間不能使用，則不思之甚矣，又室內有面盆，有鐵製衣櫃，而盆上掛手巾有鐵架，放盥洗用品有貼牆薄櫃，凡此皆所費不多，而實用至大，建築為鋼骨水泥，隔壁均能隔音，地用磨石子，甚平滑，天花板用三夾板方塊嵌成凹格，不與一般凸板成方者相同，窗上有紗窗，無蚊免帳，且有百頁窗簾，如此房間只取三十五元至四十元，有浴盆者則五十元，比之其他鎮市亦殊不昂也。

旅行

中午在新月食堂與林炳煌司機共餐後，於下午一時六分在員林車站乘對號坐臥兩用車北返，余共持有車票二張，原因為星期一開始預售車票，晨間余在台中，當日或不能由埔里至員林，為顧慮次日不能買到，故先在台中買到一張，比晚間到員林，又補買員林台中間之票，亦未發生困難，如此較有保障，僅車上換位一次而已，下午四時半到桃園，住蓬萊旅社，在桃為初住，旅社服務極差，似專以慢客為樂者。

11月24日 星期四

職務

上午，乘出租汽車由桃園出發到內壢榮民桃園工廠（共七公里），繼續查核A-1520 Industrial Center Project與該廠有關之部分，先晤其廠長劉沁，此人將以前美援所建之辦公室加以擴充，以新增之走廊為出品陳列室，其本人則在陳列室內就原有房屋用兩間辦公並會客，皆以自製之最好木器加以布置，視以前宋廠長時期不可同日而語，略談後即至會計室由劉佐理員提供實行成本會計之資料，余加以核閱，得悉其特點如下：（1）自製備銷之出品甚少，平時業務大都為顧客訂貨，尤其服裝木器，至印刷盒片亦鮮製品供銷；（2）已採用成本會計制度，凡購料發料皆有手續，在產品與成品則只虛轉，凡成品之尚未銷售或交貨者，皆不記成品帳，平時將Job order為主設立在產品分類帳，逐日將發生之工資原料費用之可以辨認皆為直接性者記入，待月底即先轉成品再轉銷貨成本，此未成品明細帳待某一成品交貨後，即行抽下備查，此明細帳亦即在產品或成品之明細帳；（3）月計全部間接費用均屬於月內之成品負擔，按比例攤算，故每月例無未分配之費用，因而每月產品成本大有出入。十二時畢，午飯後辭出。

旅行

下午二時十分由桃園大廟口乘公路局汽車回台北，於三時正到達。

11月25日　星期五

瑣記

十一天之公出於昨日終結，昨日為 Thanksgiving Day，為美國假期，今日起余為預定之 Annual leave，直至月底為止，故前後有半月餘不到辦公室，乃數年來不常有之休閒時期也。在此十一天旅行生活中，有若干必須中斷或僅能斷續為之之事，其一為晨間之金剛靜坐法，此事係於室內行之，每晨約一刻鐘，在寓時甚少間斷，其理想地點為近窗之榻榻米上，在此十數日只有台南四春園旅社可以適合此條件，此外皆為彈簧床，室內則磨石子地，只好中輟矣；其次為晨間之收聽廣播，最近所持續收聽者為七時前之林格風英語講座，此為四海出版社之廣告推銷唱片節目，余手上無書亦無唱片，如此可以逐日試行增長聽的能力，且可免自備唱片反有因循之弊，該節目分三部分，一為林格風，乃英國發音，甚清晰，二為重要人物演說詞，三為日用英語講座，此講座余本有其書，聽後再看，可以求悉何者為不懂，其原因何在，現在第二部分之重要人物演說已經播完，改播其另一套「美國話」唱片，但極劣，發音非英非美，又似中國發音，且低沉無抑揚，七時後為蝴蝶夢英語影片對白，此為原影片之錄音，練習聽力最為理想，蓋如看電影時，不能聽清對白最為看電影時之難題，此難題應加克服也。

11月26日 星期六

閱讀

此次南部公出曾在火車上就所備書報中選讀 *Reader's Digest* 第十月與十一月份，頗多有價值之論文，其中一篇為菲律賓羅慕洛所作對美國人之忠告，其中之資料雖多為中國人所身受而深知，然對美國人之一般短視者實不啻暮鼓晨鐘，舉其一端，作者言目前之冷戰實為多年來已經開始之真正戰爭，美國人始終不知悉亦不警覺，凡可供共產黨利用大吹大擂之一切世界事，無不充分利用，而美國則不知宣傳為何物，又如言有史以來無純採守勢而勝之戰爭，但美國人只知彌縫而希望敵之不至，此心理障礙必須驅除也，均痛切言之；又一篇為某牧師二十年前所作論文，此次接受讀者建議重登者，其文旨在列舉七種事實以證神之必然存在，而信仰之不可或缺，其言甚辨，例如指出就數字計算結果如吾人以十個籌碼自一至十盲目抽出，必欲一次抽出某張，其可能為十一，必欲自一至十全按順序抽出，其機會為億萬分之一，今日地球秩序無殊若干萬年前，非有主宰，此必然性何來乎？又如寒暑潮汐地軸斜度，如非為星群中目前之距離，人類必無生存之望，此又何自而來乎？其言大率類此，惟余意此仍係暗示宗教不悖科學，實際上宗教本身為一形上之存在，是否與科學相悖，全無關係，蓋科學只文化之一面而非全面也。

11 月 27 日　星期日

閱讀

讀七月份 *Foreign Affairs* 季刊，看過論文數篇，最為怵目驚心者為 Marshall J. Goldman 作之 The Soviet Standard of Living and Ours，其論旨在依據各項統計資料，說明蘇聯現行之第一個七年計劃在民生工業上之企圖，而預言其所希望之步武美國人民生活標準尚不能一蹴可及，尤其 durable goods 方面，最不易幾及者為汽車，文內並未論及重工業，然弦外之音，重工業之成就實已達成其預計之效果，而在此次七年計劃中雖仍以重工業為主，但對於民生工業已不復如前此數個五年計劃之抹煞矣，由此以觀，蘇聯之路線實極堪注意，彼之加速工業發展，不過四十年間事，乃世界之所無也，況此四十年內大部分並非安定局面，純安定局面只二十餘年，以如彼之農業國家一躍而為僅次於美國之大工業國，而所需時間不及美國五分之一，如今日大陸共匪所處安定之局已達十年以上者，設再無反攻希望，恐結局將成稍縱即逝之局，以台灣今日之力，永難有反攻成功之望矣，可不懼哉！

交際（補昨）

國防部軍事工程委員會會計室主任吳文全及其高級同人晚共請本分署稽核組同人十二人於天長樓，因本組新來二同人加強該會查帳，共同聯歡。

11月28日　星期一

閱讀

讀九月份 *Reader's Digest* 首篇論文 "Is it too late to win against Communism?"，Charles Malik 作，氏亦為聯合國風雲人物，此篇論旨與日前所記在以後月份所登之羅慕洛文大致相同，可見一般輿論以及作者對共產主義威脅世界及其致勝之方非無真知灼見，亦非不加重視，只美國執政者多方顧忌，遂有今日之渾沌局面，而標題如此文者，直自由世界之哀鳴也，Digest 之子題曰 "A challenge to the West: To win the war against Communism, the democracies must abandon 'containment', reject the idea of 'peace coexistence', adopt an active policy of liberation. Most of all, the West must have faith in the values that make it great - and assist them throughout the world." 文內下列一段亦極警惕："The West is afraid of being revolutionary. It does not want to shock and challenge. It is civilized; it is afraid lest it offend. Its trouble, therefore, may lie precisely in the fact that the content of its belief is doomed if it is not creatively conscious of something universal and human it can and must give."

11月29日　星期二

閱讀

昨記 Malik 所為之文，仍有極精彩之片段可供欣賞者，續抄如下：(1) The question is whether you honestly feel that you are not complete or happy so long as others are humanly incomplete; that you are not self-sufficient so long as others are miserable or subhuman, a prey to every superstition and every dark fear. (2) Western civilization is doomed unless, jolted out of its complacency, self-satisfaction and reuse of apartness, it rediscovers and reaffirms what is genuinely human and universal in its own soul. This means not only economic and technical sharing with Asia and Africa, but intellectual, moral and spiritual sharing. (3) The self-sufficiency of the Anglo-Saxon world, its age old protectedness by seas and oceans, is its greatest prest spiritual trial. It has not needed the rest of humanity. But the world has suddenly become physically one, and minds and ideas are much more critically and instantaneously and perpetually interacting with one another. (4) Only he, therefore, who feels with humanity, who is at one with all conditions of men, who is insufficient and incomplete without them, who is not protected and separated from them, can help them and lead them and love them and be loved by them.

11 月 30 日　星期三

瑣記

今日為此次休假之最後一日，利用假期會同德芳鳩工修理房屋，主要為木工，其項目如下：（1）走廊地板之東端一部分下陷，知為下面所托之橫樑脫落或斷下，由木匠匍匐入內加橫樑予以固定；（2）大門本為柳安木造，雖甚堅厚，然在鐵轉處蟲蝕並雨水腐蝕，一部分朽敗，由木匠將上橫木抽換，並將其另一扇之情形較佳者加釘副橫木以支持之；（3）廚房原為木壁，前次改修磚牆時曾將就用舊有之木板陰陽式窗，另作玻璃拉窗一對，現後者完好，前者則木板紛紛脫落，等於鬆散，乃著木匠予以拆去，另用新窗框予以加強，並改用玻璃窗，如此將共有玻璃窗四扇；（4）屋前突出之遮雨庇廈，頂用臭油紙，其與廚房接縫處有漏雨處，經另行加蓋臭油紙一層，以資防護；（5）後門之框與板有鬆釘之處，經加釘始固；（6）屋後之防颱木窗貯放處係在魚鱗板上凸出，大雨時直接淋水，其中一處之蓋板朽敗，囑木工加釘新板一層，今日各工程除廚房窗而外皆已完成。

12月1日　星期四

職務

今日為休假後恢復辦公之第一日，上午從事照例雜事，如結報旅費，補領薪俸，向圖書館洽取出差前託代向美國新聞處借閱之書籍，並到醫務室打針等事。下午重閱上月所作糧食局查帳報告，緣該項報告之 First draft 交徐松年、劉允中二主任後，今日劉君將其改好並已打好之 Second draft 交余重看一遍，余在重看之時，並將余之原文亦加以注意，尤其對於前後之照應一點，反復審閱，發覺尚有數處漏洞，例如在開端之 Main Operation 一節，謂黃豆進口雖已有年，而糧食局以標售之方式售之油廠搾油，尚係 1959 年以來之事，以下敘及有關黃豆、豆油、豆餅等物品，多有涉及 1959 年以前有關之情形，顯然對於前者所提糧食標售開始以前之如何由該局主持黃豆分配與收購油餅未予交代清楚，以致下面涉及前面時，有突兀之處，此等漏洞在余初稿下筆時不易發現，因該時滿腦均係有關之資料，對於純就報告以了解內容真相一節，未加重視，半月來頭腦已不為該案所佔，今日重讀乃引起若干對照不夠緊密之處。

集會

革命實踐研究院第二十一期同學聯誼會今晚七時在實踐堂舉行，餘興為鐵路局康樂隊表演歌唱舞蹈，以及小調相聲等，尚佳。

12月2日　星期五

職務

繼續核閱前月所作糧食局查帳報告經劉允中主任修改後之 second draft，並再度加以推敲，為以下數點之考慮：（1）黃豆、豆油、豆餅一段係由自 FY1959 開始，由糧食局用標賣方式分配進口黃豆於各油廠說起，未提以前如何，但下文許多地方引證過去黃豆進口盈虧如何如何，似乎有突兀之缺點，故擬再加敘一子句，說明過去雖不用標賣方式，仍係由糧食局經辦此項業務，經將此點向劉君說明，彼認為原文已夠清楚，不必再加；（2）糧食局經辦豆餅之配售係按定率向美援會算收手續費，此項手續費之實際支用情形，除各單位有電話報告數字外，該局本身費用因與其他食品業務共在一帳，無法分析，故係按全部銷貨之費用與豆餅之局部銷貨，向美援會所得費用之兩個比例加以比較，甚為接近而證明該項費率之合理，此點在原文內曾先將各單位報數加以列明，然後推定其總數應為若干，此項敘述顯然並非必要，故經再三斟酌後決定予以刪去，只云該項費用在帳內不能分析，故以總分兩比例加以比較證明，如此簡單明瞭，免於混淆。此外則有五個附表，數目亦由打字員照原稿打成，為慎重起見，逐一核對，大致無誤，只有一個分位數字打錯，又大小寫字母不甚劃一，均加以改正。

12月3日　星期六

體質

上月之旅行生活，因天氣已甚涼爽，工作且不繁重，尤其被查各單位全無酬酢之關係，因而飲食起居均甚感合理，非但未感不適，且數月來鼻腔之異感亦不藥而癒。北返後現已半月，晨間又漸覺喉頭有阻塞之感，但無痰涕等排泄物，近午此阻塞感即漸漸消失，如是者至次晨再行重演，余因此等小病似非醫藥可治，主要恐為北部之陰濕天氣與不正常的氣壓對呼吸器官有極不利的影響，既無法常常離開台北，亦只好聽之而已。近來內科無何疾患，食量未再續減，每飯有時增至米飯二碗，每日蛋與蜂蜜照例不缺，牛奶自上次鼻塞後即停用，肥肉亦非萬不得已不予食用，水果蔬菜盡量消耗，出差期間吃素不易，以多食水果以補充之，故大便照例甚暢，有時偶因辦公久坐，大腸蠕動延緩，次日仍有甚通暢之排泄，自為飲食所收之效果也。余數年未吸煙，惟酒類仍所喜愛，但絕不逾量，故胃之情況甚為正常，近年對於烈性之酒漸漸不喜，於啤酒最有好感，惜太貴不能常飲耳。去年王興西代表送醬菜內有糖蒜一罐，至今未食其半，乃利用休假偶食用之，然胃內輒感不舒。

家事

衍訓之船回淡水修理，今日歸謂將於元旦與劉皚莉小姐訂婚，形式應鄭重簡單。

12 月 4 日　星期日

瑣記

上午到台洋洗染廠送燙衣並交換領之襯衣，余固以前託該廠所換之領均係雜牌，縮水甚劇，乃改定製新光廠之 Smart 領，惟價貴出多多耳。又到和興行買奶粉，余數月來皆係整箱買 Green Land 牌，取其有折扣，且有獎券，現在辦法已改，問之單聽價需二十七元，而五磅裝之 Golden Gate 牌則只須一百二十二元，便宜多多，冬日打開不虞其變，故改購此種。到電力公司理髮，因該處門庭若市，而附近又無其他男理髮店，只好等候，竟待至一小時，浪費時間殊甚。新買木盆須用桐油髹漆以資耐久，昨日到和泰漆店欲購，據云次日可有現貨，今日往購，謂已由三人由萬華運來在途，即可到達，於是在該店等候，荏苒又一小時始見其運到，迨取來即已中午矣。晚間用桐油將木盆油漆，因係用布代刷，故工作甚速，不及一小時即完成。後門內有雨遮，係由正房延伸，有杉木柱兩根，下以水泥固定，其中一根較另一根離地為近，忽見在地面處已折斷，因上端固定，尚不能倒，昨日木匠工作方畢，只好自己用大釘勉強加以支持。下午同德芳到西寧南路一帶市纏游觀，前數日王一臨兄之女曾云有在委託行寄售之毛衣，余與德芳欲看後決定是否購來作餽贈之用，但往詢不得要領，想係已經售去矣。

12月5日　星期一

職務

上午，整理上月所查之各 RETSER Follow-up Audit 所得資料。其中有根據在各單位所得線索須再向輔導會進一步查卷者，亦有前次在輔導會未能調到之資料，在此期間應由該會繼續調集者，本擬與該會有關人員聯絡，但以電話詢問則均不在辦公處，只好再行延展矣。本年五月間寫好一件基隆港務局倉庫呆存 PIO/C 物資太久之查帳報告的 Follow-up Audit Report 一件，在 A. W. Tunnell 擱置數月後曾於上月交出，囑 bring up-to-date，當加以再度追詢將情況略有變遷之處加以改動，今日劉允中主任又將修改之件交余，蓋又再度擱置二月，又須將其中有何變動處加以查核，余今日與美援會方面接洽，彼方所知各情為：（1）電力公司部分已據報提用，但在何時提出，又不能明言，經以電話詢電力公司運輸科，因辦理人員不在，未得要領；（2）鹽廠拒提部分，美援會人員本謂曾函徵各礦場意見有無願用者，但至今無良好之反應，恐仍無良好之善後辦法。

瑣記

國民大會秘書處所代辦之中本公司分期付款配售冬季衣料，於今日前往取來，為鐵灰色花呢四公尺，計每公尺二百三十元，夠製西服及旗袍各一套。

12月6日　星期二

職務

今日寫出二件 Follow-up Audit Report，其一為前

於五月及九月作過兩次之 Keelung Harbor Warehouse Idle Equipment 之Claim refund 問題，二次均因在 A. W. Tunnell 處一再延擱，現第三次須 bring up-to-date，今日以電話與有關之機關電力公司及久大公司等洽詢當前狀況，除電力公司應提取部分已經提取外，其餘仍為固有之情形，故原有之 Second Draft 僅將此一段改寫，其餘不過將日期等項重新加以核改而已；其二為上月到各地出差所作 Follow-up 之最老的一件，係岡山診療所在建築期間所發現之若干不良情形令速即修改者，原報告為三年以前所 release，不知何以延未 Follow-up，此次在輔導會查卷，竟無片紙隻字，無已，始到岡山就建築之實際情形加以查考，發現該項缺點均已有改正之跡象，大部分尚可辨認，只有當時囑加緊安裝之沖洗盆，至今無已經安裝之痕跡，推為在安裝尚未實施時，即已有岡山改組為講習所之意圖，以致不再安裝，但亦無法證實，只好將此項推斷寫入報告，此報告末有一附帶的 finding，即診療所用途變更未有核准手續，此報告在去年已有全部的，至今未能發出，故在今日之報告中加以引證，俾可以結束一個報告云。

參觀

下午到中山堂參觀郝冠方畫展，山水仕女竝佳。

12月7日　星期三

職務

今日開始寫作關於 RETSER Industrial Center 查帳報告之 Follow-up Report，因須參考各種有關資料，故只將 Recommendation one 之資料整理寫好，此項又包括以下數點：（1）兩個工廠之成本會計制度的實施，均已自 1958 年七月一日開始；（2）兩個工廠之 Inventory 均於該年六月底清點，此次清點起即已在帳上確立 perpetual inventory；（3）兩個工廠之 Job Order System 只桃園工廠全部實施，彰化工廠則因其出品不完全適合此項制度，故只局部的實施，就管理觀點而論，其內部控制亦大體上妥貼；（4）兩工廠之會計報告均已按期送出，其中彰化工廠第一次為 1959 年六月，桃園工廠為 1959 年三月，又原來存在之 Industrial Center 已取消，故所執行事項均由二工廠直接為之云。

瑣記

本稽核組十二人共同集聚之基金又存一千餘元，適最近有同事鄭、楊二君參加工作，乃於今日中午在中國之友社聚餐表示歡迎，該社每星期三中午有自助餐供應，取價稍廉，而分量甚豐，余初次得見，果甚滿意。本署俱樂部所設之 Snack Bar 半月來大加整理，今日重新開幕，由洋人任經理，廢止 coupon 制度，上午免費招待會員，戶限為穿，惟各物價漲，而收入恐未必合理想云。

12 月 8 日　星期四

職務

繼續寫作 Industrial Center 之查帳報告的 Follow-up Audit Report，業已大體完成，尚有未能立即獲得之資料，今日未能填入者，經留空白，以備填入：（1）

此計劃之剔除款大體上均已繳還，雖前已在退除役官兵就業輔導會將繳還之時間在帳上查出，然美援會何時收到則尚不知，以電話詢美援會會計室主管人員，均未獲接談，向本署管卷室查過去之CEA逐次修改情形，亦不能由CEA上確知其所填日期是否即為收款日期，故仍須待改日問明美援會始可加列；（2）原報告Recommendation有一項為催促該會速與建設廳營建處將兩個工廠之建築經費帳目加以結算，就前次初步詢問情形看，該處應於收到輔導會通知後即行結帳，計時此刻應已有成，但電話詢問該會計處，則尚不知情，如此點無結果，此報告仍不能結束也；（3）輔導會對原報告剔除款皆已繳還，只有打字機一架一萬三千五百元，原準備由本署以進口貨應在PIO/C內購買為理由而不准支付，但該會堅執請求免繳，余乃利用本年新規定之SOP條文為在美金千元以內之限度下可以購買外貨而予以核銷，目的在求迅速結案。向ICA Club領到耶穌聖誕節兒童晚會入場券二張，紹因紹彭各一。

12月5日　星期五

職務

今日寫作退除役官兵計劃查帳報告六件內之第三個Follow-up Report，此為E-1459A，為石牌榮民總醫院之給水工程專案，緣在該院籌建建築期間曾購用中國鑄管廠之鐵管，並委託英德古公證公司在安裝前予以檢驗，但事後仍有漏水現象，經輔導會通知英德古負責賠償，但英德古則謂水管之爆破與漏水並非徒用所謂Visual inspection 與 pressure testing 即可完全發現，而此項試驗乃輔導會所擇定者，故該公司不負責任，至於鑄管廠方面則謂該廠出廠後經檢驗合格之鐵管如有漏水現象則不免為搬運安裝所造成，該廠不能無限負責，故在無辦法之中，輔導會乃將不良之鐵管作為廢料售之該廠，另買新管補充，至於損失即不復提及，諒已不了了之，余今日寫此 Follow-up Report 乃根據二年前之查帳報告，其中建議早日恢復已停頓之鐵管試驗，並由英德古公司加強之檢驗效率，另將舊廢管退回，又工地磚石亂堆亦應撤除，免損及鐵管之安全云云，凡此皆已事過境遷，逐項列舉其二年前之執行狀態，既不可能亦無意義，只好加以綜合敘述，至於此項損失諒已援款內支付，為免牽扯過久，且不在 Follow-up 範圍內，故不予強調云。

12 月 10 日　星期六

師友

上午，到中和鄉訪宋志先兄，緣昨日其所住房之基地原主林水柳之子曾持宋函來索余所買之林地所有權狀，俾向台北縣地政機關辦理退租承租手續，蓋林水柳曾將其五個地號之中的每個地號之四分之一公地讓之於宋志先兄等用以建屋，宋兄所用之一段即為以後林售之於余之放領地同一所有權狀內物，彼參加五人申請退租承租，須使用余所持有之所有權狀，乃著林子來取，當時德芳並未交其帶走，余乃於今日訪宋兄探詢詳情，據宋兄及其一同向縣政府辦理交涉之另一地號使用人孟達君云，彼等使用林之所耕公地，早擬辦理退租轉租手續，因縣府與省地政局意見不一，加以林水柳不知公文手續，只懼政府徵稅，乃一直延擱未辦，現在詢明未有其他問題，乃決定即辦，其手續為先向地政事務所申請改耕地為建地，由地政科主管改為財政科主管，然後分割，將公地與私有地加以劃分，然後耕地可以請求提前繳清地價，而公地可以請求承購，宋兄又云此雖為放領地，且為公園預定地，但都市計劃已決定改變，此地現在每坪市價四、五百元，將來且不止此數。

家事

下午到新店碧潭訪沈副監獄長，約其於新年時參加衍訓與劉皚莉小姐之訂婚宴會。

12 月 11 日　星期日

閱讀

九月號 *Reader's Digest* 載有短文 "Mankind's Golden Rule"，係由 The World's Great Scriptures 摘錄七大世界宗教不同而同之重要教義，極有價值，茲錄於下：(1) Brahmanism: This is the sum of duty: Do naught unto others which would cause you pain if done to you. (2) Buddhism: Hurt not others in ways that you yourself would find hurtful. (3) Confucianism: Is there one maxim which ought to be acted upon throughout one's whole life? Surely it is the maxim of loving - kindness: Do not unto others what you would not have them do unto you. (4) Taoism: Regard your neighbor's gain as your own gain, and your neighbor's loss as your own loss. (5) Judaism: What is hateful to you, do not do to your fellow man. That is the entire Law; all the rest is commenting. (6) Christianity: All things whatsoever ye would that men should do to you, do ye even so to them, for this is the Law and the Prophets. (7) Islam: No one of you is a believer until he desires for his brother that which he desires for himself. 此書乃 Lewis Browne 所作。

12 月 12 日　星期一

職務

上午，同劉允中主任到美援會與會計室之何大忠兄與第四處之趙既昌專門委員討論關於該會之駐華盛頓之 China Technical Mission FY1952-1956 經費之兩個查帳報告之善後問題，緣該會曾轉撥該團五個年度之經費，經由本署先後查核，其一為徐正渭君所查，另一為余所查核，其中問題甚多，一部為應補單據者，一部為用途與原定不符須將款繳還，但無論係何者，該會均不能完全作滿意之提供，因該會文卷已多年不易查考，且一部分款項係由 CTM 經費內扣下自用，又無專帳記載也。今日該會之意因此案已經久遠，現在經手人均不在職，為求早作結束，希望能有權變之處，此中非雙方有所了解不可也，原則上雙方對此已有了解，技術問題則未逐項討論。下午到退除役官兵就業輔導會繼續數個計劃之 Follow-up audit ，主要為對於就業訓練計劃上次囑補充資料，已大體齊備，但所需之 Final Report 則尚未作成，延至明後日；次為 1958 醫療計劃，其中埔里所缺單據又云在埔里，與上月在埔里所查者又異，而岡山所缺四個月前部單據，雖千呼萬喚始出來，六十萬中又只有二十萬，尚四十萬無著，滑稽荒唐，唯該會有之。

交際

上午代表本組同人與靳綿曾君同到極樂殯儀館弔郭娟之父喪，事後知孫振河院長同時治喪，未及弔祭，悔甚。

12 月 13 日　星期二

職務

全日寫 Audit Report A-1531A，乃 FY1957-1958 RETSER Job Training and Placement 之Follow-up Report，此一報告原不能 satisfactory closed，但因余鑑於已確定不能結束者已有 A-1550 與可能不得結束之 1527，在六件中已占兩件，此件似可勉強加以結束，矧現在本署政策為得過且過，不為已甚，於是乃挖空心思，無病呻吟，以便根據與原報告不相抵觸之理由予以解決，今日已全部寫完，重要之點如下：（1）剔除款十萬元有奇，輔導會照繳還者不過五千餘元，另九萬五千元中有六萬元為岡山訓練所所支職務加班加給等，該會要求以訂約代訓之理由不過問其支用內容，然該所與訂約對方之職訓會皆為輔導會所屬機關，互相訂約，實甚勉強，且訓練所之人事費乃由醫療經費內動支，再支津貼，實為重複，現姑念支領人員已經星散，收回不易，免予核銷，所餘三萬元則照每一 CEA，可以視 25,000 為小額而免剔，亦並予豁免，（2）原報告有因 Living Allowance for RETSER 在前次查帳時已經超支 7%，而建議限制再支，現在接輔導會函已照辦，而事實上決算書上之支出超出 90%，可謂變本加厲，余在報告內聲明不再追究，原因為其經費總數尚未超出總預算，此理由實亦十分牽強，蓋亦解鈴繫鈴，用心良苦也。

12 月 14 日　星期三

職務

全日寫作查帳報告 A-1550 RETSER Hospitalization 之 Follow-up Audit Report，全部 Recommendations 共為四個，其一為岡山診療所之所缺單據六十萬餘元，雖已有補送單據提出，但合格者只有二十萬餘元，尚有四十萬餘元正式予以剔除，其二為以前剔除款四十五萬元，其中計有五種原因，經該會照繳者只有交際費一項，五千餘元，其餘經余詳加審核，除絕對強詞奪理者予以駁斥外，其餘有可以在兩可之間者則擬予以追銷，如是者可以大部分補銷，再加今日另行剔除之四十萬元，仍不在以前剔除總數以下，其三為結束報告問題，該會已經辦竣送出，其四為藥品之記帳問題，余所視察最大榮民醫院之一之埔里醫院，對於藥品帳務處理已有極顯著之進步，但輔導會經美援會轉來之意見主張由會計人員處理藥品帳務一節，並未付諸實施云。此報告內有一較模糊之問題，即付給經理署之榮民主副食實物價款內，有容器耗損一項代價，但又付款與榮民工廠製草袋一批，顯有重複，前已剔除，此次 Follow-up 中該會梁元鑄科長謂草袋乃軍方向前方運食品所用，乃係一種交換條件之使用，但如何條件又未詳加解說，余乃在報告內對於此款不置可否，只建議該會速將如何交換條件加以說明，俾作將來考慮之依據，此報告仍為 Incomplete 的 rating。

12 月 15 日　星期四

職務

此次所作之 RETSER Job Training and Placement 查帳報告之 Follow-up Report 內，有一點涉及其預算內之 Living Allowance 一項超過預算問題，緣該項預算為一百一十萬元，在原查帳時已支用至117 萬元，而計劃尚未結束，故在 recommendation 內建議節縮此項支出，此次審核其結束報告實支竟達二百一十萬元，本因總預算未超出勉予核銷，但與徐松年君討論結果，認為須有更充分而有力之 justification，於是乃電話主辦人蔡茂昌，囑其寫出幾項理由，移時即行送來，但云當時曾得本分署與美援會之同意，其經過情形只梁元鑄科長知之，於是詢問梁君，上下午均因開會未獲洽談，故原已寫好之報告稿須待改日再行補充矣。今日本欲寫作此次退除役官兵就業輔導會F ollow-up 之第六件報告，為關於 RETSER Construction Corp 者，此案根據輔導會來函謂有若干剔除款項可由工程總隊在其自有營業帳內提供合法單據予以調換，此雖非良好習慣，然只好將就，經由該會計處指出專人從事整理，迄今亦已月餘，一再催問，猶未能說出何時來送，今日以電話洽詢輔導會之科長丁君告以此事不容再拖，但丁君對經過亦云不知，復以電話詢比較接頭之梁元鑄科長，則因開會不獲洽談，無已，只好停筆待至明日矣。

12月16日 星期五

職務

兩日來因退除役官兵就業輔導會之會計人員無人負責，以致 RETSER Construction Corps 一計劃之查帳報告無法從事 Follow-up，尤其其中該會主張對剔除單據之抽換另行提供一節，一月前已經籌辦，至今猶渺無消息，而經手人刻又不在該會辦公，電話催詢，他人不知，直令人束手無策，又因該報告內尚有其他的 Recommendation，乃以電話與該會前會計科長梁元鑄接洽，彼現任榮民工程處會計，理應對此有所了解，不料兩天來千呼萬喚始出來之梁君亦一問三不知，余見等候無益，乃開始撰寫報告，已大體完成，按此一報告含有四個 Recommendations，此中第一為各工程總隊應從速結帳，此點即根據梁君所告，各該隊均早已結束，帳簿亦應早已結束，但無卷可查，第二為剔除各款，其中一部分要求調換單據者，至今未見送來，一部分以不正確之了解要求核銷者之生活補助費，應不考慮，一部分撥由國防部轉發者，則原係依據就業處之統計人數加以剔除，現據開會自稱因榮民異動頻繁，不能把握，該項統計不確，而國防部又無證明冊送核，本不應通融，經放寬改以原定預算人數為最高限度而加以剔除，其數將只為原來之半，第三、第四為榮工技術總隊之使用設備及承裝餘布，梁君均謂不能查考，余乃照實寫入報告。

12 月 17 日　星期六

閱讀

利用休假時間閱讀書籍，不失為一件樂事，然時間匆忙，常有不能卒讀或深刻研鑽之苦，今日讀上月由本分署圖書館轉向美國新聞處借來之 Robert A. Dahl 與 Charles E. Lindblom 合著之 *Politics, Economics, and Welfare* 一書，此書雖為 1953 年初版，但如此廣泛綜合之經濟書，實不多見，今日只讀其 Part One: Individual Goals and Social Action，本卷主旨說明作者從事此項著作之旨趣，在分析以美國為主之當前經濟制度之本質，開始即謂所謂資本主義者社會主義皆為空洞不著邊際，且最易引起誤解之名辭，而且實際上並無一個國家採用某一主義者，任何國家之經濟制度皆由其實際演變、國家需要尤其政治手段下之產物，故欲了解某一國家之經濟制度，須由各種標準與各種尺度加以衡量，然此一工作殊非片紙隻字所能為力了，於是就各種現狀條件列出數種表解，一為由私有至公有之各種可能的型態，二為政府對工業之強制行動與忠告為止二者間之程度不同與各種可能的選擇，三為政府行政管制之由直接與間接二者間程度不同之各種可能的選擇，四為各種工業組織方式之由自由與強制之不同而加以區別與選擇之可能，五為政府主管機關法令之硬性與柔性的各種制度的區別，以證其說。

12 月 18 日　星期日

師友

下午高注東兄率其女素真來訪，據云前數日由屏東來，係代表南區來此出席國民大會憲政研討委員會之綜合小組會，會後又須整理文字，而二十三日光復大陸設計研究委員會之全體會議又須開會，故日內不復回屏東矣，高兄自述其近來靜坐有得，兩目本昏黃者，現在不用眼鏡即可看報，而兩鬢本斑白，現在全為烏絲，又近在屏東聽高僧講楞嚴經，甚有得，來此半月不獲繼續，損失極大，高兄本為熱中之人，故雖嚮往佛法，來此開會似更有興趣，自知矛盾而不能自拔也，然此境界又豈易言哉。

瑣記

一年容易，又開始接到賀年片、聖誕卡之類矣，余本擬仍仿往年辦法購郵政明信片應用，乃憶及前數年所印每有餘存，乃檢出計數，得八十張左右，大致可以足用，惟郵費業已加倍，應予補貼耳。

體質

患已月餘之右足拇指甲陷入肉內症，自星期四在本分署診察後，即照處方服用 Sulfakyn，初兩天每天二片，後兩天每天一片，今日見甲後有膿處似已無膿，且不復痛，惟於趾尖部仍然痛疼，未見有消滅之象，又四天來皆用灰錳養水泡患處，亦未見有何顯著之效果。昨日單衣不寒，今日忽舉火不暖，海洋氣候往往有極端之轉變，然往往又與陰晴相副，半百之年，於此等氣候極不適合。

12月19日 星期一

職務

月餘以來所寫之六個 Follow-up Report 於今日作最後之修正，並全部複閱一過，今日修正與加入之要點如下：（1）Industrial Center 之工廠建築係由建設廳營建處承包，在第一次查帳報告時工程即已完成而未結帳，至此次 Follow-up 時，各有關機關適共同開會洽商，決定於會議記錄經退除役官兵輔導會正式通知營建處後一個星期內加以結算，故在上月抄寫此一 Follow-up Report 時將此一項預留空白，準備將結帳情形填入，不料時隔一月，問經手人員仍謂全無動作，且無法可以催促，余因此一報告內之 Recommendations 未執行者甚少，決定予以 Satisfactory rating，乃於今日將此一段加入，謂輔導會決定以最迅速方式了結，並希望於年底完成之，故不復提新的 recommendation 云；（2）RETSER Construction Corp 中之四個 recommendations 等於全為作到，此報告本不欲寫，但因長此拖延亦非良策，故仍然照寫，並略對剔除數有所融通；（3）Job-training and Placement 之 Living Allowance 超出預算 90%，本應剔除或囑補辦聲請手續，因為時已久，乃根據其各科目增減移用情形，說明何科目減用，又何以多用於 Living allowance，而勉予核銷，此資料為蔡茂昌所提供，更加以較深刻之解釋云。

12月20日　星期二

職務

今日最後對於六件 Follow-up audit 加以審閱，雖數字上無何更動，但文字有更求妥適之處，可見思慮之不能綿密，而行文之不能迅捷，應更求精進也。此六件報告草成後即對於各有關之 Working Papers 加以複閱整理，最後自審對此各項報告有不能感覺滿意而又不能補救之缺點甚多：（1）其中有數件之原始報告發出後為時過久，當時所要求執行之事項早已不復存在，或縱然已經執行已不復有跡象可循，故落墨時須出以推斷之語氣，以期不致因情況不明而長此不能結案；（2）有若干原來剔除之款項，輔導會堅決不肯繳還，而所持理由又似是而非，凡一報告內有此等情形之處所較多者，因該一報告不易結案，故不存通融餘地，即逐一予以駁斥，反之，有一件報告內大部分均已執行，只餘少數款項不繳，雖所持理由似是而非，亦只好曲為闡析，用期將該案加以終結；（3）在各查帳報告發出時，本分署之稽核政策比較明朗，各受援單位亦尚不失準繩，近年妥協敷衍之習漸濃，欲固守原來立場漸有自感難以善後之困難，乃不得不採取得過且過之態度，而前後又須不表現矛盾，殊不易也。

交際

晚，同德芳到蓬萊新村訪金理福神父，並贈花瓶，金神父在華十餘年，華語甚流利。

12月21日　星期三

職務

余在本月份之第二部分工作為一非正式之查帳，此即本分署 ICA Employees Club 上年度之營業帳，由於改選後之董事會所申請而代為查核者，今日上午由劉允中主任通知現任之 Treasurer Frances Cha 將資料檢出，彼云下午二時即可備妥，後又來電話謂須二時半以後，迨三時半余前往時，其人不在，但移時又來電話，謂準備不及，須明晨再行洽辦矣。此項帳目從前曾由黃鼎丞君查過一次，余因不知其內容情形，乃利用時間將黃君所作報告檢出閱讀一過，該報告為 Club 成立後之第一次查帳報告，於其經營方式亦有概略之敘述，此外則所提出者為帳目紊亂，款項不符，幾乎百孔千瘡，然聞該報告發出後，若干不符之處均因格於情勢，不了了之，此次所查之一階段內的會計乃由本稽核組徐松年與曾明耀二人所經管，而最後三個月又將其中業務之一部分 Snack Bar 由本分署總務處接辦，只在帳上表示往來之餘額，決算表亦只如此表示，顯然為一不完全之帳簿，由徐、曾二君口頭所談已知梗概，而其中是否果無問題，以及是否因資料有不全之處而難以稽考，皆尚在不可知之數，因是，余對此工作既無興趣且存戒心，聞此項帳務之須由本稽核組予以查核，只根據該Club 章程所定而已云。

12 月 22 日　星期四

職務

開始查核 1960 年度 ICA Employees Club 之帳表，該 Club 業務簡單，故無會計制度，余乃由其文卷與帳簿之設施情形而加以了解，已於今日獲得其大概之輪廓，約略言之，報表為 Balance Sheet 及 Revenue and Expense Statements，報表根據帳簿產生，此帳簿為 Ledger，Ledger 之記帳又由 Journal 而來，此 Journal 為多欄式，係科目專欄廿六，另有 Miscellaneous Accounts 二欄，借貸各半，在摘要欄之兩邊，此 Journal 係逐日根據傳票登記，惟現金筆數較多，先記 Cash Book，其中分美金支票、美金現鈔、台幣現金、台幣銀行存款等欄，於每月底將總數記入 Ledger，原始憑證則附傳票之後焉。

集會

上午到中山堂報到參加光復大陸全體委員會議，國民大會憲政研討會全體會議，及國大代表聯誼會年會，此諸會議將於明日開始舉行。晚，到空軍新生社參加革命實踐研究院所召集之國大代表同學聯歡會，首先聚餐，繼由陳誠副總統報告內外大局，希望勿籠統的指斥政府貪污，希望精神勿鬆懈，繼即放映電影，凡三段，一為德國記錄片中國大陸實況，二為清明上河圖，乃就故宮所藏此一名畫卷加以放大並配樂用英文說明，甚為扼要而有欣賞價值，末為五彩新聞片今年雙十節閱兵實況，色彩極為鮮明。

12 月 23 日　星期五

職務

上午，繼續查核本分署 Employees Club 之帳目，今日之工作為核對所查期間之期初b ook balances 是否與前年度之資產負債表相符，又核對期終之 book balances 是否與所製之資產負債表及損益表相符，於是乃進一步將各個帳簿之關係加以檢討，復以涉獵之方式將原始憑證及記帳憑證之處理方式加以審核，發現應注意事項如下：（1）該 Club 之主管為 Board of Directors 之 Chairman 及 Treasurer，全部傳票皆只由管帳之徐、曾二君簽字，並無上項主管加簽；（2）現金簿內有美金兌成台幣之帳項，最初在付出時寫明係交何洋人經手送之美國大使館，後即無此記載，只作成一項兌換損益傳票，據以記帳，雖不致有何走漏，然手續終欠完密。

交際

今日為光復大陸設計研究委員會之全體會第一天，上午開幕余因須辦公未到，中午主任委員陳誠與各副主委招待聚餐，在會場曾與各地前來之友人若干人相逢，歷時半小時即散。安全分署美籍人員下午二時半起在敦化北路 ICA Compound 舉行酒會招待全體同人，係臨時搭棚與餐廳相接，然仍甚擁擠，飲料只果汁及含酒果汁各一種，食品只本地所做之西點三、四種，非酸即甜，約一小時早退，聞尚有舞會，不及見之。

12 月 24 日　星期六

集會

上午，到中山堂出席光復大陸設計研究委員會第七次全體會議，此為第二天，由外交部長沈昌煥報告外交情勢，此報告歷一小時餘，分國之聯合國，對美外交，中東與非洲四部分，其重點尤在於聯合國與非洲，蓋非洲已有二十餘新獨立國，多加入聯合國，占席次四分之一，有舉足輕重之勢，影響我國在聯合國之地位非淺也。下午繼續開會，由參謀總長彭孟緝報告國防，對於金馬之如何必須防守，我之戰備改進實況，大陸革命醞釀之日就成熟，均有簡要之敘述，尤其對於空軍方面之進步情形如 F-104 噴氣機之開始使用，雷達網之完善等均有說明，此等飛機每架三百萬美金，顯示國防之無外援者，殊不易易，歷五十分而畢。中午，魯青國大代表與同籍貫光復大陸設計委員在會賓樓聚餐，由楊揚與趙雪峰等對於憲政研討委員會進行程序與待遇到問題作簡要報告，目前中央黨部方面似於憲政研討會之創制複決權問題討論，不希望早有結果，彼等似顧慮將來因此而掀起政潮也。

娛樂

晚同德芳率紹寧、紹彭到中山堂看國大代表年會所演平劇，由哈元章、徐露、鈕方雨、古愛蓮等合演勾踐復國，此劇場面太多，二小時後尚未入高潮，唯西施之唱做獨多而已，未終場而返。

12 月 25 日　星期日

集會

上午，到中山堂出席國民大會憲政研討會第一次全體委員會議，首先為開幕式，由蔣總統致詞，除以擬就之文告加以宣讀外，並勗勉全體委員在研討之時須設身處地代大陸同胞著想云。繼開第一次會議，由秘書長谷正綱報告工作，余因事早退。下午繼開第二次會，研討各組討論結論之經過綜合整理的原則，余於聽過第一個委員發言不著邊際只覺好笑，即因有他事，先行退席，此項會議乃一冗長而難獲結論之過程，久待亦只如此也。台灣省會計師公會下午在公路黨部舉行會員大會，余往簽到後即退席，今日雖有理監事選舉，然無甚多之會員出而競選，乃會計師公會數年來所未有云。

參觀

下午參觀女師附小校慶成績展覽，先到紹因就讀之六年禮組，見作文成績似多不如紹因，甚以為慰，再到紹彭之四年信組，紹彭成績平平，該班作文成績甚好者為一女生，而書法則為一男生，皆非紹彭所可或及也。

交際

下午四時到空軍新生社參加李公藩長女華英之婚禮，其新郎為台灣銀行職員。

師友（補昨）

韓華珽兄來訪，余與德芳均不在寓，韓兄留贈台省新聞處所印風景明信片四十張，並航空費台幣三十元，謂用以寄贈紹南云。

12 月 26 日　星期一

集會

上午到中山堂出席國大代表全國聯誼會本年度年會，因余到時已晚，故正值第一節完畢休息，聞陳誠兼行政院長之施政報告已提前報告完畢，休息後開始進行預定程序之籌備委員會籌備經過報告，其中第一問題即為大會秘書長谷正綱氏表示不肯接受籌備會依照慣例加以聘任之年會秘書長職務，余因會外晤及之人不多，故不知內情究為如何，一時發言者蠭起，余聞之耳聾，而正反兩方意見又均有人支持，亦有人呼喊反對，於是全場議論紛紛之鏡頭又因而重現一過，余為之不耐，早退。

師友

上午到立法院訪韓華斑兄，道謝其贈紹南明信片風景照，並退還其所附郵費三十元，告以不久將有人赴美，不必寄遞，韓兄託余帶交會場託高注東兄帶屏東至養病中之立委董正之五百元，余至會場未能尋到高兄，乃於下午經南昌路時由郵為之寄往。上午到中國農民銀行訪董成器兄，詢問朱興良兄之住址，彼亦不甚清楚，蓋朱兄昨日曾來訪也，據云其明日將返。到交通銀行訪王慕堂兄，據云健康情形甚佳，風濕已去十分之九云。

參觀

到美國新聞處參觀美大使 Drumright 所發起之現代中國國畫展覽，計有卅六家之作品，均在水準以上，而最善勝者為溥心畬、黃君璧、鄭曼青、張大千、傅狷夫等，畫法與書法兼長，其餘各家雖畫亦佳，而書則不足觀矣。

12月27日　星期二

職務

繼續查核本分署 Club FY1960 年度之帳，此帳之原始憑證及傳票係分別另行裝訂，今日審核其支出傳票，今只看過一半，其中一般皆為出售與購進食品之帳項，換進美金與售諸美國大使館之帳項，領有數張傳票為記載聖誕節兒童會與獅頭山旅行之收支帳簿，細閱其中支出憑證並不整齊，然其全部款項均已由關係人員簽字核准，亦即不加吹求矣。

瑣記

不久以前所買之 *Advanced Learners' Dictionary*，其編輯原則本著重於字句構造與用法，故所收單字不多，有時檢查生字，往往不能查到，最近發覺字典之後有將近十頁之附錄，為該字典在十年前編就以後應加補充之字，約有二百二十餘個，其中頗有不易查到，其實字典收在附錄之中，為使此一附錄在使用時亦能知其存在，今日乃採用一項補救辦法，即就其中之字所應插入之部位加以標註，使在查字典於某字不得時，可知其另有所在，此一標註工作費時五、六小時，始獲完成。

家事

晚率紹寧往薛嘉祥牙醫師診所檢查牙病，其恆齒有一為蟲所蛀者，其側面牙齒已將乳齒脫落，當時牙醫囑俟此一恆齒長出後再將蛀牙拔除，現新齒已長出，乃往複診，但仍云須半年或一年後再拔云。

12 月 28 日　星期三

職務

繼續查核 ICA Employee Club 1960 年之帳簿，今日所核為收入傳票，此部分傳票多為出賣 Chit Book 之收入，另有一年一度之會費收入，內容均甚單純，但有一部分甚難了解者，余本欲向經手人詳詢，惟稍一開始，對方有意氣不平之表現，余乃不復深究，蓋此項問題本不重要，後經詳加思考，雖仍不甚了解，亦即置之，此問題即新舊 Chit Book 之調換是也，蓋出售 Chit Book 時係貸記 Chit Book Outstanding Series "S"，在新 Chit Book 發行時同時收回原有之 "C" Series，此時記帳即為借記 Chit Book Outstanding Series "C"，其憑證應為換回之 Series "C"，惟原附者反為換出之 Series "S" 之封面，但又註明為 For reference，是深為難解者也。

瑣記

凡事常因毫釐之不加細心，而發生意外之波折，上月杪因出差及休假未能到辦公室，致補領一次薪為支票，當時因彰化銀行久未存取，為表示不是絕戶，以免開戶不易，故將支票存入，備將來轉存定期時可以開出支票加入，今日因日內即將存定期款項，乃告德芳將此數開出加入，德芳即云此款另存彰化銀行不兌成現款攜回係另有用意，此種揣度出乎常情，且絕未預料及之，但德芳向來反對此種存款，當時應慮及其可能多心，然未慮及，解釋不能生效，只怪粗心而已。

12月29日　星期四

職務

繼續審核 ICA Employees Club 之 1960 Account，今日所核為轉帳傳票，其中多數為向美國大使館及台灣貿易公司之 Bottling Plant 買進物品記入應付帳款之帳項，另外為結算時記載折舊與應收應付項目之帳項。收入支出及轉帳傳票看完後已將其處理帳務之原則獲得了解，然後再看其 Columner Journal，又知其係將全部傳票逐筆記入，故其頁數欄所寫即為收入支付與轉帳傳票之號數，此 Journal 共有左右各十五欄，以損益類最常發生之帳項設立專欄，不設專欄者則另用 Miscellaneous 一欄分錄科目與金額，凡設專欄者每月底記帳一次轉入 Ledger，不設專欄者則逐筆過入 Ledger，緣是Ledger 內之各個帳戶均無多筆帳項，故此項 Ledger 乃一總分類帳，而各個設於 Columner Journal 內之科目則相當於明細分類帳，此項明細分類帳之是否可以省事省時，端視專欄內之記載筆數是否為最常發生之帳項，以余粗略觀察，實屬不然，蓋每一專欄內在一個月內之帳項甚少超過十筆者，如此何不在根據傳票記入 Journal 時即逐筆逕行過入總分類帳，總分類帳每月結一總數即已足供製表之所需，況此簿有三十欄之多，亦至為不便記入也。

12月30日　星期五

職務

繼續查核 ICA Employees Club 之帳簿，今日所核為 Cash Book 及其與有關會計紀錄之關係，所得到可能之事項如下：（1）此項 Cash book 為純粹之現金帳，由出納人員記帳，不與會計帳冊發生直接關係，但其互相核對之作用應有發揮，經仔細加以觀察，亦無痕跡可循，有之，不過為部分之 vouchers 上蓋有年月日橡皮印，似為出納人員所用者，至於每日終了時諒無互相間之核對，此蓋因 Cash book 上雖有餘額表現，而Ledger 內之現金科目為每月記入一次，Columner Journal 之現金欄亦每月滾計一次過入總帳，而傳票只有每張之數，並無當日之總數，緣是除每月終了而外，實無可以互相勾稽之所在也；（2）如謂每日可以用 Columner Journal 逐筆與 Cash book 相核對，自然可以收到相同之效果，但極其瑣碎，不類一明確有效之制度也。余由此而引伸觀察其所用之 Columner Journal，實為一極其浪費時間之事，蓋各專欄只有 Chit Book Outstanding 一科目每月可有三十筆左右之記入，月終彙計總數記入總帳尚較省事外，其餘各專欄科目不過十筆左右之帳項，在記入此項 Columner Journal 時何不直接記入總帳，此實為完全迂迴重複之工作，至帳頁寬達三、四尺，橫行難以對準，猶其餘事也。

12 月 31 日　星期六

家事

下午率紹中到省立第二女中訪王德垕君，同訪數學教師任公放氏，接洽補習解析幾何事，緣月前曾函王君代為洽聘課外教師，為紹中補習解析幾何與物理學，王君復信已經聘妥，將於寒假開始，余乃先復王君定今日往訪接洽一切，今日先晤任公放氏，任氏認為僅寒假期間已足，學期間不必補習，談竟後訪王君於其家，據云物理教師尚未晤及，容再聯絡，詢以束脩如何規定，王君不肯作何主張，只謂以後再議云。晚，到中和鄉姑丈家約姑丈、姑母明日來寓吃飯，為衍訓與劉一萍小姐訂婚，姑丈允來，姑母則因表妹今日入住醫院，恐將小產，家中小孩須加照料，表示明日不能前來參加。

瑣記

余之水表本來收費標準為水費外加水表檢修費二元，自本月份起忽改為收水表租費五元，收費人云由於水表一律歸水廠收購，故變更辦法，希望余到該廠領水表價款，余下午往詢，據云此項水表因年代已久，故早已換用新表，新表乃該廠所備，故舊表應按報廢品計價，發還三十餘元，如係新表歸該廠收買則按八十元收買，本戶未接通知，係何情形，須待經辦人查明再行答復，余云表未換過，彼云換過容余不知，歸後詢之德芳，謂有此事云。

經濟收支表

日期	摘要	收入	支出
1/1	上月結存	66,459.00	
1/1	領帶、食品、水果		80.00
1/1	修理收音機		10.00
1/5	車票、保女榮、糖果		100.00
1/6	汪茂慶嫁女喜儀		100.00
1/8	書刊、糖果		30.00
1/18	兩週待遇	2,473.00	
1/18	公請曹嶽維、同人捐		70.00
1/18	光復會夫馬費	300.00	
1/18	藥品、糖果、理髮		25.00
1/22	旅費節餘	400.00	
1/22	家用		2,600.00
1/23	關稅		190.00
1/23	回數票、收聽費、酒、煙、水果		96.00
1/24	紹彭鞋、木炭		42.00
1/24	兩周待遇（待遇內含加班）	2,600.00	
1/25	同仁捐		10.00
1/25	光復會夫馬費	300.00	
1/25	糖果		5.00
1/26	糖果、花生		22.00
1/27	酒、糖果、花炮、抽彩		100.00
1/28	贈水果		30.00
1/31	連日車錢		16.00
	共計	72,532.00	3,526.00
	本月結存		69,006.00

日期	摘要	收入	支出
2/1	上月結存	69,006.00	
2/1	奶粉一打		343.00
2/1	獎券、發酵粉、葡萄乾、消炎片、書刊		86.00
2/2	家用		2,300.00
2/2	理髮、洗衣		34.00
2/3	糖果、木瓜		10.00
2/5	糖果、木瓜		17.00
2/6	本月待遇	1,000.00	
2/6	同人捐		35.00
2/6	一、二兩期眷貼	200.00	
2/6	衣料三期		120.00
2/6	借支五月份	500.00	
2/6	壽險		25.00
2/6	車票、酒		122.00
2/6	布		148.00
2/6	贈原小姐餅乾		140.00

日期	摘要	收入	支出
27	車錢、洋粉、香煙等		20.00
2/9	牟瑞庭借		100.00
2/9	糖等		17.00
2/10	兩周待遇	2,480.00	
2/10	同仁捐、水果、糖果		25.00
2/11	藥品四種		72.00
2/11	食品券、去漬油		60.00
2/12	藥、糖、蛋、餅乾、舊衣		130.00
2/13	衣料六種、德芳鞋		425.00
2/13	水果、毛筆、郵簡、洗衣		85.00
2/14	靳鶴聲嫁女喜儀		100.00
2/14	遊山、理髮、食品		50.00
2/16	鹽蛋、水果		20.00
2/17	政大校友會費（48 年）、糖果		30.00
2/18	贈馬麗珊糖餅、桃園午飯		130.00
2/19	糖、木瓜、書刊		33.00
2/20	國大出席費	3,000.00	
2/20	電影		15.00
2/20	國大交通費	1,500.00	
2/20	家用		2,300.00
2/22	味全、電影、毛巾、食物		55.00
2/23	家用		1,600.00
2/29	兩週待遇	2,480.00	
2/29	同仁捐、公請會計長		70.00
2/29	糖果		10.00
2/29	衍訓用		200.00
	共計	80,166.00	8,927.00
	本月結存		71,239.00

日期	摘要	收入	支出
3/1	上月結存	71,239.00	
3/1	消炎片等		10.00
3/2	建業補校車馬費	50.00	
3/2	糖果		10.00
3/2	本月待遇	1,000.00	
3/2	楊孝先氏賻儀		300.00
3/2	唱片二張		28.00
3/2	衣料四期、保險		145.00
3/2	布及修理電唱機		150.00
3/3	唱片二張、衣架等		40.00
3/4	舊衣、糖果等		34.00
3/5	國大招待費	5,000.00	
3/5	碑帖		34.00
3/7	唱片三張、修張機、水果、餅乾、糖		108.00
3/8	旅費餘	700.00	
3/8	唱片一張、廿一期同學捐		85.00

日期	摘要	收入	支出
3/9	兩週待遇	2,480.00	
3/9	糖果、同仁捐		27.00
3/10	樂曲本、木瓜		26.00
3/11	紹南下期學費		21,500.00
3/11	合庫一、二月份息	105.00	
3/11	蛋、糖果		65.00
3/13	修鞋、燙衣、紹因看病		100.00
3/14	國大膳宿費	500.00	
3/14	寄美掛號信、糖果		20.00
3/16	光復會本月車馬費	300.00	
3/16	水果、解毒丸		36.00
3/17	車票、紹寧紹彭用、花生米		74.00
3/18	舊衣、水果、糖果		50.00
3/21	台昌顧問公費	1,000.00	
3/21	定衣、賞車掌、糖果		70.00
3/23	兩週待遇	2,480.00	
3/23	同仁捐		55.00
3/23	鹹蛋、車錢、糖食、唐墓誌等書刊		65.00
3/23	李子敬子喜儀		100.00
3/24	取衣、肥皂六連		80.00
3/25	麥片、巧克力、木瓜		45.00
3/26	肥皂、蚊香、香煙、洗衣、電影		156.00
3/26	贈趙太太衣料		194.00
3/26	理髮		5.00
3/28	蛋、水果、糖果		75.00
3/30	水果、糖果		20.00
3/31	蚊香、糖果、食品券、車錢		80.00
3/31	子女教育費	270.00	
3/31	唱片五張		70.00
3/31	家用		2,600.00
	共計	85,124.00	26,460.00
	本月結存		58,664.00

日期	摘要	收入	支出
4/1	上月結存	58,664.00	
4/1	同仁捐、勞軍		220.00
4/1	國大出席費	3,000.00	
4/1	保險費		25.00
4/1	三月份眷貼、本月待遇	1,100.00	
4/1	衣料五期		120.00
4/2	音樂唱片三張		69.00
4/2	木瓜、香蕉、保女榮（34）		61.00
4/4	維他命 B、洗衣、糖果、點心、書刊		50.00
4/5	足可淨、鞋油		10.00
4/6	兩週待遇	2,480.00	

日期	摘要	收入	支出
4/6	同人捐		10.00
4/7	藥品、木瓜		70.00
4/9	合會息	70.00	
4/9	唱片六張、肥皂		125.00
4/10	理髮、食品、茶葉		32.00
4/14	水果		17.00
4/15	光復會車馬費	300.00	
4/15	車票		48.00
4/17	食物、紹因用、水果		50.00
4/19	彭吉翔子喜儀		50.00
4/19	胃藥		70.00
4/19	聚餐、其他		25.00
4/19	華美周刊、如何學好英語		35.00
4/20	兩週待遇	2,480.00	
4/20	同仁捐、水果		25.00
4/20	桑戴克字典		80.00
4/20	家用		2,800.00
4/21	羚翹解毒丸、點心		26.00
4/23	書刊、洗衣、黨費		37.00
4/23	觀劇、水果		20.00
4/26	聚餐、書刊、什用、郵簡		75.00
4/27	木瓜		15.00
4/29	牙刷、酒、書刊		35.00
4/30	家用		2,000.00
	合計	68,094.00	6,200.00
	本月結存		61,894.00

日期	摘要	收入	支出
5/1	上月結存	61,894.00	
5/1	公教保險		25.00
5/2	本月待遇	1,000.00	
5/2	衣料六期		120.00
5/2	49 年加發一個月（扣回二月預支半數）	500.00	
5/2	水果		10.00
5/2	四月份眷貼	100.00	
5/2	衣料一期		300.00
5/3	藥品、肥皂、牙刷、白王、DDT		90.00
5/3	唱片三張（大二小一）		60.00
5/4	兩周待遇	2,480.00	
5/4	同仁捐、水果		20.00
5/5	水果、藥品		37.00
5/6	水果		23.00
5/8	觀劇		15.00
5/9	臧元駿女喜儀		100.00
5/9	被單二條、水果		120.00
5/10	水果、餽贈、蛋		100.00

日期	摘要	收入	支出
5/12	水果、萬金油		20.00
5/12	林毓芬侄喜儀		50.00
5/12	車費、食品、郵票		30.00
5/15	維他命 B、健素、樟腦、蚊香		57.00
5/15	車票		48.00
5/17	光復會車馬費	300.00	
5/17	車票、郵票		5.00
5/18	兩週待遇	2,480.00	
5/18	B complex 六瓶		180.00
5/18	同仁捐、李洪嶽子喜儀		30.00
5/18	水果		20.00
5/19	洗衣、鞋油		30.00
5/20	雞蛋、檀木、蜜餞、車錢		50.00
5/21	郵包稅、唱片		60.00
5/22	雨傘、觀劇、理髮		88.00
5/24	餅乾、郵簡、郵票		27.0
5/25	洗衣、水果、修唱機		100.00
5/27	水果、紹彭理髮		15.00
5/29	看病、水果、食物		18.00
5/29	七弟婚餅		1,000.00
5/30	看病、車錢		14.00
5/31	家用		1,200.00
	合計	68,754.00	4,062
	本月結存		64,692.00

日期	摘要	收入	支出
6/1	上月結存	64,692.00	
6/1	車錢		5.00
6/1	兩周待遇	2,690.00	
6/1	同仁捐		60.00
6/1	李耀西疾病助金		1,000.00
6/3	本月待遇	1,000.00	
6/3	壽險		25.00
6/3	五、六月份眷貼	200.00	
6/3	衣料二期		80.00
6/3	藥品、硯石		30.00
6/6	楊慕青、傅立平賻儀		100.00
6/6	英文及其他唱片		86.00
6/6	維他命、健素、理髮		35.00
6/6	蛋、木瓜、香蕉		58.00
6/6	藥品		15.00
6/8	德芳看病、藥錢、車錢		140.00
6/8	買菜		35.00
6/9	食品券、買菜		75.00
6/10	Durabolin		130.00
6/10	買菜		19.00

日期	摘要	收入	支出
6/11	買菜、德芳看病、食品、紹寧拍照		74.00
6/12	味全、拖鞋、水果		40.00
6/14	藥品		32.00
6/15	兩周待遇	2,690.00	
6/15	同人捐、什用		14.00
6/16	衍訓用		200.00
6/23	光復會車馬費（扣同人捐）	30.00	
6/23	藥價		27.00
6/24	郵簡、書刊		27.00
6/29	水果		16.00
6/29	家用		750.00
6/29	兩周待遇	2,690.00	
6/29	同人捐		70.00
6/29	旅費節餘	2,200.00	
6/29	同人捐		80.00
6/29	食品券		50.00
6/30	冷飲、車錢		20.00
	共計	76,462.00	3,293.00
	本月結存		73,169.00

日期	摘要	收入	支出
7/1	上月結存	73,169.00	
7/1	車票		50.00
7/2	理髮		10.00
7/2	衫襪		88.00
7/2	本月待遇	1,000.00	
7/2	同仁捐		90.00
7/2	本月眷貼	100.00	
7/2	壽險		25.00
7/2	衣料三期		80.00
7/3	洗衣、郵票		12.00
7/10	大甲席三張		800.00
7/11	維他命 B、咳嗽藥		33.00
7/12	合庫利息四個月	215.00	
7/12	肥皂十條		44.00
7/12	水果、電池		28.00
7/12	黨費及捐		13.00
7/13	兩周待遇	2,690.00	
7/13	書刊、同人捐、洗衣		62.00
7/16	汗衫、嗽藥		62.00
7/17	觀劇、水果、洗衣		37.00
7/18	光復會車馬費	300.00	
7/18	鞋油、牙膏		13.00
7/19	木瓜		8.00
7/20	本月待遇補	800.00	
7/20	家用		2,800.00

日期	摘要	收入	支出
7/20	旅費節餘	1,715.00	
7/20	同仁捐		61.00
7/20	蛋、腐乳		42.00
7/20	蟲藥		26.00
7/20	湯藥		35.00
7/21	換鞋跟		12.00
7/22	湯藥、安神藥		64.00
7/22	木瓜		13.00
7/24	洗衣		7.00
7/26	木瓜		10.00
7/27	兩周待遇	2,690.00	
7/27	同人捐、紹因看牙		20.00
7/27	Durabolin		130.00
7/28	椅草墊		22.00
7/28	看病及湯藥蜂蜜		61.00
7/31	理髮		7.00
7/31	家用		3,000.00
	共計	82,679.00	7,765.00
	本月結存		74,914.00

日期	摘要	收入	支出
8/1	上月結存	74,914.00	
8/1	衣料四期		80.00
8/2	本月待遇	1,800.00	
8/2	同仁捐、壽險		45.00
8/2	本月眷貼	100.00	
8/2	車票		48.00
8/3	食品券		50.00
8/4	鷓鴣菜、萬金油、發音學		32.00
8/5	嗽藥		60.00
8/5	蛋二斤		35.00
8/5	蚊香、香蕉		35.00
8/6	蜂蜜、木瓜		25.00
8/9	馬忠良嫁女喜儀		100.00
8/9	脫脂奶粉、水果、郵票		45.00
8/10	兩週待遇	2,690.00	
8/10	同仁捐、書刊		26.00
8/11	水果、書刊、洗衣		57.00
8/14	肥皂、牙膏、表帶、木瓜		80.00
8/14	回數票、點心、門票、理髮		60.00
8/15	光復會車馬費	500.00	
8/15	洗衣、書刊		7.00
8/15	補上月光復會車馬費	200.00	
8/15	木瓜、郵票		30.00
8/16	B complex 一瓶、修鞋		20.00
8/19	木瓜、鞋根、蜂蜜、牙刷		50.00
8/20	看病、車錢		55.00

日期	摘要	收入	支出
8/23	木瓜、洗衣		20.00
8/24	兩週待遇	2,690.00	
8/24	同仁捐		10.00
8/24	家用		1,300.00
8/26	月票、回數票、水果		100.00
8/27	木瓜、午飯		25.00
8/28	木瓜、唱片、玻璃盃、理髮		80.00
	共計	82,894.00	2,475.00
	本月結存		80,419.00

日期	摘要	收入	支出
9/1	上月結存	80,419.00	
9/1	洗衣、香蕉		10.00
9/2	本月待遇	1,800.00	
9/2	水災捐		20.00
9/2	壽險（並補七、八月）		62.00
9/2	衣料五期		80.00
9/2	書刊、脫脂奶粉、食品		50.00
9/3	蜂蜜		16.00
9/4	看病、水果、食品		30.00
9/5	安神藥、蚊香、唱片、洗衣		90.00
9/6	定字典		80.00
9/7	兩週待遇	2,690.00	
9/7	書刊、同仁捐		27.00
9/7	本月眷貼	100.00	
9/7	家用		3,800.00
9/8	27 種維他命二瓶		55.00
9/9	蛋、木瓜		30.00
9/10	千歲段地價稅		56.00
9/11	水果、看病、理髮、洗衣		49.00
9/12	建業補校車票費	50.00	
9/12	捐楊慕青子女		100.00
9/14	Complex		50.00
9/14	魚肝油丸		24.00
9/16	光復會夫馬費	500.00	
9/16	車票、蛋二斤、桔子		120.00
9/18	看病、水果、食品		26.00
9/20	洗衣、黨費		18.00
9/21	兩週待遇	2,690.00	
9/21	郵票		16.00
9/21	加班十小時	330.00	
9/21	蜂蜜		6.00
9/25	理髮、觀劇、餅乾		21.00
9/25	香肚、車票、划船		60.00
9/27	食品、水果、同仁捐		27.00
9/29	水果		25.00
9/30	修鞋		16.00

日期	摘要	收入	支出
9/30	劉允中公份		20.00
9/30	郵簡		18.00
9/30	託靳君買食品		200.00
9/30	什用		3.00
9/30	家用		4,800.00
	本月合計	88,579.00	10,005.00
	本月結存		78,574.00

日期	摘要	收入	支出
10/1	上月結存	78,574.00	
10/1	砂糖、肥皂		25.00
10/1	本月眷貼	100.00	
10/1	同仁捐		10.00
10/1	本月待遇	1,800.00	
10/1	萬金油、書刊		7.00
10/1	光復會車馬費	500.00	
10/1	月餅		30.00
10/1	壽險、六期衣料		120.00
10/2	木瓜、看病、洗衣、書刊		20.00
10/3	學生文摘、郵票、靜坐法		34.00
10/3	秦亦文子婚儀		100.00
10/4	月餅		23.00
10/5	兩周待遇	2,690.00	
10/5	同仁捐、書刊		20.00
10/6	食品 coupon		50.00
10/9	水果、理髮		10.00
10/13	水果、食品		50.00
10/15	車票、牙膏、毛巾		70.00
10/17	水果籃		24.00
10/19	兩周待遇	2,690.00	
10/19	同仁捐、冰		14.00
10/19	標會息	106.00	
10/19	家用		4,500.00
10/20	北高間兌車票、洗衣		62.00
10/21	木瓜、柳橙		25.00
10/22	去漬油二瓶		11.00
10/23	買菜、理髮、觀劇		22.00
10/24	衍訓用		50.00
10/26	水果、郵簡		32.00
10/29	蜂蜜		21.00
10/29	楊紹億嫁女喜儀		100.00
10/30	贈袁二公子字典		200.00
10/31	兒輩牙刷		6.00
10/31	家用		1700.00
	共計	86,460.00	7,336.00
	本月結存		79,124.00

日期	摘要	收入	支出
11/1	上月結存	79,124.00	
11/1	電唱機		1,600.00
11/1	本月待遇	1,800.00	
11/1	同仁捐、壽險		97.00
11/1	本月眷貼	100.00	
11/1	劉明德喜儀		100.00
11/2	光復會車馬費	500.00	
11/2	字典		90.00
11/2	合庫四個月息	210.00	
11/2	水果		10.00
11/2	兩週待遇	2,690.00	
11/2	同人捐		10.00
11/2	雜用		8.00
11/4	木瓜、俱樂部年費、黨費、書刊、餅乾		45.00
11/5	送姑母水果		225.00
11/8	定 Reader's Digest 一年		120.00
11/9	子女教育費	270.00	
11/9	茶葉、脫脂粉、捐		62.00
11/12	唱片十一張、食品		218.00
11/13	修皮包		50.00
11/13	修筆		30.00
11/13	洗衣、郵票、藥		27.00
11/14	車票		48.00
11/14	唱片二張		40.00
11/14	家用		1,200.00
11/24	補台東廣柑		44.00
11/24	補台中故宮展票及畫冊		30.00
11/24	補台南買德芳衣料		260.00
11/25	11/16 發二週待遇	2,690.00	
11/25	同仁捐		10.00
11/25	標會息	101.00	
11/25	家用		1,180.00
11/27	水果、紹彭理髮		26.00
11/29	水果、蛋		41.00
11/29	家用		1,000.00
	本月合計	87,485.00	6,571.00
	本月結存		80,914.00

日期	摘要	收入	支出
12/1	上月結存	80,914.00	
12/1	同仁捐		10.00
12/1	兩週待遇	2,690.00	
12/1	紹彭修鞋		35.00
12/1	本月待遇	1,800.00	
12/1	壽險費		37.00
12/1	本月眷貼	100.00	

日期	摘要	收入	支出
12/1	水果等		13.00
12/1	光復會車馬費	500.00	
12/1	郵簡		12.00
12/4	桐油、食品、理髮		23.00
12/4	奶粉五磅		122.00
12/5	洗衣、火車表等		12.00
12/6	水果		22.00
12/7	旅費節餘	2,270.00	
12/7	家用		2,000.00
12/7	同仁捐		110.00
12/7	藥品、食品		11.00
12/9	雞蛋、花盆、賀年片、書刊		73.00
12/10	中和潭墘地稅		57.00
12/10	郵票、蜂蜜、車票		44.00
12/12	郭娟父喪儀		30.00
12/12	唱片六張		130.00
12/12	椰子		10.00
12/13	換衣領		19.00
12/14	兩週待遇	2,690.00	
12/14	同人捐、防痨票		35.00
12/14	標會息	110.00	
12/14	唱片二大三小		105.00
12/14	藥品二種		30.00
12/14	家用		3,100.00
12/15	消炎片、水果		45.00
12/15	舊唱片		25.00
12/17	書刊、郵票		13.00
12/18	理髮、食品、洗衣		16.00
12/19	水果		19.00
12/20	針藥		129.00
12/20	蛋、糖果、賀年片		83.00
12/22	光復會開會車費	200.00	
12/22	家用		1,700.00
12/22	憲政會六個月車費	960.00	
12/22	換鞋跟		12.00
12/22	國大年會招待費	1,000.00	
12/22	水果、賀片		24.00
12/22	憲政會交通費	200.00	
12/22	拖鞋		25.00
12/24	聚餐、麵條、郵票		61.00
12/24	車票		48.00
12/24	唱片二張		30.00
12/25	水果、鹹蛋		25.00
12/26	肥皂、砂糖		33.00
12/26	拖鞋		25.00
12/26	匯票（韓兆岐兄）		6.00
12/26	茶葉		11.00

日期	摘要	收入	支出
12/28	糖果、書刊、牙刷、木瓜		60.00
12/28	兩週待遇	2,690.00	
12/28	同仁捐		10.00
12/28	家用		2,060.00
12/28	預定筵席		200.00
12/30	酒、洗衣		20.00
12/31	利息	88.00	
12/31	車票		48.00
12/31	水果、糖果		40.00
	合計	96,212.00	10,808.00
	本月結存		85,404.00

吳墉祥簡要年表

1909 年	出生於山東省棲霞縣吳家村。
1914-1924 年	入私塾、煙台模範高等小學（11 歲別家）、私立先志中學。
1924 年	加入中國國民黨。
1927 年	入南京中央黨務學校。
1929 年	入中央政治學校（國立政治大學前身）財政系。
1933 年	大學畢業，任大學助教講師。
1937 年	任職安徽地方銀行。
1945 年	任山東省銀行總經理。
1947 年	任山東齊魯公司常務董事兼董事會秘書長。
	當選第一屆棲霞國民大會代表。
1949 年 7 月	乘飛機赴台，眷屬則乘秋瑾輪抵台。
1949 年 9 月	與友協力營救煙台聯中校長張敏之。
1956 年	任美國援華機構安全分署高級稽核。
1965 年	任台達化學工業公司財務長。
1976 年	退休。
2000 年	逝世於台北。

民國日記 49

吳墉祥在台日記（1960）

The Diaries of Wu Yung-hsiang at Taiwan, 1960

原　　著　吳墉祥
主　　編　馬國安
總 編 輯　陳新林、呂芳上
執行編輯　林弘毅
封面設計　陳新林
排　　版　溫心忻

出　　版　開源書局出版有限公司
香港金鐘夏愨道 18 號海富中心
1 座 26 樓 06 室
TEL：+852-35860995

民國歷史文化學社 有限公司
10646 台北市大安區羅斯福路三段
37 號 7 樓之 1
TEL：+886-2-2369-6912
FAX：+886-2-2369-6990

http://www.rchcs.com.tw

初版一刷　2020 年 11 月 30 日
定　　價　新台幣 400 元
港　幣 105 元
美　元　15 元
I S B N　978-986-99750-2-5
印　　刷　長達印刷有限公司
台北市西園路二段 50 巷 4 弄 21 號
TEL：+886-2-2304-0488

國家圖書館出版品預行編目 (CIP) 資料
吳墉祥在台日記 (1960) = The diaries of Wu Yung-hsiang at Taiwan. 1960/ 吳墉祥原著 ; 馬國安主編 . -- 初版 . -- 臺北市 : 民國歷史文化學社有限公司 , 2020.11

面；　公分 . -- (民國日記 ; 49)

ISBN 978-986-99750-2-5 (平裝)

1. 吳墉祥　2. 臺灣傳記　3. 臺灣史　4. 史料

783.3886　　109019381